# CONTRACORRENTE

## OUTROS LIVROS DE AUTORIA DE JAMES RICKARDS

*Currency Wars*

*The Death of Money*

*A Febre do Ouro*

*The Road to Ruin*

# CONTRACORRENTE

### SETE SEGREDOS PARA PRESERVAR A RIQUEZA EM MEIO AO CAOS QUE ESTÁ POR VIR

## JAMES RICKARDS

Rio de Janeiro, 2021

# Contracorrente

Copyright © 2021 da Starlin Alta Editora e Consultoria Eireli.
ISBN: 978-85-5081-536-7

*Translated from original Aftermath: seven secrets of wealth preservation in the coming chaos. Copyright © 2019 by James Rickards. ISBN 9780735216952. This translation is published and sold by permission of Portfolio/Penguin, an imprint of Penguin Random House LLC, the owner of all rights to publish and sell the same. PORTUGUESE language edition published by Starlin Alta Editora e Consultoria Eireli, Copyright © 2021 by Starlin Alta Editora e Consultoria Eireli.*

Todos os direitos estão reservados e protegidos por Lei. Nenhuma parte deste livro, sem autorização prévia por escrito da editora, poderá ser reproduzida ou transmitida. A violação dos Direitos Autorais é crime estabelecido na Lei nº 9.610/98 e com punição de acordo com o artigo 184 do Código Penal.

A editora não se responsabiliza pelo conteúdo da obra, formulada exclusivamente pelo(s) autor(es).

**Marcas Registradas:** Todos os termos mencionados e reconhecidos como Marca Registrada e/ou Comercial são de responsabilidade de seus proprietários. A editora informa não estar associada a nenhum produto e/ou fornecedor apresentado no livro.

Impresso no Brasil — 1ª Edição, 2021 — Edição revisada conforme o Acordo Ortográfico da Língua Portuguesa de 2009.

**Erratas e arquivos de apoio:** No site da editora relatamos, com a devida correção, qualquer erro encontrado em nossos livros, bem como disponibilizamos arquivos de apoio se aplicáveis à obra em questão.

Acesse o site www.altabooks.com.br e procure pelo título do livro desejado para ter acesso às erratas, aos arquivos de apoio e/ou a outros conteúdos aplicáveis à obra.

**Suporte Técnico:** A obra é comercializada na forma em que está, sem direito a suporte técnico ou orientação pessoal/exclusiva ao leitor.

A editora não se responsabiliza pela manutenção, atualização e idioma dos sites referidos pelos autores nesta obra.

**Dados Internacionais de Catalogação na Publicação (CIP) de acordo com ISBD**

R539c    Rickards, James
         Contracorrente: sete segredos para preservar a riqueza em meio ao caos que está por vir / James Rickards ; traduzido por Daniel Perissé. - Rio de Janeiro : Alta Books, 2021.
         320 p. ; 16cm x 23cm.

         Tradução de: Aftermath
         Inclui índice e bibliografia.
         ISBN: 978-85-5081-536-7

         1. Finanças. 2. Crise financeira. 3. Investimentos. 4. Previsão econômica. I. Perissé, Daniel. II. Título.

2021-3728          CDD 332.024
                       CDU 330.567.2

Elaborado por Odílio Hilario Moreira Junior - CRB-8/9949

Rua Viúva Cláudio, 291 — Bairro Industrial do Jacaré
CEP: 20.970-031 — Rio de Janeiro (RJ)
Tels.: (21) 3278-8069 / 3278-8419
www.altabooks.com.br — altabooks@altabooks.com.br

---

| **Produção Editorial** | **Diretor Editorial** |
|---|---|
| Editora Alta Books | Anderson Vieira |

**Gerência Comercial** — Daniele Fonseca
**Coordenação Financeira** — Solange Souza

**Editor de Aquisição**
José Rugeri
acquisition@altabooks.com.br

**Produtores Editoriais**
Illysabelle Trajano
Maria de Lourdes Borges
Thié Alves

**Produtor da Obra**
Thales Silva

**Marketing Editorial**
Livia Carvalho
Gabriela Carvalho
Thiago Brito
marketing@altabooks.com.br

**Equipe Ass. Editorial**
Brenda Rodrigues
Caroline David
Luana Rodrigues
Mariana Portugal
Raquel Porto

**Equipe de Design**
Larissa Lima
Marcelli Ferreira
Paulo Gomes

**Equipe Comercial**
Adriana Baricelli
Daiana Costa
Fillipe Amorim
Kaique Luiz
Victor Hugo Morais
Viviane Paiva

Atuaram na edição desta obra:

**Tradução** — Daniel Perissé

**Revisão Gramatical**
Aline Vieira
Kamila Wozniak

**Copidesque** — Isis Nunes

**Diagramação** — Joyce Matos

**Ouvidoria:** ouvidoria@altabooks.com.br

Editora afiliada à:

*Para Ann*

Então vi o Cordeiro quebrar o primeiro dos sete selos e ouvi um dos quatro animais dizer com a voz forte como o barulho de um trovão: "Venha." Olhei, e vi um cavalo branco, o seu cavaleiro tinha um arco; foi-lhe dada uma coroa, e saiu vitorioso, e para vencer.

**—Apocalipse 6:1–2**

# AGRADECIMENTOS

*Contracorrente* pode não ser meu último livro da vida, mas é o volume derradeiro de um quarteto de obras monetárias internacionais que começou com *Currency Wars* (2011) e continuou com *The Death of Money* (2014) e *The Road to Ruin* (2016), um projeto de oito anos e quatro livros. O apoio, incentivo e paciência do meu agente, da minha editora e dos editores que estiveram envolvidos com partes ou toda essa minha odisseia pessoal foram indispensáveis. Minha gratidão é proporcional à sua grande generosidade de espírito.

Minha agente, Melissa Flashman, foi a primeira a ver o potencial de escritos sobre economia internacional que fugissem ao estilo de livro didático da maioria das publicações sobre o assunto. Todo o projeto não existiria sem ela. A animação de Mel com relação à *Contracorrente* foi contagiante quando meu progresso diminuiu, em 2018, devido à recuperação de uma lesão. Ela me manteve motivado até cruzarmos a linha de chegada. Por isso, tem o meu sincero agradecimento e profunda admiração.

Meu editor, Adrian Zackheim, fundador do selo Portfolio na editora Penguin Random House, é uma fonte vital de apoio. Escritores trabalham tão sozinhos que podem perder de vista a rede de editores, publicitários e equipe de produção por trás do seu trabalho. A presença de Adrian à frente da equipe garantiu que todos trabalhassem nos mais altos padrões para transformar um manuscrito em um trabalho final e compartilhado com os leitores. *Contracorrente* foi um livro extenso, que levou mais tempo para ser escrito que os meus outros. O apoio de Adrian foi inabalável. O editor adjunto, Will Weisser, que trabalha lado a lado com Adrian, manteve o processo de publicação se movendo sem problemas. Obrigado, Adrian e Will.

Como autor de livros, artigos e editoriais de opinião, posso categoricamente dizer que dificilmente escrevi algo que não tivesse sido melhorado por grandes editores. Tive a sorte de trabalhar por anos com Niki Papadopoulos, diretora editorial do selo Portfolio, que aplicou seus grandes talentos ao *Contracorrente* com a inteligência e perspectiva de um leitor inteligente. Se as aberturas dos capítulos são convidativas, é porque Niki achou pérolas escondidas no texto (um mau hábito que ficou dos meus tempos de formação jurídica) e insistiu para que eu as movesse à frente para que o leitor pudesse se envolver imediatamente. Niki também era aquela que estava ali em meio a tantos prazos não cumpridos, com os quais ela soube lidar com compreensão e ânimo. Niki, obrigado e prometo que farei melhor da próxima vez. Agradeço também à Rebecca Shoenthal, que faz parte da equipe editorial de Niki; à Stefanie Brody, que lida com as funções publicitárias com diligência e criatividade; e à copidesque Jane Cavolina.

Meu editor freelance, Will Rickards, especializado em detectar minhas falhas como escritor e corrigi-las de maneira apropriada. O resultado é um livro mais fluido e que oferece uma experiência melhor para o leitor. Will editou todos os meus livros e é parte integrante da equipe. Obrigado, Will.

A publicidade e o marketing do livro começam bem antes de ele estar terminado. Autores não escrevem apenas para colocar um livro na prateleira; é fundamental conectar-se aos leitores, espalhar a mensagem e receber retorno dos leitores e críticos. A turnê do livro começa ao mesmo tempo em que os retoques finais do autor ainda estão sendo aplicados. Trabalho diariamente com meu gerente de negócios e consultor de mídia, Ali Rickards, para discutir o conteúdo do livro e tópicos relacionados, para que possamos levar o livro ao leitor da melhor forma possível. Ali, obrigado por nos manter à frente da curva.

# AGRADECIMENTOS

Tenho a sorte de participar de uma ampla rede de correspondentes em canais como o Twitter, meu e-mail e outros, com os quais troco ideias e conhecimentos que desafiam a sabedoria convencional e a opinião comum. Obrigado a Larry White, Art Santelli, Peter Coyne, Dan Amoss, Ronni Stöferle, Mark Valek, Chris Whalen, Chris Blasi, "TraderStef," Velina Tchakarova, Robert e Kim Kiyosaki, Steven "Sarge" Guilfoyle, Dave Collum, Nomi Prins, Byron King e Terry Rickard. Por favor, mantenham essas anotações, links e mensagens em meu caminho.

A contradição da escrita é ser uma atividade solitária que busca um público de massa. A ponte entre o individual e o coletivo é o pequeno círculo de família e amigos que apoiam diariamente o trabalho rumo à ágora. Minha escrita não seria possível sem o contínuo apoio e opinião de minha amada esposa há quarenta anos, Ann, e nossa família que não para de crescer — nosso filho, Scott, e sua esposa, Dominique, e seus quatro filhos, Thomas, Sam, James e Pippa; nossa filha, Ali; nosso filho, Will, e sua esposa, Abby. E a foto de família não estaria completa sem os nossos cachorrinhos, Ollie e Reese, e o gatinho Pliny. Sou muito mais que grato pelo apoio de todos; sem vocês, não poderia fazer isso. Eu amo todos vocês.

Quanto a quaisquer erros no livro, eles são todos meus.

# SUMÁRIO

| | |
|---|---|
| INTRODUÇÃO | 1 |
| 1. LABIRINTO DE ESPELHOS | 19 |
| 2. APAGANDO FOGO COM GASOLINA | 53 |
| 3. EM BUSCA DO PREÇO DA LIBERDADE | 85 |
| 4. A ARMADILHA ALFA | 121 |
| 5. DINHEIRO GRÁTIS | 153 |
| 6. O ACORDO DE MAR-A-LAGO | 187 |
| 7. GODZILLA | 217 |
| 8. CONTRACORRENTE | 243 |
| CONCLUSÃO | 273 |
| | |
| NOTAS | 291 |
| FONTES SELECIONADAS | 299 |
| ÍNDICE | 305 |

# INTRODUÇÃO

## Sem Rumo

Este livro trata das consequências da crise financeira de 2008 e dos esforços dos bancos centrais primeiramente para evitar um colapso completo do mercado de capitais, depois para voltar a ter crescimento autossustentável e, finalmente, para remover a intervenção política contínua. Também alerta que a crise nunca realmente acabou, e oferece um caminho de preservar a riqueza na próxima fase. Como o clássico grego *Odisseia*, essa jornada de dez anos não pode ser compreendida sem fazer referência à batalha que a precedeu. Consideramos o antes, o depois e o futuro da maior crise financeira mundial desde a Grande Depressão.

No poema épico de Homero, *Odisseia*, Cila e Caríbdis confrontam o herói, Ulisses, navegando para casa após a Guerra de Troia. Cila e Caríbdis eram as mulheres mais temidas na mitologia grega. Elas moravam em cavernas, um tiro de arco de distância em cada margem de um pequeno estreito. Embora de natureza feminina, ambas eram monstros. Cila tinha seis cabeças. Cada boca tinha fileiras de dentes afiados como lâminas que faziam o protagonista de *Tubarão* parecer manso. Sua cintura era envolta por cabeças de cães latindo. Ela nadava e andava com doze pernas serpentiformes, devorando tudo que estivesse ao seu alcance.

Sabemos menos sobre Caríbdis, mas seus poderes eram tão assustadores quanto os de Cila. Três vezes por dia, a filha de Poseidon bebia o mar e o cuspia, criando um redemoinho fatal para navios e marinheiros.

Ulisses está diante de uma escolha terrível. Ele deve guiar seu navio pelo estreito. Evitar um perigo o coloca ao alcance de outro. Ulisses ordena a tripulação que se afaste de Caríbdis, arriscando-se diante de Cila. Ele argumenta que um redemoinho representa uma perda por completo, enquanto Cila é uma ameaça mais seletiva — um exemplo de um exercício muito antigo de gerenciamento de riscos. A aposta valeu a pena. Cila comeu seis membros da tripulação. Ainda assim, Ulisses e os demais sobreviveram, a embarcação seguiu intacta e eles seguiram viagem para casa, até Ítaca.

O dilema desse herói, que gerou a expressão "estar entre Cila e Caríbdis", é a metáfora perfeita para a situação atual da economia global e as escolhas que têm de ser feitas pelos formuladores de políticas. Ulisses pôde calcular friamente sua escolha com base na natureza dos horrores que enfrentou. Os formuladores de políticas enfrentam escolhas difíceis semelhantes hoje em dia, sem uma forma de medir qual a pior. A história da política do banco central desde 2008 é uma odisseia voltada às taxas de juros e balanços financeiros normalizados. Na *Odisseia* original, o herói acaba chegando em casa, apesar dos riscos. Em 2019, os banqueiros centrais seguem vagando, e suas viagens estão bem longe do fim.

Essa odisseia do banco central do Século XXI foi precedida por sua versão própria da Guerra de Troia. Em 2000, o então presidente da Reserva Federal Americana (conhecida como Fed), Alan Greenspan, enfrentou quatro desafios em rápida sucessão que quase causaram uma deflação. O primeiro foi o estouro da bolha "pontocom", em março de 2000. O segundo foi uma recessão cíclica iniciada nos Estados Unidos em março de 2001, parte de uma desaceleração global nas economias dos países desenvolvidos. O terceiro, os ataques de 11 de setembro que, além das consequências geopolíticas históricas, causaram em um único dia perdas de US$40 bilhões à indústria de seguros e uma queda de 7,1% em um dia na bolsa de valores. Esse declínio veio acompanhado da mais longa suspensão comercial desde 1933, entre os dias 11 e 14 de setembro de 2001. Finalmente, a adesão total da China como membro da Organização Mundial do Comércio (OMC), em dezembro de 2001, abriu as portas do comércio global à maior concentração de mão de obra barata e amplo capital em toda a história. A ascensão da China pressionou os preços, que não diminuíram.

O resultado foi um flerte com a deflação, o pior pesadelo de um banco central. O Índice de Preços ao Consumidor (IPC) subiu 1,55% em 2001, o menor valor desde 1986 e, antes disso, em 1964. Depois de uma leve alta de 2,38% em 2002, o IPC caiu novamente no ano seguinte, para 1,88%. Em resposta, a taxa de juros básica do Fed desabou dos 6% de janeiro de 2001 para 1,8% ao final daquele ano. Greenspan então segurou a taxa efetiva de fundo do Fed abaixo dos 2% até novembro de 2004, em um esforço para matar o dragão da deflação.

A deflação é o maior temor de um banqueiro central, pois aumenta o valor real da dívida, consequentemente levando a padrões que comprometem a solvência do banco. Da mesma forma, um aumento no valor real da dívida lança uma luz sobre o crescente fardo da dívida do governo e coloca em dúvida a solvência dos EUA. A deflação dos preços também traz ganhos no padrão de vida real da população, aos quais o poder público não pode tributar efetivamente. A deflação faz com que o dinheiro seja mais valioso e desestimula o consumo, elemento fundamental do crescimento econômico. Pior ainda, a deflação é uma armadilha da qual os banqueiros centrais não conseguem escapar com as ferramentas políticas atuais — o que o economista britânico John Maynard Keynes chamou de armadilha da liquidez.

Greenspan conseguiu derrotar a deflação. Em 2005, no seu último ano completo como presidente do Fed, o IPC subiu de volta para 3,42%, uma margem confortável acima de zero. Porém, foi uma vitória pírrica. O período de três anos com taxas de juros abaixo de 2% foi duramente criticado como "muito baixo por muito tempo". As taxas baixas deram origem à bolha imobiliária e à crise hipotecária do subprime, que explodiram em 2007. O ano seguinte foi marcado pela crise financeira global e à quase destruição do setor bancário e do sistema monetário internacional.

O que se seguiu foi uma versão mais radical da medicação antideflação de Greenspan. O IPC estava em 0,09% em 2008, ano da crise, ainda mais baixo que a taxa de 1,55% que assustou Greenspan em 2001. Seu sucessor, Ben Bernanke, levou a taxa efetiva de fundo do Fed para 0% em dezembro de 2008, onde permaneceu até Janet Yellen assumir o cargo e aumentar o índice para 0,25% em 17 de dezembro de 2015. Se a experiência de três anos de Greenspan com taxas abaixo de 2% resultou na crise de 2008, o que seria do mundo com a política de Bernanke e Yellen de 0% por sete anos?

A política de taxa efetiva de fundo do Fed a zero não foi a única medida extraordinária tomada pelo Fed de Bernanke. Ele também se envolveu em uma farra de impressão de dinheiro sem precedentes chamado "afrouxo monetário quantitativo" (*quantitative easing* ou QE, em inglês). A impressão do dinheiro foi executada a partir das compras pelo Fed de títulos de longo prazo de seus concessionários principais. As compras foram pagas com o dinheiro surgido do nada, que o Banco Central norte-americano simplesmente depositou às instituições financeiras por meio de lançamentos contábeis.

O "afrouxo monetário quantitativo" ocorreu em três etapas. A primeira, chamada QE1, ocorreu de novembro de 2008 a junho de 2010. Já a segunda, QE2, teve início em novembro de 2010 e durou até junho de 2011. A terceira rodada de impressão de dinheiro, QE3, começou em setembro de 2012 e durou até outubro de 2014. Como resultado dessas três rodadas de impressão de dinheiro, a oferta de moeda (ou M0, em termos do Fed) aumentou de US$800 bilhões para US$4,1 trilhões. O ativo de compensação nos livros contábeis do Fed era de uma montanha de US$4,1 trilhões em notas do Tesouro norte-americano e títulos hipotecários.

Os efeitos do QE ainda geram discussão. A maioria dos observadores garantem que a QE1 foi uma resposta apropriada do Banco Central dos EUA a uma crise de liquidez que acabou acentuada com a falência do banco de investimento Lehman Brothers, em setembro de 2008. Porém, as manobras QE2 e QE3 foram mais um experimento sem precedentes de autoria de Bernanke.

Críticos do QE rapidamente alegaram que a impressão de dinheiro nessa escala produziria uma onda de inflação. Ela nunca veio porque a inflação pouco tem a ver com a oferta de moeda em si. Inflação é um fenômeno psicológico baseado em expectativas e em uma forma de comportamento adaptativo descrita matematicamente como hipersincronicidade. A oferta de moeda pode ter a mesma função da lenha seca, mas a fogueira da inflação não será acesa sem um catalisador. De 2008 a 2018, não havia esse catalisador porque os consumidores estavam economizando, pagando dívidas e reconstruindo sua vida financeira. A velocidade da rotatividade do dinheiro caiu depois de 2008, a continuação de um declínio iniciado em 1998. As cicatrizes psicológicas deixadas pelo colapso do mercado em 2008 não haviam se curado. Ainda assim, a lenha para a fogueira estava lá. Dez anos depois da crise, o risco de que a psicologia econômica pudesse mudar rapidamente e se transformar em uma perda de confiança no dólar e aumento da inflação, como no fim dos anos 1970, era incipiente.

Defensores do QE que apoiaram Bernanke perguntavam retoricamente: "Que opção ele teve?". No final de 2008, os Estados Unidos enfrentavam a mais grave crise financeira e de liquidez desde 1933. A reputação acadêmica de Bernanke foi fundamentada em seu estudo da Grande Depressão, particularmente no ano crucial de 1933, quando Franklin D. Roosevelt sucedeu Herbert Hoover como presidente dos EUA. Quando conheci Bernanke em Seul, no ano de 2015, ele expressou sua admiração pelo papel de Franklin D. Roosevelt no alívio da Grande Depressão. Ele me disse que o presidente mal sabia o exato impacto que suas políticas teriam, e que ele cometia erros com certa frequência. Mesmo assim, em uma situação de crise Franklin D. Roosevelt achava melhor fazer alguma coisa do que ficar parado. Considerado o pai da medicina, Hipócrates discordaria, mas Bernanke era um economista, e não um médico. Como Roosevelt, ele estava determinado a fazer algo para afastar a depressão.

Existe uma teoria acadêmica por trás do QE de Bernanke chamada *portfolio balance channel*, ou forma de equilíbrio da carteira. A ideia é que o dinheiro do investidor tem que ir para algum lugar. Ao comprar títulos do Tesouro de longo prazo, o Fed reduziu seu retorno total e os tornou menos atraentes para os investidores. Por sua vez, isso tornou ações e imóveis mais convidativos de certa forma. À medida que os fundos dos investidores migravam para esses canais, esses ativos valeriam mais. Valores mais altos em ativos proporcionariam garantias para mais empréstimos. Os valores mais altos dos ativos criariam uma sensação de riqueza que estimularia o consumo, já que todos os dias os norte-americanos se sentiam mais ricos e dispostos a gastar livremente. Em conjunto, mais empréstimos e mais gastos levariam a inflação à meta de 2%

do Fed, facilitariam a normalização das taxas de juros e levariam a um aumento real do IPC de volta à tendência autossustentável acima de 3%.

Porém, nada disso aconteceu. A inflação, medida pelas despesas de consumo pessoal, o critério preferido do Fed, ano após ano, permaneceu abaixo de 2% por seis anos, até 2017. A taxa-alvo do Banco Central norte-americano ainda era de 2% em meados de 2018 — bem abaixo dos 3,5% desejados. O crescimento real do Produto Interno Bruto (PIB) de junho de 2009, no final da última recessão, até o primeiro trimestre de 2018, foi inferior a 2,2%, materialmente abaixo da tendência de longo prazo. Como a pesquisa acadêmica sobre o experimento do QE só foi feita após 2014, os melhores estudiosos poderiam dizer que não causou nenhum dano, e não havia consenso de que havia trazido algum benefício.

Em 2015, o QE e as políticas voltadas à taxa zero de juros acabaram. Os críticos estavam errados sobre a inflação, nunca chegou. Por sua vez, o Fed estava errado quando ao estímulo, pois não houve tendência de crescimento. O episódio de dez anos de taxas baixas e balanços inchados não correspondeu aos maiores temores dos críticos ou às grandes expectativas dos formuladores de políticas.

Entretanto, o QE e a taxas zero tiveram sim um efeito. Foi o mesmo que Greenspan produziu em menor escala no início do século — bolhas de ativos. A diferença é que as bolhas de Greenspan estavam limitadas às hipotecas, embora o pânico decorrente não tivesse limites por conta da alavancagem, dos derivativos e da alta interconectividade do sistema bancário global. Em contraste, no final de 2018 as bolhas estavam em todos os lugares — ações, títulos, imóveis de alto padrão, mercados emergentes e crédito chinês. A interconectividade também foi maior. E se em 2008 os estragos foram causados pelas baixas taxas de juros praticadas entre 2001 e 2004, agora o dano potencial era fruto das taxas baixas e dos ativos inchados de títulos dos bancos centrais. De fato, esses erros do banco central não se limitavam somente ao Fed, mas eram um sinal característico dos bancos centrais em todo o mundo.

No final de 2015, os bancos centrais estavam desesperados para normalizar as taxas e balanços financeiros. Nesse caso, a definição de "normal" foi especulativa porque, para começar, não havia precedente para índices tão incomuns e políticas de QE. Até o Banco do Japão, que vem testando medidas extremas desde 1990, incluindo taxas de juros negativas e compras de ativos em ações, além de títulos do governo, deu indícios de querer reverter o rumo. No caso do Fed, "normal" seria um balanço de US$2,5 trilhões e uma taxa-alvo de fundos do Fed de 3,5%, ambos muito distantes do posicionamento do Banco Central dos EUA no início de 2019.

Se o período de 1998 a 2008 foi uma Guerra de Troia financeira e os dez anos seguintes foram uma odisseia de volta à normalidade financeira, onde estamos agora? Infelizmente, nem um pouco perto de casa. De fato, estamos agora à vista de Cila e Caríbdis. Assim como Ulisses, o atual presidente do Fed, Jay Powell, precisa definir um curso. Cila representa uma recessão global e queda de 60% nos mercados de ações, severo, mas administrável. Caríbdis, o redemoinho, é uma nova crise mundial de liquidez, à qual o sistema monetário internacional não sobreviverá.

Externamente, o Fed pretende ser otimista quanto às perspectivas de normalização monetária. Tanto a ex-presidente Janet Yellen como Jay Powell, atualmente no cargo, disseram que o aumento da taxa de juros será gradual. Na prática, isso significa quatro subidas por ano, de 0,25% cada, sempre nos meses de março, junho, setembro e dezembro, com pausas ocasionais motivadas por fortes sinais de deflação, mercados desorganizados ou queda na criação de empregos.

A normalização do balanço é uma medida a ser feita ainda mais no piloto automático que os aumentos das taxas. O Fed não visa descartar suas participações em títulos. Em vez disso, evita rolar sobre títulos vencidos. Quando o Tesouro paga ao Fed na época de vencimento de uma nota do Tesouro, o dinheiro recebido pelo Fed simplesmente desaparece. Isso é o oposto da impressão de dinheiro: é a destruição dele. Em vez da QE, temos agora o "aperto monetário quantitativo" (*quantitative tightening* ou QT em inglês). O Fed tem sido transparente com relação à velocidade com a qual eles se livrarão do balanço dessa forma, embora a transparência não necessariamente deva levar à complacência. No início de 2019, o ritmo de redução do balanço é de US$600 bilhões por ano, com impacto igual ao de quatro altas de 0,25% ao ano. O impacto anual combinado da política de taxas do Fed e da QT é um aumento de 2% ao ano nas taxas de juros. Para uma economia viciada em dinheiro barato, isso é muito radical.

O Fed adoraria que os investidores acreditassem que os aumentos das taxas já estão cotados nos mercados de capitais e que a QT é algo sem precedentes, ocorrendo "em segundo plano", segundo palavras do Fed. O Fed finge que é como executar uma planilha de Excel no seu notebook enquanto você assiste a um filme na Netflix. Essa suposição não está correta. A presunção de que o aumento de taxas é precificado ignora a complexidade dos mercados de capitais globais. Será que outros países cujas moedas são atreladas ao dólar americano, seja formal ou informalmente, aumentarão suas taxas em paralelo ao Fed para manter a paridade? Se sim, essas mesmas nações serão forçadas posteriormente a quebrar a paridade, fechar suas contas de capital ou desvalorizar suas moedas? Mercados de ações desordenados inviabilizarão os planos do Fed de reduzir a quantidade de dinheiro como em setembro de 2015, quando a instituição voltou a aumentar a taxa de juros depois de muito tempo, ou em dezembro de 2016, quando o banco subiu os índices para evitar ser humilhado no mercado internacional? Essas questões mostram apenas alguns dos resultados negativos resultantes do aumento das taxas que os modelos do Fed acabam por não conseguir resolver.

A ideia de que a normalização do balanço pode acontecer em segundo plano, sem efeitos negativos, é ainda mais frágil que o conceito de aumento da taxa. O Fed imprimiu quase US$4 trilhões em dinheiro novo durante seis anos, de 2008 a 2014, para aumentar o valor dos ativos de risco. Agora, o Fed quer fazer os investidores acreditarem que destruir US$2 trilhões em menos tempo ainda não terá impacto negativo no valor desses mesmos ativos de risco.

Qual a razão de o Fed estar aumentando as taxas e destruindo dinheiro? Apesar da ausência de qualquer apoio empírico, os presidentes do Fed e economistas da instituição insistem em acreditar na Curva de Phillips, que prevê que o baixo desemprego leva ao aumento da inflação. No início de 2019, o desemprego nos EUA estava em 3,7%, percentual mais baixo nos últimos cinquenta anos. Apesar das pausas ocasionais, o Fed insiste que a hora de apertar o cinto nas condições monetárias é agora, antes de a inflação aparecer.

No entanto, a Curva de Phillips não retrata a realidade. A década de 1960 foi caracterizada pelo baixo desemprego e aumento da inflação. O final da década de 1970 foi caracterizado por alto desemprego e inflação. Já os anos 2010 foram caracterizados por baixo desemprego e inflação baixas. Não há correlação entre a inflação e o desemprego, assim como não há correlação entre a inflação e a oferta de moeda. A inflação sempre será um fenômeno psicológico, não importa onde. Quando os cidadãos perdem a confiança em um tipo de dinheiro, ele começa a circular. A dependência da Curva de Phillips para estabelecer as políticas do Fed é uma ciência falsa.

A outra razão ostensiva para esse aperto por parte do Fed é a confiança oficial de que a economia dos EUA está em caminho sólido de crescimento. Assim como na situação da Curva de Phillips, não há evidências para acreditar nisso. A taxa de poupança dos Estados Unidos caiu para 2,1% no final de 2017 — praticamente um terço do índice de 6,3% que prevaleceu de 1970 a 2000. O impacto somado dos cortes de impostos feitos em 2017 pelo presidente norte-americano, Donald Trump, a revogação dos limites discricionários de gastos pelo Congresso e o aumento de empréstimos para estudantes levará o deficit orçamentário dos EUA para além de US$1 trilhão por ano a partir de 2019, seguindo assim indefinidamente. Essa dissolução extra levará a taxa de poupança do país a zero. Isso significa que os Estados Unidos devem reduzir o investimento ou emprestar economias do exterior. Ambos são prejudiciais ao crescimento. Outras medidas contrárias incluem a guerra comercial de Trump, barreiras à imigração e taxas reais mais altas, à medida que o Tesouro norte-americano tenta atrair interessados nos US$10 trilhões em novas dívidas que deve vender na próxima década. Essas tendências são recentes e vêm além da estagnação secular preexistente devido aos dados demográficos, desalavancagem e queda de produtividade.

A discussão criada sobre maior crescimento associado aos cortes de taxas feitos por Trump não passa de uma bobagem. Essa expectativa de crescimento se baseia na Curva de Laffer, segundo a qual taxas de impostos mais baixas resultam em maior crescimento, o que leva a uma maior arrecadação de impostos que compensa os cortes nas taxas. Apoiadores ilustres dessa teoria, entre eles Art Laffer, Larry Kudlow, Steve Moore, e Steve Forbes, apontam para a Revolução Reagan (da qual todos são veteranos), quando os cortes de impostos promulgados em 13 de agosto de 1981 foram seguidos por um forte crescimento real a partir do primeiro trimestre de 1983, que continuou ao longo da década. É um exemplo bom o suficiente.

O que o mito da Revolução Reagan deixa de fora é que, do segundo trimestre de 1980, no final do governo de Jimmy Carter, até o terceiro trimestre de 1982, já com Reagan à frente do país, a economia dos EUA sofreu seis trimestres de crescimento real negativo, na forma de recessões técnicas

— incluindo a pior recessão desde a Grande Depressão, um recorde que se manteve até 2008. Em 1983, a economia norte-americana estava preparada para uma forte recuperação cíclica com ou sem cortes de impostos. Compare com a situação no início de 2019, com mais de nove anos de crescimento, o segundo período mais longo da história do país, com pouco em termos de capacidade não utilizada em uma escala que existia em 1982.

O outro fator deixado de lado ao comparar a redução de impostos entre Reagan e Trump é que o primeiro aumentou o percentual da dívida bruta dos EUA em relação ao Produto Interno Bruto (PIB) de 35% para 55% durante sua administração, um crescimento de quase 60% no indicador. Secretamente, Reagan era adepto das políticas econômicas de John Maynard Keynes, como apontado por David Stockman, diretor de orçamento e gestão de seu governo, e lembrado aos cidadãos desde então. O governo Trump assumiu com um percentual da dívida bruta em relação ao PIB de 105%, bem diferente da linha de partida de Reagan. Um aumento de 60% ocorrido na administração do ex-presidente colocaria esse índice a 170%, pouco atrás da Grécia (que tem 180%). Obviamente, os Estados Unidos sofreriam uma crise de confiança no dólar e um colapso monetário global muito antes de o índice de dívida do país atingir um patamar tão alto. Pior ainda para a tese do crescimento, uma longa e convincente pesquisa feita pelos professores de Harvard Kenneth Rogoff e Carmen Reinhart, segundo a qual uma vez que o índice da dívida sobre o patrimônio líquido passar de 90%, o impacto estimulante da dívida adicionada, incluindo a dívida de cortes de impostos, é negativo.

As condições iniciais da dívida e o ciclo de negócios diante de Trump são diferentes das desfrutadas por Reagan. O ex-presidente teve uma chance única de estimular o crescimento com dívidas, e conseguiu, com sucesso, acabar com a União Soviética e vencer a Guerra Fria. Trump não teve tanta sorte: seus cortes de impostos afundarão o crescimento econômico sob uma montanha de dívidas e abalarão a confiança mundial no dólar americano.

O Fed entende esses obstáculos ao crescimento, mas, publicamente, não pode deixar de lado a visão otimista. Isso traz a seguinte questão: porque o Fed está apertando se a economia está tão fraca? A resposta é que o Fed está se preparando para a *próxima* crise. Tudo indica que são necessários 4% de cortes nas taxas para tirar os Estados Unidos de uma recessão. O Fed não pode reduzir nem mesmo 3%, quando as taxas de fundos do Fed estão em menos de 2,5%. Com isso, o Fed corre contra o tempo para aumentar as taxas antes de outra recessão, para que possa reduzi-las como solução à recessão.

E onde é que entra a normalização do balanço? Reduzir o cálculo é uma medida preventiva caso uma recessão chegue antes de as taxas atingirem 4%. Nesse caso, o Fed cortaria as taxas o máximo possível, até chegarem a zero, para depois aplicar a QE (a instituição não parece inclinada a usar taxas negativas, as evidências da Europa, Suécia e Japão mostram que elas não funcionam). Ao contrário das tendências dos teóricos monetários modernos, como a professora Stephanie Kelton, o Fed não tem a capacidade ilimitada para monetizar dívidas. A restrição não é legal, mas psicológica. Há um limite invisível de confiança no tamanho do balanço da instituição. O Fed não pode cruzar essa fronteira sem abalar a confiança na instituição e no dólar. Se esse limite é de US$5 ou US$6 trilhões, é incognoscível. Um banco central descobrirá da forma mais difícil, instantaneamente, quando atravessá-lo. Nesse ponto, é tarde demais para recuperar a confiança. Tendo levado o balanço para US$4,5 trilhões na última crise, o Fed precisa reduzi-lo novamente agora, de modo a poder expandi-lo mais uma vez aos US$4,5 trilhões no QE4 caso seja necessário.

Em resumo, o Fed está apertando as condições monetárias agora para poder facilitá-las em meio à próxima crise sem perder a confiança no dólar. O dilema da instituição é se será possível restringir as condições monetárias agora, sem causar a recessão que estão se preparando para combater. Com base nos últimos dez anos, a resposta para essa pergunta é não. A chance de o Fed cumprir a tarefa sem prejudicar os mercados é próxima de zero. Apertar a política monetária em uma economia fraca é navegar entre Cila e Caríbdis. Aqui estão os prováveis resultados.

Em um dos cenários que vamos chamar de Cila, a dose dupla de aperto devido aos aumentos nas taxas e o QT desacelera a economia, esvazia as bolhas de ativos no mercado de ações, fortalece o dólar e importa a deflação. À medida que essas tendências se tornam evidentes, a desinflação leva a uma deflação leve. A criação de trabalhos cai conforme os empregadores controlam os custos. Uma correção do mercado de ações criará um cenário em baixa, com os principais índices caindo 50% ou mais em relação às altas de 2019. Toda essa conjuntura seria acentuada por uma desaceleração global causada pela guerra comercial, preocupações com o nível de dívida dos EUA e uma queda na imigração. Uma recessão técnica virá em seguida. Este não seria o fim do mundo, seria o fim de uma das maiores expansões e mercados em alta de todos os tempos. O Fed responderia a essa recessão baixando as taxas para zero, com o fim da QT e uma nova rodada de QE que levaria o balanço da instituição acima da marca de US$4 trilhões. Assim como foi com Ulisses, os custos seriam altos, mas a embarcação e a tripulação (na sua maior parte) sobreviveriam.

Já o outro cenário, que vamos chamar de Caríbdis, é um processo mais complexo, com um resultado bem mais catastrófico. Nesse cenário, o Fed repete dois erros históricos. O primeiro deles foi em 1928, quando a instituição tentou acabar com uma bolha de ativos em ações. E o segundo em 1937, quando a instituição apertou a política muito cedo, durante um período de fraqueza prolongada.

Até dezembro de 2017, o Fed rejeitou a ideia de que poderia identificar e acabar com bolhas de ativos. Essa política foi baseada na experiência de 1928, quando os esforços do Banco Central norte-americano ao tentar "estourar" uma dessas bolhas gerou a crise da bolsa de valores de 1929 e a Grande Depressão. Desde então, a instituição prefere deixar que elas explodam por conta própria para, depois, limpar a bagunça com uma política monetária mais branda se necessário. Essa preferência política veio logo após o desfecho das bolhas das economias emergentes, em 1997, da pontocom, em 1999, e da hipotecária de 2007.

No entanto, o estouro da bolha hipotecária de 2007 foi bem mais nocivo, e a resposta política muito mais radical que a esperada pelo Fed em relação a esse episódio. Diante da fragilidade contínua do sistema financeiro, a instituição começou a repensar sua política de limpeza e optou por uma postura mais sutil em relação a eliminação de bolhas. Essa nova visão (na verdade, uma reprise do que foi feito em 1928) surgiu nas atas do Comitê Federal de Mercado Aberto (FOMC, em inglês), o braço da política de taxas do Fed, de 31 de outubro a 1 de novembro de 2017:

> Em seus comentários sobre os mercados financeiros, os participantes geralmente acreditavam que as condições financeiras permaneciam acomodatícias apesar dos recentes aumentos no câmbio do dólar e dos rendimentos do Tesouro dos EUA. *Levando em consideração as altas avaliações de ativos* e a baixa volatilidade do mercado, muitos participantes expressaram preocupação acerca de um possível acúmulo de desequilíbrios financeiros. Eles te-

miam que uma forte reversão nos preços dos ativos pudesse ter efeitos prejudiciais na economia. (Ênfase adicionada).

Essa perspectiva ecoou nas declarações de funcionários do Fed nos dias que seguiram a reunião do FOMC e na decisão do Comitê Federal de Mercado Aberto de aumentar as taxas em sua reunião de 13 de dezembro de 2017, apesar das contínuas preocupações com a desinflação. Como para validar a apreensão demonstrada, os mercados de ações norte-americanos logo passaram por uma forte correção de 11% de 2 a 8 de fevereiro de 2018 — uma prévia suave do que acontece quando o Fed tenta reduzir as bolhas de ativos. Ainda assim, o Fed persistiu no aumento das taxas ao longo de 2018. Diante da proliferação das estratégias passivas de investimento, negociações algorítmicas e funções de reação hipersíncronas, a tentativa de fineza do Fed nos mercados financeiros resultará em um colapso tão ruim ou pior que o de 1929.

O impacto de tal colapso não se restringirá aos Estados Unidos. De fato, um dólar mais forte, resultante de uma política monetária rígida, poderia trazer consigo uma crise nos mercados emergentes em dívida da moeda norte-americana que viraria uma crise de liquidez global por meio de canais de contágio agora já conhecidos. A Turquia é uma boa candidata a paciente zero para tal contágio, com mais de US$400 bilhões em dívida externa e suas relações deteriorando com seus aliados na Organização do Tratado do Atlântico Norte (OTAN). Esse fracasso da dívida não seria inteiramente culpa do Fed. Os deficit crônicos de trilhões de dólares nos EUA, criados pelo Congresso, exigirão taxas de juros mais altas para induzir os investidores a comprar quantidades massivas de títulos do Tesouro. Como o Fed não é mais comprador, essas compras devem vir de fontes privadas internas ou do exterior. Por sua vez, essas fontes venderão ações dos EUA ou da dívida externa para arrecadar dinheiro para comprar títulos do Tesouro. Essa dinâmica é perigosa, pois pode causar redução nos preços dos ativos de risco e acelerar uma crise.

O segundo erro histórico do Fed foi um esforço para normalizar a política de taxas em 1937, após oito anos de tranquilidade durante a pior fase da Grande Depressão. A normalização da política de hoje é quase uma repetição exata daquela manobra. O desempenho econômico de 2007 a 2019 é melhor entendido como uma depressão não no sentido de queda constante do PIB, mas, como Keynes definiu, "uma condição crônica de atividade abaixo do normal por um período considerável, sem nenhuma tendência acentuada tanto à recuperação como ao colapso completo." Em outras palavras, uma depressão acontece quando o crescimento real é menor em relação ao potencial, mesmo sem quedas diretas.

É compreensível que o Fed deseje retomar o que considera ser sua política monetária normal depois de quase uma década de uma facilidade anormal. O problema é que a instituição se colocou em um lugar do qual não há saída fácil. Ao tentar normalizar a política, em 1937, acabou causando uma segunda recessão técnica severa após o colapso entre 1929 e 1933, ajudando a prolongar a Grande Depressão até 1940. Mudar para um cenário de facilidade monetária não permite fugir de Caríbdis, isso apenas infla novamente as bolhas de ativos e aumenta a escala sistêmica, garantindo uma queda de magnitude sem precedentes.

Internamente, o Fed se parabenizou pela capacidade de ajustes e sofisticação de mercado. Eles não deveriam. Tudo o que a instituição provou nos últimos anos foi que eles realmente não poderiam sair de uma intervenção política extraordinária sem interrupções. O Fed vem deixando os problemas acumularem para outro dia. Esse dia chegou.

## Não Estamos Indefesos

A história é uma amante difícil. Seus julgamentos são impiedosos, e raramente o que esperamos. Líderes que foram motivo de piada em seu tempo são considerados heróis por gerações futuras. Harry S. Truman era visto como inapto e sem estatura enquanto presidente, principalmente em comparação ao seu antecessor, Franklin Roosevelt. Hoje em dia, ele é visto por historiadores como um dos dez maiores presidentes dos Estados Unidos, à frente de ícones como Thomas Jefferson e Ronald Reagan. O presidente Dwight Eisenhower teve uma avaliação parecida: ele era considerado um figurão simpático, jogador de golfe, enquanto estava no cargo, mas não muito ligado ou envolvido em política. Hoje ele ocupa o quinto lugar entre os melhores presidentes norte-americanos, à frente de Truman e logo atrás dos "quatro grandes" formado por Lincoln, Washington, Franklin Roosevelt e Teddy Roosevelt.

A história alçou Gerald Ford de forma semelhante. Ele foi designado como o único comandante-chefe nunca eleito para a presidência. A maioria da geração dos chamados "baby boomers" nunca deixaram passar o perdão feito por ele ao vilanesco Nixon, em 1974. Depois de tropeçar na escada do Air Force One, o avião presidencial norte-americano, Ford foi implacavelmente ridicularizado como desajeitado pelo comediante Chevy Chase no programa norte-americano de humor *Saturday Night Live*. Ford cumpriu apenas 54 meses no cargo. Ele perdeu sua primeira e única eleição em 1976. Hoje em dia, historiadores colocam Ford na posição 25 entre os 44 presidentes norte-americanos, na metade inferior da classe.

Na verdade, Ford era um atleta universitário de boa aparência, que tinha sido parte de dois times campeões nacionais de futebol norte-americano e nomeado entre os melhores em nível universitário. Seu histórico acadêmico inclui a fraternidade Phi Beta Kappa na Universidade de Michigan e um diploma em direito de Yale. Ford foi o líder republicano na Câmara dos Deputados. Como presidente, o perdão de Ford a Nixon é amplamente visto como um ato curativo, mesmo que muitos não perdoem Ford por isso. Em um discurso na Universidade Tulane, em 23 de abril de 1975, Ford anunciou que a Guerra do Vietnã "estava encerrada no que diz respeito aos Estados Unidos". Ao dar por encerrados os acontecimentos de Watergate e do Vietnã, dois dos episódios mais amargos da história política norte-americana, Ford permitiu que o país se curasse e seguisse em frente. Em 1976, ele liderou a nação em uma alegre comemoração de seu bicentenário.

No entanto, essas realizações — todas bem conhecidas dos historiadores —, não avançarão o lugar de Ford nos anais presidenciais. Seus legados duradouros, que a história lembrará com carinho, são suas duas contribuições à liberdade individual — os Acordos de Helsinque e a legalização do ouro.

Os Acordos de Helsinque foram assinados em 1 de agosto de 1975 pelo presidente Ford; Leonid Brezhnev, secretário-geral do Partido Comunista da União Soviética; e líderes dos 33 outros países dos blocos do oeste e leste. Os acordos eram uma estranha mistura de promessas ostensivamente pró-soviéticas e pró-ocidentais.

As referências à "integridade territorial" e ao "não uso da força" pareciam solidificar as reivindicações soviéticas de controle dos países por trás da Cortina de Ferro. Brezhnev disse que os acordos ratificaram as fronteiras pós-Segunda Guerra Mundial dos Países Bálticos até Berlim. Ford foi duramente criticado pelos norte-americanos de ascendência europeia e por outros que consideravam o acordo uma liquidação das aspirações bálticas e polonesas à liberdade.

No entanto, os acordos também exigiam respeito aos direitos humanos, liberdade de pensamento, consciência e crença religiosa. Além disso, insistiam em igualdade de direitos, autodeterminação e resolução pacífica de disputas. Pela primeira vez desde o início da Guerra Fria, as pessoas por trás da Cortina de Ferro tinham um padrão legítimo de liberdade, que tinha sido concordado pela União Soviética por escrito. Isso levou à criação de grupos de vigilância e relatórios regulares de progresso sobre a adesão aos acordos.

Os critérios objetivos estabelecidos pelos Acordos de Helsinque forneceram uma estrutura legal para movimentos como os protestos de junho de 1976 na Polônia, um precursor da formação do sindicato Solidariedade, em setembro de 1980. Com o tempo — e o apoio do presidente norte-americano Ronald Reagan e do papa João Paulo II —, Solidariedade e outros movimentos levaram ao colapso da ordem Comunista, à queda do Muro de Berlim, em 1989, e ao fim da União Soviética, em 1991. Essa não era uma visão marginal. Em julho de 2018, a revista *Foreign Affairs* escreveu:

> No ano de 1975 em Helsinque, os Estados Unidos, a União Soviética e diversas potências europeias criaram uma estrutura de segurança para a Europa, que era controversa na época, mas crucial para encerrar a Guerra Fria de forma pacífica. Sem os Acordos de Helsinque, que promoveram um acordo nas fronteiras da Europa e estabeleceram um compromisso nominal aos direitos humanos no Bloco Oriental, as revoluções de 1989 talvez nunca tivessem acontecido e, quase que certamente, não teriam sido tão pacíficas quanto foram.

A coragem e visão de Ford para apoiar os Acordos de Helsinque, mesmo diante do ceticismo da elite no exterior e da oposição popular em casa, foram uma conquista histórica mundial.

Ford levou o país a outro tipo de liberdade em 14 de agosto de 1974, apenas cinco dias após se tornar presidente. Ele assinou a Lei Pública 93–373, que legalizou a posse de ouro por cidadãos norte-americanos pela primeira vez em mais de quarenta anos. Franklin Roosevelt havia decretado o ouro como contrabando por meio da Ordem Executiva 6102, de 5 de abril de 1933, a assinatura de Ford reverteu a proibição. A nova lei entrou em vigor no dia 31 de dezembro de 1974 e, desde então, os norte-americanos têm tido a liberdade de possuir barras ou moedas de ouro.

Liberdade de possuir ouro significa liberdade da inflação, dos bancos, da vigilância digital e dos hackers. Os Estados Unidos não estão no padrão-ouro, mas seus cidadãos podem criar um padrão-ouro pessoal, graças à emancipação da moeda fiduciária, concedida por Gerald Ford.

Os dois grandes atos libertadores de Ford — facilitar a liberdade do Comunismo e da moeda fiduciária — são os motivos pelos quais a história favorecerá Ford na plenitude do tempo.

De fato, o ouro é uma saída para o dilema do Fed. Agindo juntos, o Fed e o Tesouro norte-americanos podem criar um choque de inflação único, desvalorizando o dólar em relação ao ouro e defendendo a nova paridade com a imprensa do Fed e a reserva de ouro do Tesouro. O Fed poderia realizar operações de mercado aberto em ouro, como faz atualmente no mercado de títulos para manter o preço do dólar em ouro em margens próximas à paridade. Seria necessário um preço não deflacionário razoável para o ouro. Esse preço é estimado em US$10 mil por onça. Diante dos agregados monetários existentes e da reserva de ouro atual. A política monetária discricionária existiria lado a lado com o ouro; a reserva de dinheiro poderia crescer com a compra de reservas particulares de ouro e adicionando-as ao Tesouro. Os cidadãos que comprassem ouro antecipadamente teriam sua riqueza preservada. A indexação da previdência social compensaria o impacto inflacionário dos atuais e futuros aposentados. O valor real da dívida nacional seria bastante reduzido, salvando os Estados Unidos de uma crise de confiança. O dólar se tornaria a moeda mais sólida do mundo, tornando os EUA em um ímã para o capital estrangeiro. O crescimento pode reequilibrar-se do consumo para o investimento, garantindo outro século de grandeza norte-americana. Com isso, o navio do Estado navegaria tranquilamente entre Cila e Caríbdis.

*Contracorrente* traz uma análise mais aprofundada sobre esses assuntos. O leitor percorrerá rivalidades geopolíticas, nacionalismo e guerras comerciais, dívidas e deficit, economia comportamental, investimentos robóticos, desigualdade de renda, risco sistêmico e a ascensão de um novo sistema monetário internacional. Parte do conteúdo deste livro chocará os leitores mais experientes; no entanto, eles podem se sentir confortáveis sabendo que, uma vez preparados, não ficarão chocados com o desenrolar dos eventos nos próximos anos.

Os leitores não podem se esquecer que *Contracorrente* é o quarto volume de um quarteto sobre o sistema monetário internacional, juntamente com *Currency Wars* (2011), *The Death of Money* (2014) e *The Road to Ruin* (2016). O que pode ser menos evidente é a semelhança desses volumes com os quatro cavaleiros do Apocalipse, do livro Bíblico de mesmo nome.

Poucos podem nomear os quatro cavaleiros, embora muitos acreditem que podem e terão o prazer de tentar. Guerra e Morte vêm facilmente à mente, essas duas respostas estão corretas. A Guerra monta o segundo cavalo, de cor vermelha, e a Morte o quarto, de cor verde-pálido. Além disso, os interlocutores caem na "praga" e na "fome", que são suposições incorretas. Esses infortúnios são descritos como instrumentos da Morte, não cavaleiros em si.

O terceiro cavaleiro, montado em um cavalo preto, não tem nome específico, mas possui uma balança e costuma dizer: "Uma porção de trigo custa o equivalente a um dia de trabalho." Estudiosos determinaram que um salário diário, um denário de prata para um soldado de Roma ou trabalhador comum, era um preço excepcionalmente elevado para a porção diária de trigo, aproximadamente um quarto da porção. O terceiro cavaleiro traz tanto escassez como inflação, e por isso resolvi chamá-lo de Ruína, pois engloba as duas situações.

O nome do primeiro cavaleiro, em um cavalo-branco, também não é claro e virou assunto entre os acadêmicos quanto ao significado dos escritos gregos originais. Algumas traduções dizem "Conquista", mas com uma conotação maligna, e outras apontam "Vitória", com uma conotação benigna. Em vez de entrar nesta luta entre Anticristo e Cristo, fico feliz em dizer que a própria luta aponta para uma conclusão e um rescaldo.

Metáforas e profecias têm seu lugar, mas vivemos no mundo real. Essas obras têm como objetivo olhar com clareza o passado recente e o futuro próximo do sistema monetário internacional — o sistema real, diferente daquele que as elites acreditariam existir. Escrever esses livros foi uma alegria. Espero que o leitor tenha o mesmo prazer em lê-los quanto eu tive ao produzi-los.

# CAPÍTULO UM
# LABIRINTO DE ESPELHOS

> Desde novembro de 1918 até hoje, não houve desafio direto ao poder do Estado que tivesse sucesso em qualquer país ocidental.
>
> —Adam Tooze, *The Deluge* (2014)

**A HISTÓRIA É A PRIMEIRA VÍTIMA DOS MICROSSEGUNDOS DEDICADOS À MÍDIA.** Um exército de pseudossábios satura as vias aéreas para explicar que tarifas são ruins, guerras comerciais prejudicam o crescimento e o mercantilismo (a arte de acumular reservas) é um retrocesso para o século XVII. Esses são os sentimentos de liberais e conservadores tradicionais, além de jornalistas treinados na ortodoxia do chamado livre comércio e na crença falsa, porém reconfortante, de que os deficit comerciais são o outro lado dos excedentes de capital. Então qual é o problema?

O problema é que os deficit comerciais perpétuos colocaram os Estados Unidos à frente de uma crise de confiança no dólar. O excedente de capital é um eufemismo para a emissão excessiva de dívida pelas empresas e pelo Tesouro. Tarifas zero são um convite para terceirizar a produção e acabar com empregos bem pagos nos EUA. O mercantilismo faz da China a principal economia de crescimento mais rápido, enquanto o livre comércio deixa os Estados Unidos definhando com um crescimento em níveis de depressão. As verdades valorizadas da economia liberal são em sua maioria uma ciência fajuta; elas são um cavalo de perseguição mal disfarçado para o objetivo real de governança internacional e tributação em nome da globalização.

Uma visita à seção de história de uma biblioteca revela que o herói liberal Alexander Hamilton, primeiro-secretário do Tesouro dos Estados Unidos, era um protecionista fiel, que alimentou a indústria dos EUA com recompensas, tarifas e outros obstáculos ao livre comércio. Teddy Roosevelt, um ícone progressivo, apoiou o padrão-ouro e um dólar forte. Já Woodrow Wilson, considerado o primeiro presidente norte-americano com visão internacional, queria que o globalismo não fosse baseado em cadeias de suprimentos integradas, mas na hegemonia dos EUA sobre as autoritárias Alemanha e Rússia, e os imperialistas França, Japão e Reino Unido. A forma de Wilson conquistar esse respeito não era com armas, mas com ouro, dólares e créditos em Wall Street. O campeão do conservadorismo, Ronald Reagan impôs tarifas tão altas aos carros japoneses que eles mudaram suas fábricas para o Tenessi e a Carolina do Sul, onde permanecem até hoje. De fato, os maiores períodos de prosperidade dos Estados Unidos foram associados a tarifas e mercantilismo até os anos 1990, quando dívidas e guerras se tornaram substitutos universais para todos os investimentos em fábricas dos EUA. Agora o "boom" da dívida está morrendo, o dia do acerto de contas se aproxima e falsos argumentos econômicos não nos salvarão.

Esse enigma entre o que funciona na prática (proteção e mercantilismo) e a falta de educação moderna (livre comércio e globalismo) precisa ser resolvido para garantir força e estabilidade futuras para os EUA. Há muito espaço para amenizar as arestas do mercantilismo, mas apenas se negociadores lúcidos e com experiência forem nomeados para a tarefa. Os globalistas de pouco poder estão felizes ao ver os Estados Unidos em relativo declínio, desde que "o mundo" esteja em melhor situação. O problema é que a maior parte do mundo é violenta, autoritária, antiética e inimiga aos valores dos EUA. Enriquecer a China à custa dos EUA não é apenas uma troca globalista fraca; ela financia campos de concentração e escravidão industrial. Embora referências globalistas como Jeffrey Sachs e Mike Bloomberg estejam em profunda negação, isso acontece de verdade.

Resolver esse enigma requer talentos que vão muito além da economia. Ele pode ser resolvido apenas com uma combinação de especialistas em geopolítica, história, sociologia, direito e dinâmicas complexas. Esse tipo de integração de especialistas de alto nível, com vistas à segurança nacional, é uma força desconhecida do serviço secreto norte-americano, a *Central Intelligence Agency*, ou simplesmente CIA. Com isso, vamos recorrer à CIA para uma visão interna de como os EUA estão usando ferramentas centenárias para enfrentar a ameaça do século XXI representada pela globalização.

## Sede em Langley Woods

A sede da CIA fica em um complexo seguro, com entrada fortemente restrita. No entanto, a localização não é secreta. A entrada principal fica na Rota 123 da Virgínia, também chamada Dolley Madison Boulevard, a cerca de 1,6 quilômetro da George Washington Parkway, não muito longe da margem sul do rio Potomac.

Talvez como forma de confundir quem pergunta, a maioria das placas perto do local parece ter três nomes. A Dolley Madison Boulevard é chamada Chain Bridge Road em alguns mapas. Repórteres costumam se referir a sede da CIA como "Langley," embora não haja uma cidade com esse nome naquela parte da Virgínia; a sede está localizada na cidade de McLean. As iniciais CIA não aparecem no nome oficial da sede, chamada Centro de Inteligência George Bush. Esses nomes duplos e triplos parecem estar de acordo com o principal objetivo do serviço secreto norte-americano de despistar os outros.

Qualquer pessoa pode dirigir seu carro até a rua de acesso à entrada da CIA, mas você não irá muito longe sem um crachá oficial na mão ou um crachá de visitante esperando por você no prédio de segurança perto do portão principal. Visitantes passam por uma minuciosa revista antes mesmo de chegarem ao portão para pegar seu crachá.

Uma vez lá dentro, a sede da CIA tem uma sensação aberta e arejada, não muito diferente de muitos campos corporativos grandes, localizados nos arredores de áreas suburbanas nas principais cidades. A arquitetura é, definitivamente, de meados do século XX; nada parecido com os projetos de cúpulas e naves espaciais vistos na Amazon, em Seattle e Apple, no Vale do Silício. Os dois prédios principais se chamam Original Headquarters Building (OHB) e New Headquarters Building (NHB), conectados no térreo por corredores de vidro que emolduram um pequeno parque contido entre eles.

Começando em 2003, estive na linha de frente da guerra financeira global, trabalhando na sede da CIA e como agente de campo. Meus projetos envolviam o uso de informações privilegiadas antes de ataques terroristas, análises preditivas usando os dados do mercado e implicações de segurança nacional de investimentos estrangeiros nos Estados Unidos, entre outros. Um dos prazeres da sede era passar pelo Museu da CIA, no andar principal do OHB. Isso poderia ser relaxante durante tempestades de neve, quando dezenas de funcionários não compareciam. Como vivi em Nova Inglaterra por muito tempo, nunca considerei a neve um motivo para faltar ao trabalho, mas muitos colegas da Virgínia ficaram paralisados. A alta gerência simpatizava com os funcionários locais e costumava conceder dias de neve, como na escola. Esses dias significavam reuniões canceladas, o que nos dava tempo livre para explorar os tesouros secretos da sede, que muitos ignoravam enquanto andavam de um lado para o outro. O ex-diretor da CIA, Mike Hayden, disse que o museu da CIA é "o melhor que você provavelmente vai ver", uma referência ao fato de não ser aberto ao público.

O museu é uma compilação de contribuições de coleções particulares, itens capturados de serviços secretos estrangeiros e dos recursos da própria CIA. Destaque para uma máquina ENIGMA, inventada por um engenheiro alemão e usada pelo regime nazista na Segunda Guerra Mundial para mandar mensagens criptografadas aos militares alemães. Criptógrafos poloneses, franceses e britânicos acabaram desvendando os códigos ENIGMA, um feito retratado de forma memorável no filme vencedor do Oscar de 2014, *O Jogo da Imitação*. Poucas das máquinas originais ainda sobrevivem; uma das que ainda estão em mãos particulares foi vendida em um leilão pela casa britânica Christie's por mais de US$500 mil. Tive a sorte de ver duas das originais, uma na sede da CIA e outra no Museu Imperial da Guerra, em Londres.

Minha peça favorita é uma pistola de batom, também chamada de Beijo da Morte. É uma arma de pequeno calibre, de tiro único, disfarçada de tubo de batom. Em um local apertado, uma espiã pode enfiar a mão na bolsa, pegar o "tubo" e matar o alvo à queima-roupa.

Perto de uma das pontas do museu, há um item que funciona como uma lição de como exercer a função. É uma grande foto em preto e branco de Washington, D.C., tirada de uma câmera espiã de alta altitude. A foto tem 50,8 centímetros de comprimento por 12,7 centímetros de largura, embutida no chão. Um visitante desatento poderia passar por cima dela e nem perceber. Uma forma mais divertida de abordar a peça é virar para um convidado, apontar a foto e perguntar qual foi o dia e hora exata em que ela foi tirada.

A primeira resposta geralmente é "não faço ideia". A partir daí, a pessoa começa a pensar: as árvores estão nuas, então podemos acreditar que é entre outubro e março (outono e inverno nos EUA). O estacionamento está vazio, então você o reduz ainda mais aos fins de semana e feriados. São apenas sessenta dias possíveis, eliminando 85% do calendário. Um bom começo.

A seguir, você pode buscar certos prédios com datas de construção conhecidas. O Kennedy Center é visível na fotografia, então você tem a certeza de que a foto foi tirada após 1970, e por aí vai. Um analista mais experiente com acesso aos registros públicos de alvarás de construção em Washington, D.C., pode analisar cada quarteirão e restringir a data a um determinado ano com base na presença ou ausência de certos edifícios.

Quanto à hora, depois de reduzir as datas possíveis e ter um azimute do sol nessas datas, a sombra do Monumento a Washington é o maior relógio de sol do mundo. Seu visitante sai do museu sentindo que acabou de terminar um turno de trabalho analisando imagens na Agência Nacional de Inteligência Geoespacial dos EUA.

É claro que pistolas em formato de batom e fotos em preto e branco parecem objetos primitivos em comparação à tecnologia espectroscópica digitalizada e miniaturizada disponível para os espiões hoje em dia. Mas não é esse o ponto. A engenhosidade exposta no Museu da CIA é impressionante por si só e evoca o romance e a seriedade mortal da espionagem da Guerra Fria. Curiosamente, as ferramentas e a tradição da velha guarda de repente voltam a ser consideradas algo novo. Ferramentas sofisticadas de hackers e pen drives tornaram até mesmo os sistemas digitais mais avançados altamente vulneráveis. As agências de inteligência estão revertendo para dispositivos não digitais para evitar invasões. O FSB, serviço de inteligência russo e sucessor da KGB, recentemente encomendou máquinas de escrever para a preparação de relatórios e memorandos internos — afinal, elas não podem ser invadidas e não deixam rastros digitais. A troca de objeto durante um esbarrão, substituição de objetos ou mensagens deixados em um local secreto e a utilização de cifras de uso único como criptografia estão de volta, em grande estilo, entre espiões e oficiais.

O inverso da inteligência é a contrainteligência, ou seja, a busca por espiões direcionados à sua própria organização. A melhor ferramenta da contrainteligência é a compartimentalização. O acesso à inteligência é dividido em compartimentos, ou células, na comunidade de inteligência. Essas células geralmente consistem de pequenos grupos de indivíduos trabalhando em um problema discreto. Uma autorização de segurança extremamente secreta, incluindo programas especiais de acesso além de segredo máximo, não é suficiente para obter acesso a uma ampla variedade de informações classificadas. Também é necessário ter uma "necessidade de saber", demonstrada por meio de uma aplicação por escrito ou oral para um oficial de segurança. Uma vez que a necessidade de saber seja estabelecida, uma pessoa liberada ainda precisa ser "enquadrada" em um projeto por um diretor ou um líder de equipe. Mesmo quando essas barreiras tiverem sido resolvidas, a pessoa que busca o acesso ainda pode ter que trabalhar com o setor de TI para que os links ou páginas necessários sejam abertos nos servidores internos seguros da CIA. Esse processo se repete a cada novo tópico ou missão dados.

Os funcionários da CIA são treinados para desconfiar da chamada "engenharia social". Esse é um termo técnico para uma simples amizade com estranhos. Se você estivesse na fila para comprar um café em um Starbucks, não seria nada incomum iniciar uma conversa educada com a pessoa ao seu lado, seja sobre a meteorologia, a lentidão do serviço ou qualquer outra coisa. Há uma loja da Starbucks no térreo do Original Headquarters Building, perto da cantina. Ela é conhecida como a mais movimentada do mundo por estar aberta 24 horas por dia, sete dias por semana e estar repleta de muitos clientes viciados em cafeína sem ter para onde ir. É falta de conduta conversar com um estranho enquanto espera na fila. O sujeito na fila é treinado para se questionar: "Porque ele está falando comigo? O que ele quer? Ele está tentando arrancar informações de fora da sua área?" e por aí vai, como se você fosse o novo Aldrich Ames (espião russo que trabalhou por 31 anos na CIA). Isso dá uma sensação 100% profissional a todos os encontros diários; não é o ambiente de trabalho mais acolhedor, mas a distância social serve seu propósito.

A compartimentalização pode ser complicada e lenta, mas funciona bem. Os vazamentos de informação mais prejudiciais dos últimos anos, envolvendo Chelsea Manning e Edward Snowden, no escândalo conhecido como *WikiLeaks*, não vieram dos arquivos da CIA. Manning divulgou informação do Departamento de Estado, enquanto os dados de Snowden vieram da Agência de Segurança Nacional (NSA, em inglês). A CIA sofreu com agentes penetrados no passado e provavelmente terá esse problema novamente, mas, no geral, tem feito um trabalho melhor na proteção de seus segredos que outras instituições na comunidade de agências de inteligência.

A agência mais obscura com a qual já trabalhei e a mais diretamente envolvida em contrainteligência foi o Executivo Nacional de Contrainteligência (NCIX, em inglês). Essa agência é a sucessora do trabalho do lendário caçador de agentes penetrados, James Jesus Angleton, que chefiou a contrainteligência da CIA de 1954 a 1975. Os funcionários do NCIX não buscam apenas espiões estrangeiros, mas todo tipo de dedos-duros, traidores e informantes na comunidade de inteligência. O NCIX também vai atrás de supostos agentes duplos (espiões norte-americanos fingindo ser agentes russos, mas que realmente são leais aos EUA) que são, na verdade, investigadores triplos, espiões norte-americanos fingindo ser espiões russos, e que realmente o são. Essa natureza de trapaças e mentiras é chamada labirinto de espelhos.

Minha primeira visita ao NCIX teve direito a um passeio pelo Hall da Vergonha — uma galeria de quadros de 20 x 30 centímetros dos mais notórios traidores dos Estados Unidos desde a Segunda Guerra Mundial. A galeria começa com Klaus Fuchs, o físico alemão que trabalhou no Projeto Manhattan (programa de pesquisa e desenvolvimento que produziu as primeiras bombas atômicas na Segunda Guerra) e vazou segredos de bombas atômicas para os soviéticos, o que acelerou a corrida soviética para se tornar uma potência nuclear. A galeria segue em ordem cronológica e conta com mais de cem pessoas ao todo, entre elas os infames espiões Julius Rosenberg, Aldrich Ames, Robert Hanssen, John Walker e Ana Belén Montes. A fotografia de Ana Montes, espiã cubana que trabalhou na Agência de Inteligência de Defesa, é especialmente marcante porque é uma versão recortada de uma foto de 1997, na qual ela recebe uma distinção das mãos do ex-diretor da CIA George Tenet.

O estrago causado pelos integrantes do Hall da Vergonha à segurança nacional dos EUA é incalculável. Essa devastação incluiu não apenas a divulgação de informações técnicas, mas a exposição de agentes norte-americanos que estavam na Rússia e em outras áreas proibidas da comunidade de inteligência. Quando essas pessoas acabaram executadas ou presas, o país perdeu acesso a um fluxo de informações inestimáveis. As perdas também prejudicaram o recrutamento futuro. O Hall da vergonha é arrepiante e permanece em sua mente por muito tempo depois de passar por lá e entrar no centro nervoso das operações de contrainteligência dos Estados Unidos.

Meu encontro mais marcante com espiões russos foi sério e com uma grande dose de farsa. Aconteceu no dia 26 de janeiro de 2009, no hotel Fontainebleau, em Miami Beach, na Flórida. Estava lá para uma apresentação chamada "O Discurso Especial Geopolítico", às 9h, para um público de aproximadamente mil gerentes de hedge e fundos alternativos. Foi uma das conferências de investimento mais destacadas do ano, ocorrendo imediatamente após o pânico financeiro de 2008, mas antes de os mercados chegarem ao fundo do poço. O programa listou meus subtópicos como "China e Rússia", e "Tensões com o Irã e a Coreia do Norte", entre outros.

Inaugurado em 1954, o hotel Fontainebleau é um ícone da arquitetura norte-americana, projetado pelo célebre arquiteto Morris Lapidus. Sua característica mais conhecida é o edifício principal, que se curva suavemente formando um semicírculo branco brilhante com vista para a piscina do local e o Oceano Atlântico. O Fontainebleau foi o primeiro lugar onde Frank Sinatra e o grupo Rat Pack se apresentaram quando visitaram Miami, no final da década de 1950.

Foi a minha primeira vez no Fontainebleau. O hotel fez parte da minha imaginação por mais de quarenta anos, desde que vi a cena de abertura do filme clássico *James Bond contra Goldfinger*, de 1964. Nessas cenas, Bond, interpretado por Sean Connery, interrompe uma operação de trapaça de cartas que está sendo conduzida no hotel por Goldfinger. A sequência causou uma impressão duradoura. Com isso, decidi que algum dia me hospedaria lá, apenas por diversão. Em 2009, tive a minha chance. O Fontainebleau era o lugar para ver e ser visto em Miami Beach no inverno daquele ano.

Depois do meu discurso, voltei ao meu quarto para relaxar e apreciar a vista. A luz vermelha do meu telefone estava piscando. Recuperei a mensagem e retornei a ligação.

O homem do outro lado da linha tinha uma voz grave e sotaque europeu distinto. Ele disse: "Vi sua apresentação esta manhã. Muito interessante. As partes sobre guerra financeira eram novas para mim. Gostaria de conhecê-lo para discutir mais esses tópicos. Também posso ter algumas oportunidades de consultoria para você." Consultoria geopolítica era uma das minhas atividades na época, junto com o trabalho na inteligência e das apresentações em público. Parecia valer a pena descobrir o que aquela pessoa tinha em mente.

"Ok, obrigado. Vou ficar aqui apenas um dia. Podemos nos encontrar às 15h, no bar do saguão, e aí conversar sobre isso", disse. Havia vários bares no hotel. Dei a ele o número do meu celular para que pudesse me localizar. Já estava planejando ir ao bar do saguão de qualquer forma, portanto, encontrá-lo não era nada inconveniente. Normalmente não bebo em dias úteis, mas seria uma pena me hospedar no Fontainebleau e não visitar o bar para sentir o ambiente.

"Obrigado," respondeu a pessoa. "Estarei com meu sócio. Nos vemos então." Desliguei.

Cheguei às 14h45 no bar do Gotham Steak, um restaurante no saguão fechado desde então, para que pudesse desfrutar de uma bebida antes de meus convidados chegarem. Pedi meu rum Mount Gay e a água tônica com limão de sempre. Então relaxei e passei a observar.

Meus convidados me acharam facilmente; o bar estava quase vazio naquela hora do dia, e eles me conheciam pela minha apresentação. Ambos foram até a minha mesa e se apresentaram, mas não se sentaram. Olhei para eles e não podia acreditar no que vi.

O homem era corpulento, moreno e baixo, com cerca de 1,60 metro, vestindo terno e camisa sem gravata. Seu "sócio" era uma mulher um pouco mais alta, de salto alto, cabelos lisos e negros em um vestido longo de seda que mostrava seu decote. Ela era asiática, provavelmente da Ásia Central.

Pensei comigo: "Isso é inacreditável. São Boris e Natasha."

Quando era criança, no início da década de 1960, era muito fã de um desenho animado chamado *As Aventuras de Rocky e Bullwinkle*. Ele passava no canal ABC, um dos principais dos Estados Unidos, depois do show de dança *American Bandstand,* no final da tarde. Esse era o meu intervalo entre as tarefas da escola e de casa. Geralmente, estava grudado na tela. Entre os personagens recorrentes do programa estava uma dupla de espiões tipicamente russa, cujos nomes eram Boris Badenov e Natasha Fatale, que se reportavam a um ditador chamado Líder Destemido. O show era popular no auge da Guerra Fria, durante a histeria pós-Sputnik, de a Rússia tomar o Ocidente. Boris e Natasha podem ter sido personagens caricatos, mas pareciam representar o padrão dos agentes russos desonestos e calculistas, apesar de sua incompetência crônica. Estava diante de duas pessoas iguais a eles, com exceção do chapéu e bigode pretos de Boris. Estava encarando espiões de desenhos animados na vida real.

Perguntei se queriam uma bebida. Boris disse: "Não", eles não se alongariam muito e preferiram ficar de pé. Ele foi direto ao ponto.

"Sua apresentação nesta manhã mostrou muito conhecimento sobre guerra financeira e sanções contra Irã, Rússia e Coreia do Norte. Você é, claramente, um especialista. Tenho clientes que pagariam muito para se encontrar com você. Eles gostariam de saber o que você sabe", afirmou.

"Muito dinheiro," completou Natasha, para enfatizar.

"Quem são esses clientes? Onde eles estão localizados?", perguntei.

"Eles estão na Rússia," Boris respondeu, sem ser mais específico. "Você teria de viajar para lá para se encontrar com eles."

"Muito dinheiro," repetiu Natasha. Talvez ela estivesse preocupada por eu não tê-la ouvido da primeira vez.

Na época desse encontro, estava profundamente envolvido no planejamento do primeiro jogo de guerra financeira do Pentágono. Isso estava programado para março de 2009, com a participação das forças armadas, da CIA, do Tesouro, do Fed e de uma série de especialistas no ultrassecreto Laboratório de Física Aplicada, perto de Washington, D.C. Em janeiro de 2009, a equipe de design do projeto estava bem adiantada na formação de cenários financeiros a serem criados, que inevitavelmente envolveriam a Rússia.

Obviamente, a abordagem de Boris e Natasha foi um recrutamento. Eles sabiam que eu conhecia muito mais sobre guerra financeira do que poderia falar em minhas apresentações públicas. Seus clientes na Rússia estavam dispostos a me pagar para compartilhar esses segredos. Boris e Natasha fizeram uma proposta bem clara: era dinheiro para entregar segredos aos russos, simples assim. Sabia que os denunciaria à contrainteligência da CIA, mas decidi dar assunto a eles para obter o máximo de informação possível.

"Bem, preciso pensar sobre isso," disse a Boris. "Não posso lhe dar uma resposta hoje. Você tem um cartão de visita ou alguma forma de ser contactado?"

Ele colocou a mão no bolso e me deu seu cartão. Como para completar de vez a caricatura, ele era vermelho, cor mais intimamente associada à Rússia.

"Obrigado, entrarei em contato," disse.

"Obrigado por nos encontrar. Nosso cliente realmente gostaria de conhecê-lo. Aguardamos sua resposta."

Meio que esperei Natasha dizer "muito dinheiro" uma última vez, mas os dois deixaram o bar; esse foi o fim do encontro.

Todos os agentes da CIA são obrigados a relatar imediatamente quaisquer contatos com estrangeiros. A extensa papelada associada à manutenção de uma autorização de segurança torna o status um pouco menos glamouroso do que parece, para quem é de fora. Ainda assim, os requisitos dos relatórios têm um propósito e são levados a sério. Coloquei detalhes do encontro em um relatório de contatos com estrangeiros, incluindo descrições físicas, e deixei o cartão vermelho com meu oficial de segurança. E foi isso — a bola agora estava nas mãos dos oficiais da contrainteligência.

Nunca mais ouvi falar sobre o assunto, nada de acompanhamento ou entrevistas pós-relatório. Isso não me incomodou; era tudo parte da compartimentalização com a qual aprendemos a conviver na comunidade de inteligência. Entretanto, um pensamento me atormentou: E se Boris e Natasha não fossem agentes russos? E se eles fossem atores enviados pela contrainteligência dos EUA para testar minha lealdade? Isso não é tão bizarro quanto parece, dada a sensibilidade de alguns dos meus trabalhos e meu perfil público incomum. Nesse caso, passei no teste. Bem-vindo ao labirinto de espelhos.

As estruturas da sede da CIA e seus edifícios auxiliares são cercados por extensas áreas arborizadas e uma série de trilhas usada pelos funcionários para corridas matinais ou na hora do almoço, ou para um passeio pela floresta. Recriar o clima do campus universitário era justamente o objetivo do lendário espião Allen Dulles, diretor da CIA de 1953 a 1961. Ele comandou a mudança da sede de sua localização original, no número 2430 da E Street, bem ao oeste de Washington, D.C., para a atual, em McLean, Virgínia. Dulles queria o melhor dos dois mundos — um ambiente bucólico, sem oficiais enxeridos de outras agências próximas, mas perto o suficiente da Casa Branca para que, se necessário, o diretor da CIA chegasse ao Salão Oval, gabinete e local de trabalho do presidente norte-americano, em questão de minutos.

Dentro dessa extensão de bosques e trilhas, esculturas e museus e escritórios de vidro, existe uma anomalia arquitetônica. É uma casa branca de madeira no estilo de fazenda, de três andares, frequentada por muito poucos funcionários, mesmo entre aqueles com os maiores níveis de acesso. É uma estrutura que antecede a organização há décadas, parte de uma propriedade que testemunhou a Guerra Revolucionária, a Guerra Civil e todos os momentos decisivos na história dos EUA desde então. O nome formal do local é residência Scattergood-Thorne, conhecida como Scattergoods pelos membros da CIA.

Passei muitos dias em Scattergoods durante sete anos, entre 2006 e 2013. Não estava lá para cumprimentar chefes da inteligência visitantes ou para ocasiões cerimoniais. Embora a maioria dos oficiais da CIA mal soubesse que a casa existia, e bem menos já tinha entrado lá, um grupo organizado por mim fez da casa o local de alguns dos trabalhos mais politicamente sensíveis já realizados pela CIA. Esse trabalho envolveu um escritório do governo de que poucos norte-americanos já ouviram falar — um organismo chamado CFIUS.

## Os "Doze Indomáveis"

Nos meus anos de trabalho de inteligência para o governo dos EUA, raramente vi olhares tão estranhos como quando falei sobre meu envolvimento com o CFIUS (pronuncia-se "SIFI-us"). Claro, o nome parece engraçado. Na inteligência, perguntavam: "Coça ou queima?" Nenhuma pessoa que encontrei fora da comunidade de inteligência tinha ouvido falar.

CFIUS é a sigla, em inglês, de Comitê de Investimentos Estrangeiros nos Estados Unidos. O comitê foi criado de acordo com a Ordem Executiva 11858, proferida pelo presidente Gerald Ford em 7 de maio de 1975. Curiosamente, a ordem executiva de Ford citou a Lei da Reserva de Ouro de 1934 como uma das bases para a autoridade legal do comitê. A referência à Lei da Reserva de Ouro foi usada porque as operações do CFIUS foram financiadas com os lucros de informações privilegiadas do governo dos EUA com a confiscação de ouro feita por Franklin Roosevelt em 1933.

A formação original do comitê tinha os secretários de Estado, Tesouro, Defesa e Comércio, e diversos funcionários da Casa Branca. O comitê expandiu bastante desde 1975, e hoje inclui os secretários de Imigração e Energia e o Procurador-Geral dos EUA.

É de responsabilidade do CFIUS decidir se aquisições estrangeiras sensíveis de empresas-alvo dos EUA podem avançar. O comitê tenta encontrar um equilíbrio entre investimentos estrangeiros benignos, que são incentivados, e penetrações malignas de infraestrutura crítica. Em termos gerais, a infraestrutura crítica inclui telecomunicações, internet, computação na nuvem, rede elétrica, usinas hidrelétricas, finanças, transporte, portos, hidrovias, defesa e espaço, e recursos naturais, em resumo, qualquer rede que mantenha o país seguro e a energia funcionando. O CFIUS protege a nação da invasão desses setores por rivais estrangeiros.

A comunidade de inteligência não faz parte do CFIUS, mas é para ela que o comitê pede para determinar se uma possível aquisição de uma empresa norte-americana por uma estrangeira é uma ameaça à segurança nacional dos EUA, com base na identidade e intenções do comprador. A comunidade de inteligência que reúne informações sobre possíveis conexões do investidor estrangeiro com um cartel criminoso ou com o aparato militar, ou de inteligência de um rival dos norte-americanos.

Há uma tensão dinâmica nas decisões do CFIUS. De um lado os Estados Unidos mantêm uma economia aberta e acolhem o investimento estrangeiro. Algumas das marcas mais conhecidas no país são fabricadas por empresas estrangeiras como Sony e Samsung. A Lenovo, que fabrica o notebook que um dia se chamou Thinkpad, está sediada na China, mas adquiriu a divisão de notebooks da IBM. Os carros da alemã BMW são produzidos em fábricas no estado norte-americano da Carolina do Sul. O investimento estrangeiro nos EUA traz empregos, tecnologia e crescimento para a economia do país. Ainda assim, há áreas corporativas intocáveis, das quais nenhum investidor de fora pode fazer parte sem passar por uma rigorosa avaliação do ponto de vista da segurança nacional.

Se a bolsa de valores eletrônica Nasdaq fosse comprada por uma empresa russa que tem conexões com o governo de seu país, ela poderia programar sistemas de entrada de pedidos para inundar o mercado com solicitações de venda falsas na Apple, Amazon, Facebook e outros ícones comerciais norte-americanos. Isso poderia causar um colapso e destruir as economias dos norte-americanos, resultando em uma crise de mercado pior que a de 2008. A Rússia acabaria com mais riqueza por meio de uma fraude na bolsa que com uma bomba nuclear bem posicionada. Uma aquisição da Nasdaq pelos russos certamente seria recusada pelo CFIUS. Ainda assim, muitos casos que chegam ao comitê são mais opacos e menos óbvios. É preciso reunir a inteligência bruta para ligar os pontos.

Para isso, integrantes do comitê de inteligência, incluindo a CIA e a DIA (agência de inteligência de defesa), usam diretores, agentes secretos e meios técnicos para penetrar em camadas de ofuscação legais que atores ruins usam para disfarçar seus papéis. Isso pode envolver operações arriscadas em áreas proibidas designadas pela inteligência, tais como Moscou, Pequim e Teerã. Uma vez que os dados tenham sido coletados pela inteligência, os relatórios brutos são entregues a analistas da CIA em Langley. Os analistas ligam os pontos checando a informação coletada com outras fontes, incluindo dados coletados por meios técnicos, dos quais os coletores humanos podem desconhecer.

O arquivo completo é transformado em um grande mosaico visual, que será usado pelos integrantes mais experientes da inteligência para avaliar se o comprador é uma ameaça. Normalmente o resultado não é preto ou branco, pois ainda pode trazer preocupações a serem consideradas pelo CFIUS. Essa avaliação é entregue ao Tesouro em nome do CFIUS. Após uma análise mais aprofundada de todo o comitê, o CFIUS faz uma recomendação final à Casa Branca. O Departamento do Tesouro atua como coordenador e agência de origem do CFIUS, mas não possui a palavra final; ela é da Casa Branca. O consenso entre as agências membros geralmente é alcançado, mas quando isso não acontece, o caso é encaminhado para uma decisão final do presidente.

Minha experiência colaborando com o CFIUS começou em 2006, pouco depois da fracassada tentativa da Dubai Ports World assumir seis portos norte-americanos. Nesse acordo, uma empresa do Oriente Médio planejava comprar a operadora das maiores instalações portuárias do país, entre elas Nova York, Filadélfia, Miami, Baltimore e Nova Orleans. Os portos lidavam com importações e exportações de uma parte significativa do suprimento de energia e alimentos dos EUA, bem como operações de navios de cruzeiro. Esses portos representavam algumas das infraestruturas críticas mais sensíveis da nação. Antes do acordo proposto, eles eram de propriedade da Peninsular and Oriental Steam Navigation Company (P&O), uma firma britânica, claramente originária de uma jurisdição amigável.

O comprador proposto, DP World, pertence ao Emirado de Dubai, que faz parte dos Emirados Árabes Unidos, controlado pelo governante de Dubai, Sheikh Mohammed bin Rashid Al Maktoum. Apesar da localização geográfica ruim, com vizinhos complicados, o país é avaliado pela comunidade de inteligência como um bom amigo dos EUA. Ele tem sido um aliado ativo dos norte-americanos na luta contra o terrorismo, o grupo ISIS e o cruel regime de Bashar Al-Assad, na Síria.

A DP World sabia que o acordo era sensível do ponto de vista da segurança nacional dos EUA e procurou o CFIUS em outubro de 2005 para liberação. A inteligência da Guarda Costeira dos Estados Unidos, agência relevante em relação à segurança portuária, levantou preocupações. A

DP World tratou dessas preocupações por meio de um processo chamado mitigação, no qual são feitas concessões com relação à governança, compartimentalização e transparência para aliviar as preocupações do governo. Com base em um acordo de mitigação, o CFIUS e a Casa Branca deram sinal verde ao acordo. Os acionistas da P&O aprovaram a venda dos portos para a DP World em fevereiro de 2006.

O que veio a seguir foi uma explosão política maior que a erupção do vulcão Krakatoa.

Quando um operador portuário rival viu o anúncio do acordo público, contratou lobistas para convencer Chuck Schumer, senador do Partido Democrata pelo estado de Nova York, a se opor. Ele aproveitou a chance e expôs o acordo em termos racistas, referindo-se a uma aquisição "árabe", ignorando a diferença entre amigos da região, como Dubai, e inimigos da região. Schumer deu essas declarações em uma coletiva de imprensa com famílias de vítimas dos atentados de 11 de setembro. O frenesi da oposição era bipartidário; o senador de Illinois Dennis Hastert, republicano, planejou legislação para bloquear a aquisição pela DP World. Os senadores democratas Hillary Clinton, de Nova York, e Robert Menendez, de Nova Jersey, juntaram-se a Schumer em sua oposição à DP World e planejaram sua própria legislação contra. Diante dessa politização generalizada gerada por uma aquisição de portos nada ameaçadora, George W. Bush reforçou seu apoio. Em 22 de fevereiro de 2006, a Casa Branca ameaçou vetar qualquer legislação que interrompesse o acordo.

No auge dessa tempestade política, a DP World contratou o ex-presidente dos EUA Bill Clinton como conselheiro do CFIUS. Isso criou o curioso espetáculo de Bill Clinton ajudando o acordo, enquanto Hillary Clinton se opôs. A família Clinton estava dividida.

Porém, o que acabou sendo deixado de lado pela imprensa e em meio à confusão política foi o fato de que, como parte de sua mitigação, Dubai secretamente concordou em permitir que a CIA posicionasse ativos em outras instalações portuárias da DP World. A manobra criaria uma importante fonte de inteligência em portos da África, Oriente Médio e sul da Ásia, que seriam difíceis de acessar de outra forma. Ao prejudicar o acordo, Schumer e Hillary Clinton estavam, na verdade, prejudicando a capacidade da comunidade de inteligência de proteger os EUA.

A DP World prosseguiu com a aquisição dos portos da P&O no final de fevereiro de 2006, mas, diante do fracasso na esfera política, a empresa imediatamente concordou em vender as operações portuárias dos EUA a um operador aceitável. Fechado esse acordo, o Congresso retirou a ameaça de anular a operação. Em dezembro de 2006, a empresa cumpriu sua parte ao vender as operações portuárias dos EUA para uma divisão da AIG, gigante norte-americana do setor de seguros.

Esse fiasco foi um grande constrangimento para o CFIUS e a Casa Branca. Em termos de interesses de segurança nacional, aqueles que defendiam o acordo tinham feito tudo certo. A Guarda Costeira avaliou os riscos, a DP World ofereceu a mitigação. Os Estados Unidos teriam toda a supervisão e transparência necessárias para garantir que os portos fossem operados com segurança. A vantagem da inteligência com a cooperação de Dubai em outras áreas era considerável. Ainda assim, o CFIUS havia mostrado um ponto cego às percepções externas. Um alarme soou dentro da comunidade de segurança nacional sobre a necessidade de evitar futuras humilhações.

Em resposta, a comunidade de inteligência se voltou para o altamente condecorado major-general John R. Landry, formado na universidade de Harvard e na academia de West Point, com experiência em guerras desde o Vietnã até a operação Tempestade no Deserto, no Iraque. O general Landry ocupou o cargo de Oficial Nacional de Inteligência (NIO, na sigla em inglês) para assuntos militares de 1993 até 2013, quando se aposentou. O NIO militar se reporta ao diretor do Conselho Nacional de Inteligência e é o oficial de inteligência de mais alto nível encarregado de avaliar assuntos militares. Ele não foi uma escolha lógica para o controle de danos do CFIUS porque seu conhecimento era militar, não econômico. Ainda assim, ele possuía uma característica valiosa — em Langley, era conhecido como um oficial "determinado", que se recusava a lidar com pessoas ignorantes. Landry resolvia situações complicadas e completava tarefas críticas de forma mais rápida que os burocratas típicos. O CFIUS precisava de uma solução rápida, e Landry era a escolha ideal para liderar o caminho.

Em maio de 2006, algumas poucas semanas depois do fracasso na negociação portuária com Dubai, um dos meus pontos de contato da CIA me perguntou se eu poderia encontrar o general Landry o mais rápido possível. Concordei e me programei para estar na sede em poucos dias. Ao chegar, fui levado ao seu escritório. Ele era baixo, musculoso, bonito com jeito de durão, com cabelos brancos e comportamento grosseiro, similar ao de um buldogue — algo que se espera de um general em combate.

Landry foi direto ao ponto. "Jim, acabamos de passar por uma tempestade de fogo nessa negociação portuária com Dubai. Gostaria que você recrutasse e organizasse uma equipe de especialistas que possa nos ajudar a evitar que sejamos pegos de surpresa. A inteligência nesse caso foi boa, mas precisamos de pessoas de fora, com a perspectiva do mundo real. Se adicionarmos essa dimensão, veremos as armadilhas políticas com antecedência. Queremos que Wall Street assuma esses acordos. Você pode montar uma equipe para nós?"

É claro que aceitei a missão. Tinha feito muitos recrutamentos em Wall Street desde 2004, quando ajudei a CIA no chamado Projeto Profecia. Esse foi um estudo estratégico pós-atentados de 11 de setembro, ligado ao uso de informações privilegiadas antes dos ataques. O projeto usou a experiência de Wall Street para construir e testar sistemas analíticos que podiam prever novos ataques terroristas usando dados de mercado. Uma das partes mais gratificantes desse projeto foi que, quando liguei para pessoas para pedir sua colaboração, não recebi sequer uma negativa. Todos que recrutei, dos principais líderes de investimentos bancários aos bilionários de fundos de hedge, abandonaram o que estavam fazendo para nos ajudar da maneira que pudessem. Apreciei a oportunidade de recrutar voluntários novamente, para a missão do CFIUS.

Nos meses seguintes, juntei uma das melhores equipes possíveis. Liguei para advogados de negócios, arbitragistas de risco, especialistas no assunto e agentes de private equity que conheciam os mercados emergentes que provavelmente seriam a fonte de ameaças, especialmente a China e a Rússia.

A cada potencial integrante identificado, providências eram tomadas para que ele fosse ver o general Landry na sede da CIA antes de receber um convite formal para participar do projeto. Minha história de entrevista favorita envolve um banqueiro loiro de olhos azuis de Connecticut com fortes ligações com o Oriente Médio. Como a maioria dos recrutados, era a primeira vez que ele visitava Langley — e Landry sabia como deixar qualquer um fascinado. Acompanhamos nosso convidado por uma visita especial à sede, incluindo a suíte do diretor, no sétimo andar. Landry tinha livre acesso por conta de sua longevidade no cargo e do respeito de seus colegas.

Quando voltamos ao escritório de Landry, completamos a entrevista. O candidato era, claramente, uma escolha forte. O general teve o prazer de recebê-lo. Estávamos terminando quando Landry foi até sua mesa e pegou uma moeda (uma *challenge coin*, tradicional no meio militar) banhada a ouro com o símbolo da CIA. Ele a entregou para o visitante e disse: "Aqui está uma lembrança da sua visita; algo para mostrar aos seus filhos quando chegar em casa." O candidato colocou o presente no bolso e falou, "obrigado, general". Em seguida, Landry ficou sério e disse: "Ótimo, porque uma vez que você coloca a moeda no seu bolso, temos você no nosso bolso". O recruta empalideceu.

Precisei me segurar para não rir alto. Perguntava-me quantas vezes o general tinha usado essa frase com novatos. Landry me deu um olhar de soslaio e um leve sorriso para a piada interna que acabara de fazer. O candidato sorriu nervosamente. Na CIA, nada é exatamente o que parece. De qualquer forma, nosso banqueiro de Connecticut acabara de se juntar à equipe.

Quando havia terminado e todos os recrutados tinham recebido seus termos de compromisso, estávamos oficialmente organizados como um painel de consulta para o grupo de suporte da comunidade de inteligência do CFIUS. Extraoficialmente, éramos os "Doze Indomáveis" ajudando a manter os Estados Unidos a salvo de ameaças financeiras estrangeiras.

Operamos por sete anos com bons resultados. No início de 2007, quando a comunidade de inteligência estava preocupada com as aquisições no setor de telecomunicações, alertamos que as instituições financeiras seriam o próximo campo de batalha. A previsão se cumpriu. No final de 2007, em meio ao pânico no setor financeiro, Wall Street recorreu aos fundos soberanos na China, Coreia do Sul, Singapura e Abu Dhabi em troca de dinheiro novo para sustentar bancos insolventes como Bear Sterns, Lehman, Citi e Morgan Stanley. Essas transações geraram exatamente o tipo de ameaças à segurança nacional sobre o qual alertamos. O trabalho dos "Doze Indomáveis" foi tão bem-sucedido que um oficial do Pentágono me chamou um dia em particular em Langley e perguntou se eu poderia criar um órgão semelhante para o Departamento de Defesa.

Esse novo painel os ajudaria a conduzir suas próprias informações de inteligência da CFIUS e outros assuntos, como controle de exportação sobre sistemas de armas dos EUA.

A partir de meados de 2013, nosso grupo foi gradualmente eliminado em etapas. Soubemos que nossa reunião regular de outubro de 2013 foi adiada devido à ameaça de um desligamento do governo na época. Essa reunião nunca foi remarcada. Recebemos um aviso formal de rescisão em janeiro de 2014. Não sabíamos naquele momento, mas aquela que seria nossa última reunião aconteceu em abril de 2013, devido ao cancelamento e rescisão subsequentes. O grupo dos "Doze Indomáveis" foi dissolvido, nossos serviços não eram mais necessários. Continuei com outras missões para a comunidade de inteligência; meus dias de CFIUS haviam terminado.

Fomos informados de que o encerramento das atividades do painel de consulta se deveu a razões orçamentárias, mas isso nunca me pareceu verdadeiro. Éramos, em nossa maioria, voluntários que recebiam reembolso de viagens e pouco por meio de taxas. Até passávamos o chapéu durante as reuniões em Langley para pagar o almoço no buffet. Provavelmente éramos o melhor custo-benefício que o governo já teve. Ainda assim, ordens eram ordens. O general Landry tinha se aposentado e faleceu em junho de 2015. Fui informado, em particular, de que outro general, James Clapper, diretor da inteligência nacional em 2013, queria que nossa operação fosse encerrada. Nunca soube o porquê, mas sempre suspeitei que havia outro motivo além do dinheiro do almoço e algumas passagens de avião.

## Clintons, Russos e a Uranium One

Enquanto nosso painel assessorava o comitê de inteligência na avaliação de ameaças estrangeiras, os diretores do CFIUS, com sede no Departamento de Tesouro dos EUA, lutavam contra o estranho caso da Uranium One. Ao longo de 2016, esse se tornou o episódio mais comentado e politizado envolvendo o CFIUS desde a negociação portuária com Dubai, em 2006. O acordo com a Uranium One é uma saga distorcida com raízes que remontam a 2005. Essa história de fundo é fundamental para entender como o acordo com a Uranium One mais tarde se tornou politicamente tóxico para o CFIUS.

Em 2005, um rico empresário canadense chamado Frank Giustra, com experiência em busca de ações de preço baixo e produção de filmes, resolveu investir na mineração de urânio. O urânio é um elemento escasso, de cor prateada e identificado pelo número atômico 92, usado tanto para a geração de energia de forma pacífica, em usinas nucleares, como para fins militares, em embarcações elétricas e em armas nucleares. É um dos recursos naturais estrategicamente mais sensíveis do planeta.

Giustra e seus sócios fundaram uma empresa chamada UrAsia Energy, cujo objetivo era adquirir direitos de mineração de urânio no Cazaquistão, na Ásia Central. O empresário canadense convidou o ex-presidente norte-americano Bill Clinton para ajudá-lo. Como Giustra disse, "quase todas as minhas fichas estão em Bill Clinton. Ele é uma... marca mundial e pode fazer coisas e pedir coisas que ninguém mais pode". Em 6 de setembro de 2015, Giustra e Clinton visitaram Almaty, capital do Cazaquistão. Naquela visita, Clinton se reuniu em particular com o cruel ditador cazaque, Nursultan Nazarbayev. A UrAsia e Giustra obtiveram o direito de mineração do urânio daquele país, apesar da forte concorrência de empresas de mineração maiores e mais experientes da Austrália, Rússia e outros países produtores. Nos anos seguintes, o empresário conseguiu obter centenas de milhões de dólares em contribuições para a fundação Clinton.

Uma vez garantido o acordo para explorar as minas de urânio do Cazaquistão, a UrAsia embalou uma sequência impressionante de outras negociações. Em novembro de 2005, as ações da empresa estavam listadas na Bolsa de Valores de Toronto. Com as ações listadas agora disponíveis como moeda para alimentar outros negócios, em 12 de fevereiro de 2007 a UrAsia anunciou seus planos de fusão com a Uranium One, outro grande produtor de urânio com sede no Canadá e na África do Sul. Após a conclusão da fusão, a empresa seguiu sendo chamada de Uranium One, com Giustra e os outros acionistas da UrAsia no controle, e começou a adquirir ativos de mineração de urânio nos EUA. Em pouco mais de dois anos, a UrAsia Energy passou de um peixe pequeno do setor para uma das principais produtoras globais de urânio sob a bandeira Uranium One.

Durante esse período, Hillary Clinton estava firme na busca pela presidência dos Estados Unidos e era apontada pela imprensa como a inevitável vencedora. Já Bill Clinton continuava a se encontrar com Nazarbayev. O ditador cazaque foi nomeado chefe de uma organização de direitos humanos, a Organização para a Segurança e Cooperação na Europa (OSCE), apesar de seu histórico desumano em relação aos direitos civis e da oposição de políticos mais experientes como o democrata Joe Biden, então senador pelo estado de Delaware. Nazarbayev foi convidado a participar da Clinton Global Initiative, em setembro de 2007 na cidade de Nova York, e teve certo destaque. Giustra anunciou uma nova promessa de doar mais de US$100 milhões à Fundação Clinton. A rede de pagamentos, compromissos e arranjos que beneficiava Bill e Hillary Clinton, Frank Giustra e o ditador Nazarbayev crescia de forma densa e interconectada.

Foi então que Giustra iniciou sua cartada final — uma venda da Uranium One, incluindo minas de urânio nos EUA, para a Corporação Estatal de Energia Atômica da Rússia, Rosatom. Em 15 de junho de 2009, a Rosatom, operando por meio de seu braço de mineração Atomredmetzoloto, ou ARMZ, anunciou que havia adquirido uma participação de 17% na Uranium One. Poucos meses antes, em 21 de janeiro de 2009, Hillary Clinton havia se tornado a secretária de Estado dos EUA na administração do recém-eleito presidente Barack Obama. Nessa função, ela imediatamente se tornou uma das vozes mais poderosas do CFIUS.

Em uma sucessão de aquisições consecutivas, a Rosatom anunciou planos de adquirir 51% do controle da Uranium One, em junho de 2010. A transação foi aprovada pelo CFIUS, com o apoio de Hillary Clinton, em 22 de outubro de 2010, e foi fechada no final do ano. Em janeiro de 2013, a Rosatom adquiriu o controle completo da Uranium One e tornou a empresa privada. Hoje em dia, a Rosatom é dona dos consideráveis ativos de urânio nos EUA que pertenciam à Uranium One.

Os aspectos desse acordo são curiosos. A linha do tempo da história da Uranium One vai de 2005 a 2013, sobrepondo-se quase perfeitamente ao trabalho dos "Doze Indomáveis", de 2006 a 2013. O acordo se enquadra diretamente no campo dos negócios tipicamente negados, em que um adversário — a Rússia — está comprando um ativo sensível — urânio. O mais estranho de tudo é que essa negociação nunca chegou a nós. Nunca em nenhuma reunião, fosse ela confidencial ou não, a Uranium

One foi sequer mencionada em nossas sessões completas do conselho consultivo, ou individualmente. É como se o acordo estivesse sendo tratado dentro da comunidade de inteligência em uma faixa especial, precisamente para evitar a análise que nosso grupo deveria fornecer. Uranium One era o cachorro que não latia.

Embora o acordo tenha atraído a cobertura da imprensa à época conforme o plano de Giustra avançava, ele não se tornou um escândalo político até o ciclo das eleições presidenciais de 2016 e a publicação do livro *Clinton Cash*, um exposé de Peter Schweitzer, que contou a história da Uranium One em detalhes. Naquele momento, diversas pessoas se apressaram a apresentar explicações pouco convincentes sobre a atitude de Hillary Clinton, que não resistiriam a uma investigação.

A primeira delas é a de que Hillary Clinton representava apenas um dos votos no CFIUS e não poderia ter influenciado sozinha o resultado do caso Uranium One. É verdade que o comitê tem nove votos (oito membros do Gabinete presidencial e o consultor científico do presidente) e que o acordo com a Uranium One foi aprovado por unanimidade. Portanto, esse argumento tem pouca validade.

Porém, a alegação não está ligada à forma como o CFIUS funciona na prática. De fato, existem apenas quatro votos que contam — dos secretários de Estado, Defesa, Energia e do Tesouro. O Tesouro tem o papel mais importante, porque é ele que preside o comitê, define a agenda e ainda abriga as principais reuniões do grupo. Os secretários de Estado e Defesa têm as principais ações em questões de segurança nacional. Todos os outros são figuras alegóricas. O departamento de Comércio é considerado um líder de torcida pró-investimento e não deve ser levado a sério. O escritório do representante comercial dos EUA e o consultor científico do presidente podem reclamar o quanto quiserem, mas no fim acabam cedendo à vontade dos quatro principais. Os departamentos de Justiça e Segurança Interna auxiliam a inteligência do FBI e de outros que precisam dos dados. Isso é somado às informações coletadas por CIA, DIA e NSA, embora essas agências raramente expressem com veemência sua visão sobre as vantagens de um acordo.

O CFIUS é um grupo movido pelo consenso. Se o secretário de Estado pressionasse a favor da Uranium One, os departamentos de Defesa e do Tesouro concordariam porque questões específicas como sistemas de armas e financiamento aos terroristas não seriam violadas. Outros membros permaneceriam calados. Se a Casa Branca não for contra o secretário de Estado, seu forte apoio ao acordo poderia ser suficiente para fechá-lo.

A segunda defesa do papel de Hillary Clinton foi resumida como "o urânio não vai a lugar nenhum". As minas do metal nos Estados Unidos sob controle da Uranium One (e, em consequência, pela Rússia) ficam em Wyoming. É verdade que a mina não pode ser movida e nenhum urânio produzido lá será enviado ao exterior, para rivais como o Irã. Entretanto, essa é outra argumentação superficial.

O que falta a esse argumento é que o urânio, geralmente na forma concentrada pouco enriquecida, ou U3O8, também chamada de bolo amarelo, é uma mercadoria fungível no mercado mundial. A Uranium One possui minas no Cazaquistão, Estados Unidos e Tanzânia. Ela possui clientes, direta e indiretamente, por meio da matriz Rosatom, em todo o mundo, incluindo Irã, Rússia e China. Antes da aquisição da Uranium One pela Rosatom, uma usina nuclear dos EUA poderia estar sendo abastecida a partir de minas no Cazaquistão. Após a aquisição, a Rosatom poderia ceder esse contrato de fornecimento de dentro dos EUA para o próprio país, e a produção do Cazaquistão estaria disponível para envio ao Irã. De fato, o urânio de Wyoming está sendo fornecido ao Irã por meio de uma simples substituição de fornecedores em uma estrutura de três partes.

A Rosatom também poderia fechar temporariamente as minas em Wyoming. Tirar essa produção do mercado seria caro em curto prazo, mas a escassez repentina poderia aumentar o preço mundial e beneficiar outras minas pertencentes à Rosatom. Essa é uma estratégia de manipulação de preços que um participante estatal global, como é o caso da Rosatom, teria toda a condição de fazer, mas que nunca seria tentada, se as minas dos EUA fossem de propriedade de uma empresa independente menor.

Identificar estratégias de mercado, como substituição de suprimentos e manipulação de preços, é exatamente o tipo de orientação que nosso conselho deveria trazer à tona. Essas e outras técnicas não são tão comuns assim para a maioria dos burocratas, que se concentram apenas em questões fundamentais sobre licença de exportação.

No fim das contas, o acordo da Uranium One foi aprovado porque assim queriam o secretário de Estado e a Casa Branca. A posição desse acordo na categoria de negócios normalmente negada foi ignorada. A opinião do nosso conselho consultivo, criado justamente para contribuir com conhecimentos em negociações confidenciais, nunca foi buscada. Os "Doze Indomáveis", grupo formado para controle de danos após a confusão com Dubai e a aquisição de portos, foram deixados de lado pelo general Clapper no acordo mais politicamente explosivo de todos. Tudo o que resta agora é o controle pelos russos do urânio dos EUA, graças a uma manobra obscura clássica dos Clinton.

A história da Uranium One segue viva nos dias de hoje. Em 16 de novembro de 2017, a agência de notícias Reuters apresentou o caso do lobista e informante do FBI William D. Campbell. Ele alegou ter informações sobre ações corruptas da Rosatom para conseguir a aprovação da aquisição da Uranium One pelo CFIUS. Campbell também foi vinculado a um outro caso, em que Vadim Mikerin, chefe de operações nos EUA da Tenex, uma subsidiária da Rosatom, declarou-se culpado por suborno e foi sentenciado a quatro anos de prisão. A acusação envolvia contratos para enviar urânio russo aos Estados Unidos. As expectativas são as de que, à medida que mais fatos surgirem, o papel de Hillary Clinton no CFIUS será visto negativamente.

## Nacionalismo e Globalismo

Os tópicos com os quais lidei enquanto trabalhava no CFIUS e em outros assuntos para a CIA, no início dos anos 2000, ganharam as manchetes em 2015. A campanha presidencial de Donald Trump, lançada em 16 de junho de 2015, foi a mais explicitamente nacionalista entre os principais partidos do país desde a de Pat Buchanan à indicação como candidato do Partido Republicano, em 1996. Como resultado de sua campanha bem-sucedida, Trump prestou juramento em 20 de janeiro de 2017 como o nacionalista mais forte desde Theodore Roosevelt. Pela primeira vez em mais de cem anos, um nacionalista comprometido assumia o posto no Salão Oval.

Obama, os Bush e Bill Clinton eram globalistas, ou seja, dispostos a mudar ou comprometer os interesses dos EUA em prol de uma comunidade global mais forte, na qual o país se beneficia. Até conservadores ferrenhos como Ronald Reagan e John F. Kennedy flertaram fortemente com o campo globalista, pois contavam com a Otan, a ONU e o FMI, entre outras instituições multilaterais, para buscar seus objetivos na Guerra Fria. A famosa abertura de Richard Nixon para a China, a disposição de Lyndon Johnson de travar uma guerra do outro lado do mundo com o Vietnã e o triunfo de Gerald Ford com os Acordos de Helsinque, em 1975, foram marcos na história de um forte compromisso norte-americano com um sistema internacional de aliados e adversários, em que os interesses norte-americanos às vezes eram colocados em segundo plano por conta de algo maior. O que diferencia Teddy Roosevelt e Trump não é o isolacionismo, mas o unilateralismo. Os presidentes norte-americanos nunca podem ser verdadeiramente isolacionistas; o país é grande e rico demais para se distanciar do mundo, e nem deveria querer isso. A distinção entre presidentes é se os Estados Unidos trabalham com aliados e em uma estrutura multilateral ou por iniciativa própria, em princípio unilateralmente, mas com aliados cooperando apenas quando sua posição for clara.

Teddy Roosevelt era um unilateralista e imperialista descarado — assim como Trump, que ficou feliz ao cortar o financiamento dos EUA à Organização das Nações Unidas (ONU) diante da menor ofensa da Assembleia Geral do órgão. Roosevelt defendeu a implementação de tarifas na corrida contra Woodrow Wilson, em 1912; Wilson chamou-as de "rígidas e estúpidas". Trump tem sido muito ativo na imposição de novos impostos hoje em dia.

Os slogans de Trump — "Make America great again" ("torne a América grande de novo") e "America first" ("América em primeiro lugar") — são ecos do "speak softly and carry a big stick" ("fale suavemente com um grande porrete na mão") de Roosevelt, além da exclamação "bully", que queria dizer "excelente". Ele ainda inventou o termo "muckraker" ("fuçador") para se referir aos jornalistas sem ética. Roosevelt dizia que esse tipo de profissional "rapidamente se torna não uma ajuda para a sociedade ou um incentivo ao bem, mas uma das forças mais poderosas do mal". Isso foi mais de um século antes de Trump fazer as acusações de "notícias falsas" e "inimigo do povo" para expressar a mesma opinião.

Roosevelt era e Trump é do Partido republicano, mas ambos lutaram duro contra seu próprio partido. O primeiro abandonou a Convenção Republicana de 1912 muito irritado, chamando seus colegas de partido de "bando de ladrões". Trump faz críticas severas a republicanos via Twitter com certa frequência. Pode-se dizer que Roosevelt e Trump tiraram o Partido Republicano das mãos de figuras estabelecidas na sociedade e de um grupo rico de doadores.

Uma comparação entre Trump e Roosevelt não pode ser levada longe demais. Roosevelt era um estudioso distinto, leitor voraz, autor de dezoito livros e ganhador do Prêmio Nobel da Paz. Trump se mostra pouco inclinado à leitura e não é muito entendido quando o assunto é história e questões internacionais.

No entanto, seus instintos políticos são assustadoramente semelhantes. Em 1912, Roosevelt concorreu à eleição por um terceiro partido e amparado em um programa chamado Novo Nacionalismo. Esse programa atacou o compadrismo e a corrupção política por parte de democratas e republicanos. Um dos principais compromissos de campanha de Roosevelt era "destruir esse governo invisível, dissolver a aliança profana entre negócios corruptos e políticas corruptas é a primeira tarefa do dia pela governança". Trump foi um pouco menos articulado quando gritou: "Drene o pântano". Ainda assim, não havia como confundir o sentimento compartilhado.

A questão dessa comparação histórica é que Trump não é uma figura única: ele é um estereótipo do verdadeiro nacionalista, que os norte-americanos não veem na Casa Branca há mais de um século. Antes de Roosevelt, havia outros presidentes, James Knox Polk (1845–49) e Andrew Jackson (1829–37), que se encaixavam no modelo nacionalista. O presidente George Washington (1789–97) provavelmente não faria objeção ao slogan "América em primeiro lugar". É como se o país precisasse de um empurrão de puro nacionalismo mais ou menos uma vez por século para manter sua identidade e destino contra a tentação multilateral. Trump é a sacudida do Século XXI.

A divisão política mais forte de hoje entre nacionalistas e globalistas diz respeito à questão das fronteiras. Isso vai além dos clichês sobre o muro da fronteira de Trump com o México e intensificação do cumprimento das leis de imigração. As fronteiras podem ser físicas, legais ou psicológicas. Trump e os globalistas estão brigando pelas três.

A base do globalismo é um mundo sem fronteiras. Isso significa fluxo livre de capital, pessoas, bens, serviços e ideias em todo o mundo, sem levar em consideração as fronteiras nacionais, a fonte ou o destino nacional. A visão globalista trata o estado-nação como um inconveniente, na melhor das hipóteses, e, na pior delas, como uma ameaça à realização plena do seu objetivo.

O que não é falado na corrida para esse novo mundo maravilhoso, de fluxos de capital livres, livre comércio, taxas de câmbio flutuantes e migração sem problemas é o fato de que a governança nacional não será reduzida, e sim deslocada. Parlamentos e congressos nacionais serão pouco mais que reuniões da cidade convocadas para lidar com questões provincianas. Assuntos importantes, que envolvem capital, trabalho, tecnologia aplicada e política fiscal e monetária serão decididos globalmente por várias instituições, tais como o Fundo Monetário Internacional (FMI) em relação à política monetária, a Organização para a Cooperação e Desenvolvimento Econômico (OCDE) para políticas de impostos, a ONU sobre mudança climática e o G20, grupo formado pelos ministros das finanças e chefes dos bancos centrais das dezenove maiores economias do mundo e mais a União Europeia (UE). Essencialmente, essa liderança não é eleita e se perpetua no poder. Alguns líderes do G20 ocasionalmente precisam concorrer nas eleições nacionais, mas essas são orquestradas para que a agenda globalista vença, independentemente de qual líder do partido seja selecionado. Os globalistas sabem o quão impopular sua agenda é, e por isso recorrem a argumentos levianos lançados por uma imprensa que não demonstra interesse em analisar premissas básicas.

O argumento globalista do "livre comércio" é supostamente baseado na teoria da vantagem comparativa, formulada pelo economista clássico David Ricardo no início do século XIX. Ela parte do princípio de que os países não deveriam tentar ser autossuficientes em todas as áreas da indústria, mineração e agricultura. Em vez disso, deveriam se especializar no que fazem de melhor, com base em vantagens no trabalho, capital ou recursos naturais, e permitir que outros também se aprimorem no que dominam. Com isso, os países poderiam simplesmente trocar os bens que fabricam pelos feitos pelos outros. Todos os lados se dariam bem porque os preços seriam mais baixos como resultado da especialização de bens, na qual um parceiro comercial tem uma vantagem natural.

No entanto, os fatores que compõem a vantagem comparativa não são estáveis. O que acontece se o país A atrair capital do país B com impostos e outros incentivos, criando uma indústria robótica de alta tecnologia que se soma à de manufatura básica e a uma mão de obra barata? Agora A tem todos os empregos e tecnologia, enquanto B não possui trabalho, vive um deficit comercial e mantém apenas seu investimento direto vindo do exterior, ou em ações.

Esse exemplo pode parecer extremo, mas há uma grande semelhança com o relacionamento entre China e Estados Unidos, no qual a vantagem dos EUA na formação de capital foi desviada pelos chineses, fazendo com que o país asiático acabasse com a vantagem comparativa em trabalho e capital, além de um superavit comercial bilateral enorme.

A vantagem comparativa não somente é dinâmica, mas pode ser criada do nada. Taiwan não teve nada disso na fabricação de semicondutores nos anos 1980. No entanto, o governo de Taiwan tomou a decisão política de criar a chamada Empresa de Fabricação de Semicondutores de Taiwan, patrocinada pelo estado. O governo de Taiwan alimentou a firma com dinheiro de impostos e subsídios em seus primeiros dias, quando era mais vulnerável à concorrência estrangeira. Hoje, a Taiwan Semiconductor é uma firma de capital aberto e o maior fornecedor de semicondutores do mundo. A empresa nunca teria alcançado esse status sem a ajuda do governo. Esse é um bom exemplo de por que a vantagem comparativa não é estática. Se ela fosse assim, Taiwan e Japão ainda exportariam arroz e atum em vez de carros, computadores, TVs, aço e semicondutores.

As taxas de câmbio flutuantes, um legado falho das previsões de um mercado livre feitas pelo professor Milton Friedman, da Universidade de Chicago, são outro esquema globalista. Originalmente, as taxas de câmbio flutuantes seriam as substitutas para o padrão-ouro anterior a 1971, que não agradava o estudioso. Friedman gostou da ideia de dinheiro elástico para dar ao planejamento do banco central a capacidade de ajustar o suprimento de dinheiro para otimizar o crescimento real e a estabilidade de preços. O ouro foi considerado inelástico e não adequado para as políticas discricionárias necessárias.

A esperança de Friedman era a de que mudanças graduais nas taxas de câmbio aumentassem ou reduzissem os preços relativos entre parceiros comerciais. Esses câmbios comerciais reverteriam os deficit, mitigariam os superavit e restaurariam o equilíbrio no comércio, sem desvalorizações abruptas como as vividas pelo Reino Unido em 1964 e 1967. A metodologia laboratorial de Friedman ignorou o comportamento do mundo real de intermediários financeiros, como bancos e fundos de hedge, que criam alavancagem e derivativos. A financeirização domina e amplia os ajustes suaves da taxa de câmbio imaginada por Friedman. O que aconteceu a seguir foi uma hiperinflação limítrofe, no final da década de 1970, e explosões de bolhas de ativos como as da dívida na América Latina (1985), das ações dos EUA (1987), do peso mexicano (1994), da dívida russa e derivativos (1998), das ações pontocom (2000), hipotecas (2007) e novamente dos derivativos (2008). Em duas dessas ocasiões, em 1998 e 2008, os mercados de capitais globais chegaram à beira do colapso total.

Se o livre comércio, as contas de capital aberto e taxas de câmbio flutuantes são ideias empiricamente deficientes, por que elas são tão bem-aceitas pela elite de Davos? A resposta é que essas teorias servem como cortina de fumaça para a agenda secreta das elites, que tem como objetivo promover o crescimento global à custa dos EUA, diminuir o poder dos norte-americanos nos assuntos mundiais e aumentar o poder das nações em ascensão, especialmente a China.

Historicamente, os Estados Unidos prosperaram com altas tarifas para proteger suas indústrias. Desde o plano do primeiro-secretário do Tesouro norte-americano, Alexander Hamilton, para criação de novas manufaturas até o chamado *American Plan* de Henry Clay, os EUA sempre souberam proteger suas indústrias e criar empregos no país. Trump está retomando essa tradição norte-americana. Ele se absteve de impor tarifas em 2017, seu primeiro ano no cargo, com base nos conselhos de sua então equipe de segurança nacional, incluindo o conselheiro-geral de Segurança Nacional, H. R. McMaster, o secretário de Estado, Rex Tillerson, e o secretário de Defesa, James Mattis. A equipe de segurança nacional instou o presidente Trump a não iniciar uma guerra comercial porque os EUA precisavam da ajuda chinesa para evitar uma guerra na Coreia do Norte. No entanto, a China não fez todo o possível para pressionar a Coreia do Norte. Informações seguras da inteligência mostraram que os chineses ajudaram a Coreia do Norte a driblar as punições impostas pelas resoluções da ONU. Para piorar a situação, o superavit comercial da China com os EUA em 2017 foi de US$275 bilhões, o mais alto de todos os tempos.

Depois que ficou clara a falta de cooperação da China na situação com a Coreia do Norte, Trump não viu mal nenhum em enfrentar os chineses no comércio, política que ele defende desde meados de 2015, durante os primeiros dias de sua campanha. Como resultado, uma guerra comercial que Trump planejava desde seus dias de candidato, em 2015, entrou em vigor com força total no início de 2018.

Em meio a essa nova guerra comercial, o CFIUS voltou a ganhar destaque, agora como uma importante arma. Em 18 de janeiro de 2018, a agência de notícias Reuters divulgou que o comitê não aprovou aquisições de empresas dos EUA pelo conglomerado chinês HNA, de propriedade privada, até que fossem fornecidas informações mais detalhadas sobre as verdadeiras identidades de seus acionistas. A HNA já havia adquirido participações na rede de hotéis Hilton e no gigante Deutsche Bank, da Alemanha. O conglomerado divulgou que mais da metade de suas ações era de propriedade de duas fundações, com base na China e nos EUA, respectivamente. No entanto, os beneficiários e controladores dessas fundações seguem desconhecidos.

Em seguida, em 12 de março de 2018, em uma das decisões mais agressivas do CFIUS de todos os tempos, a Casa Branca vetou a aquisição hostil da gigante norte-americana de semicondutores Qualcomm pela Broadcom, com sede em Singapura, em uma negociação avaliada em US$117 bilhões. Essa ação foi normal em dois aspectos: como foi uma aquisição hostil, não havia princípio de acordo entre comprador e vendedor a ser considerado pelo CFIUS e, consequentemente, nenhuma oportunidade de mitigação pelas partes. O Tesouro dos EUA disse publicamente que suas razões para rejeitar o negócio eram "secretos em grande parte", mas fizeram referência ao fato de que a base da Broadcom em Singapura estava amplamente sob o controle de "entidades estrangeiras terceiras", entendidas como chinesas. Agora, o governo Trump havia dado poderes ao CFIUS, que se tornou uma arma da linha de frente em uma crescente guerra comercial e financeira entre os Estados Unidos e a China. Isso estava muito distante do papel de capacho desempenhado pela CFIUS no caso Uranium One.

Em 13 de agosto de 2018, Trump assinou uma nova lei para fortalecer o papel do CFIUS e forçá-lo a dar um peso maior às considerações de segurança nacional em comparação ao enfoque anterior, de fronteiras abertas ao investimento estrangeiro direto. Essa nova lei foi chamada de Lei de Modernização da Avaliação de Risco de Investimento Estrangeiro (Firrma, na sigla em inglês), copatrocinada pelo senador republicano John Cornyn, do estado do Texas, e a democrata Dianne Feinstein, da Califórnia. A lei aumenta bastante o número de transações que requerem aprovação do CFIUS e introduz novas categorias sujeitas a revisão, incluindo "materiais críticos" e "tecnologias emergentes". A Firrma cria uma lista branca de "países identificados" que não estariam sujeitos à nova investigação rigorosa devido às suas relações amistosas com os EUA, incluindo as partes em tratados de defesa mútua. Ironicamente, essa é apenas uma versão mais rigorosa e legalmente aplicável da abordagem analítica que os "Doze Indomáveis" introduziram no CFIUS há dez anos. O método havia sido descartado no próprio comitê desde a aprovação da transação do Uranium One.

## Segredo de investimento #1: tarifas e superavit comerciais estão de volta com tudo. Prepare-se para um mundo mais mercantilista.

Investidores devem se preparar para um mundo mais mercantilista, no qual excedentes comerciais e a acumulação de ouro são o objetivo. Isso significa que tarifas, pedidos de reciprocidade e disposições tributárias que favoreçam a produção doméstica serão a regra, não a exceção. Isso contrasta fortemente com os regimes multilaterais de livre comércio, favorecidos pelos globalistas desde o final da Segunda Guerra Mundial e perseguidos vigorosamente desde que a Guerra Fria acabou.

As grandes potências nunca abandonaram completamente o mercantilismo; ele estava sempre logo abaixo da superfície, à medida que as economias desenvolvidas prestavam fidelidade ao livre comércio. Um sistema comercial global sempre exigiu alguma restrição aos países com superavit, além da dor financeira normalmente provocada às nações deficitárias. John Maynard Keynes enfatizou esse ponto em Bretton Woods no ano de 1944, mas seus mecanismos para o ajuste do excedente foram ignorados pelos Estados Unidos.

China e Alemanha são os piores infratores comerciais. Os alemães exploraram o euro e o Banco Central Europeu para obter superavit com seus parceiros comerciais na periferia da zona do euro. Isso equivalia a um tipo de esquema de financiamento de fornecedores que durou até 2010, quando Espanha, Grécia e Itália quase faliram. A Alemanha refinanciou seus clientes da zona do euro com a ajuda do FMI e dos EUA, à custa de gastos sociais na parte sul, para reiniciar o processo. A China utilizou mão de obra e moeda baratas, financiamento doméstico de baixo custo e ampliou investimentos para aumentar seus próprios superavit com os Estados Unidos. A novidade é que Trump e seu governo se recusam a brincar do jogo do livre comércio por mais tempo. Os EUA se igualarão a China, Alemanha, Coreia do Sul e outras nações gigantes em superavit tarifa por tarifa e subsídio por subsídio.

Os investidores norte-americanos devem procurar novas minas de ouro domésticas em áreas como aço, automóveis, energia renovável e transporte. O crescimento global pode desacelerar, mas os lucros de empresas como Boeing, SolarWorld, Mission Solar, Nucor, US Steel e General Motors se beneficiam de um mercado interno protegido nos EUA, ainda o maior do mundo.

A acumulação de reservas físicas de ouro e prata é a marca do mercantilismo. As empresas de mineração de ouro e prata norte-americanas e canadenses serão reforçadas pela forte demanda global contínua impulsionada por China e Rússia. Os preços de suas ações também serão reforçados por uma onda de atividades de fusões e aquisições, uma vez que grandes mineradoras absorvem as menores para atingir economias de escala. O mundo neomercantilista emergente é aquele que seria bom para Alexander Hamilton e Henry Clay. Os Estados Unidos entrarão em campo com sua força máxima, assim como China, Rússia e Alemanha também mostrarão seu potencial.

# CAPÍTULO DOIS
# APAGANDO FOGO COM GASOLINA

Parece ter sido a prática comum da antiguidade estocar, em meio à paz, para as necessidades da guerra, e acumular tesouros de antemão como instrumentos de conquista ou defesa; sem acreditar em imposições extraordinárias, muito menos em empréstimo, em tempos de desordem e confusão... Sempre descobrimos, onde um governo hipotecou todas as suas receitas, que ele necessariamente afunda em um estado de lentidão, inatividade e impotência.

—David Hume, "*Of Public Credit*" (1752)

**O CORO DOS AVISOS DE DÍVIDAS TERRÍVEIS ESTÁ EM SILÊNCIO NO MOMENTO.** Isso é estranho. A partir da década de 1980 e seguindo com a vitória do *Tea Party*, em 2010, nenhum debate político foi concluído sem que um dos partidos tenha alertado sobre os danos à confiança na dívida norte-americana e no próprio dólar devido a gastos excessivos e aumento da relação dívida/PIB. Esses avisos eram bipartidários, embora com prazos e alvos variados, dependendo de qual partido se sentisse ofendido naquele momento.

Nos anos 1980, os deficit do presidente Ronald Reagan foram alvo de críticas de democratas e alguns republicanos (logo vem à mente David Stockman, ex-diretor de Orçamento daquele governo). Reagan era um grande gastador e realmente registrou deficit, mas suspeita-se que a verdadeira objeção era a de que os novos gastos iam para a defesa em vez de para os programas de benefícios favorecidos pelos democratas. Durante os anos 1990, o partido que não estava no poder reclamava constantemente dos gastos da legenda no comando, enquanto, na verdade, George W. Bush e Bill Clinton fizeram um trabalho digno de crédito, mantendo a relação dívida/PIB sob controle. Na década de 2000, os democratas reclamaram dos gastos de guerra de trilhões de dólares de George W. Bush e os democratas reclamaram do estímulo de trilhões de dólares de Obama, que não fez nada para estimular o retorno ao crescimento em longo prazo. No entanto, agora o dano era grave. Bush dobrou a dívida nacional e Obama fez isso novamente, a partir de um nível superior. Quando Trump assumiu, em janeiro de 2017, a equipe Bush-Obama lhe entregou uma relação dívida/PIB de 105%, pior que a dá a maioria da Europa e não muito longe da elegante Itália.

Apesar de mudar de partido e de mudar a sorte, a crítica sobre gastos excessivos nunca parou — até o governo Trump. Agora, ambas as partes estão em silêncio. O atual presidente dos EUA não atacou os direitos democratas favorecidos, assim eles não têm do que reclamar. Ele aumentou os gastos militares para que os republicanos ficassem satisfeitos. A retirada dos limites dos gastos discricionários e o retorno de metas para projetos eleitoreiros animaram os dois partidos. Trump reviveu a era dos deficit de trilhões de dólares, vistos pela última vez no primeiro mandato de Obama. Os direitos e a defesa acabam se empanturrando, então não há divergências em Washington D.C.

O único perdedor é o país. O crescimento lento da dívida/PIB pode ser comparado a um tumor fatal ou a uma infestação de cupins. Os estágios iniciais podem passar despercebidos. Ainda assim, chega um momento em que o dano é irreversível, completo e até fatal. Os EUA estão perto desse ponto. Entender a história da sua dívida é um ponto de partida para compreender onde estamos hoje e por que a atual situação não faz parte dos "negócios de sempre", mas de um estado de coisas inteiramente novo, que ameaça os fundamentos seculares da democracia e da segurança nacional.

## Uma Breve História da Dívida Pública dos EUA

É impressionante ver conceitos econômicos simples serem falados à exaustão por economistas e especialistas a ponto de ficarem incompreensíveis para o norte-americano comum. O mesmo ocorre com termos como deficit, dívida e a relação dívida/PIB. Não há uma métrica econômica mais adequada para deixar o povo em um profundo estado de indiferença, embora nenhuma seja mais importante para a perpetuação da liberdade. De fato, esses conceitos *são* simples, desde que não existam jargões.

O deficit é, simplesmente, o excesso de gastos em relação à receita. Os Estados Unidos controlam seu orçamento anualmente — portanto, se a receita de um determinado ano for de US$3 trilhões e os gastos de US$4 trilhões, o deficit nesse ano será de US$1 trilhão. Dívida é a soma total de todos os deficit anteriores menos o superavit ocasional. Os EUA não registraram superavit desde os anos fiscais de 1999 e 2000 e antes disso, 1969. Hoje, a dívida do país é de US$22 trilhões. A relação dívida/PIB simplesmente é medida pela dívida pública dividida pela produção nacional, calculada na forma do Produto Interno Bruto (ou PIB). Se a dívida é de US$22 trilhões e o PIB é de US$21 trilhões, então a relação dívida/PIB é de 105% (US$22 trilhões ÷ US$21 trilhões = 1.05). É isso aí. Ao entender esses três conceitos — deficit, dívida e dívida em relação ao PIB — os debates tendenciosos sobre política fiscal, monetarismo, Keynesianismo e conspirações do banco central se tornam mais claros.

Uma visão ingênua da dívida nacional dos EUA pressupõe que o país começou do zero em 1789, começando a acumular uma pequena quantidade de dívida no século XIX e viram a dívida crescer exponencialmente no século XX, até atingir seu atual estágio não sustentável no início do século XXI. Essa visão está incorreta.

A história da dívida pública norte-americana é menos linear e mais sutil que o descrito anteriormente. Os Estados Unidos tinham dívida antes mesmo de serem uma nação. O histórico subsequente dessa dívida mostra um padrão de deficit e superavit alternados, dependendo das exigências do dia. Em geral, os EUA pegavam empréstimos para financiar guerras e pagavam débitos durante os tempos de paz. Como resultado, a relação dívida/PIB do país subiu e caiu repetidamente, mas só chegou a extremos em raras ocasiões. Consequentemente, é preocupante que, nos últimos dez anos, a relação dívida/PIB dos EUA tenha atingido níveis extremos sem um plano plausível para mitigar essa tendência. Essa crise da dívida é resultado de altos gastos básicos somados às preferências políticas de três presidentes: George W. Bush (gastos de guerra), Obama (gastos sociais) e Trump (cortes de impostos). Bush somou US$5,85 trilhões em dívidas, Obama acrescentou US$8,59 trilhões e Trump adicionará outros US$8,28 trilhões em seu primeiro mandato, com base nas projeções do Tesouro. Essa combinação de US$22,72 trilhões em vinte anos representa um aumento de 300% na dívida dos EUA, acima dos US$5,8 trilhões no final do governo Clinton. Resumindo, após 230 anos de gerenciamento prudente da dívida, a dívida pública do país agora está fora dos trilhos.

Quando os EUA foram reconhecidos como país após a promulgação da Constituição, em 1789, tiveram de lidar com a dívida da Guerra de Independência dos Estados Unidos, contraída de 1775 a 1783 pelos estados individualmente e pelo Congresso Continental, o primeiro governo nacional da nação. Sob um plano elaborado por Alexander Hamilton em 1790, os EUA concordaram em assumir essas dívidas. Hamilton emitiu novos títulos do Tesouro para pagar a dívida da Guerra de Independência e financiou os novos títulos com impostos, que também protegiam as incipientes indústrias locais contra a concorrência do Reino Unido. Essa estratégia marcou o início do mercado de títulos do Tesouro norte-americano. Com o crédito dos EUA agora estabelecido, Hamilton e seus sucessores emitiram novos títulos para quitar outros vencidos, efetivamente rolando a dívida.

Desde a eleição do seu segundo presidente, John Adams, até o início do mandato do quarto, James Madison, os EUA registraram superavit orçamentários em 14 de 16 anos, entre 1796 e 1811. Adams manteve a dívida pública constante em US$83 milhões, enquanto seu sucessor, Thomas Jefferson, a reduziu para US$65 milhões durante seus dois mandatos, apesar de pegar empréstimos para financiar a compra da Louisiana. Adams e Jefferson não eliminaram a dívida nacional, mas a mantiveram administrável e deram aos Estados Unidos uma classificação de crédito mais alta do que qualquer país da Europa. Jefferson também estabeleceu o primeiro dos dois pilares da gestão prudente da dívida dos EUA — redução em tempos de paz.

Nos últimos dois anos do governo de Madison, durante a Guerra Anglo-Americana de 1812, o país mostrou o segundo dos dois pilares para gerir com consciência a dívida pública — aumentá-la nas épocas de guerra. Ela quase dobrou, de US$65 milhões para US$127 milhões, sob o comando de Madison. Juntos, Jefferson e Madison estabeleceram as características principais da dívida pública norte-americana: ela não aumenta continuamente, crescendo na guerra e caindo na paz. Mesmo que não a eliminem totalmente, os superavit orçamentários durante a paz servem como um fundo de reserva, para que os EUA tenham ampla capacidade de contrair empréstimos durante a guerra. A capacidade de pegá-los é um recurso financeiro e de propósito diferente em relação à pólvora ou à munição armazenada por conflitos imprevisíveis e inevitáveis.

Os governos de James Monroe (1817–1825) e John Quincy Adams (1825–1829) acompanharam esse efeito sanfona. Juntos, eles reduziram a dívida pública de US$127 milhões para US$67,5 milhões, uma queda de quase 50%. O sucessor de John Quincy Adams, Andrew Jackson (1829–1837), levou esse padrão à sua conclusão lógica, eliminando completamente a dívida. Os Estados Unidos praticamente não tinham débitos em 1836. Jackson também acabou com o Segundo Banco dos EUA, que atuava como banco central. O último ano de Jackson no cargo foi a única vez que os norte-americanos estiveram livres de dívidas em sua história. Coincidentemente, a partir do seu mandato, o país ficou sem um banco central por 73 anos, até a criação do Federal Reserve (Fed), em 1913. O legado de Jackson foi não deixar dívidas nem um banco central.

A dívida pública logo reapareceu. Ela era de US$4 milhões no final do mandato de Martin Van Buren, oitavo presidente dos Estados Unidos (entre 1837 e 1841) e subiu constantemente para US$65 milhões na época da eleição de Abraham Lincoln, em 1869. O aumento mais marcante foi de US$33 milhões para US$47 milhões, durante o mandato único de James Knox Polk (1845–1849). A maior parte desse débito estava ligada à Guerra Mexicano-Americana, entre 1846 e 1848, travada por Polk. Foi uma quantia bem gasta, já que os EUA adquiriram tudo ou parte do que hoje em dia forma os territórios dos estados da Califórnia, Nevada, Utah, Wyoming, Colorado e Arizona. O Texas concordou previamente com a anexação pelos Estados Unidos em 1845, mas as fronteiras com o México não tinham sido estabelecidas. O território se tornou definitivamente norte-americano como resultado da guerra de Polk. Apesar dos gastos com a guerra, a dívida pública no final do mandato de James Buchanan como décimo quinto presidente (1857–1861) era de US$65 milhões, exatamente o mesmo patamar em que estava quando Jefferson deixou o cargo em 1811, meio século antes. Os EUA não aumentaram o débito em cinquenta anos apesar de duas grandes guerras, a Guerra Anglo-Americana de 1812 e a Guerra Mexicano-Americana, e diversos outros conflitos menores. Esse foi o resultado de superavit orçamentários e gastos de forma prudente em tempos de paz.

Foi durante o único mandato completo de Abraham Lincoln — ele foi assassinado com seis semanas do segundo — que aconteceu tanto a Guerra Civil, confronto mais sangrento da história do país em número de mortes, sendo superado somente na Segunda Guerra Mundial, quanto o primeiro aumento exponencial da dívida pública norte-americana. Durante a Guerra Civil, que durou de 1861 a 1865, a dívida pública subiu de US$65 milhões para US$2,7 bilhões, uma alta de 4.000%. Essa subida está de acordo com o histórico da dívida durante as crises existenciais de guerra. Se quem pega o dinheiro emprestado perde a batalha, a dívida é irrelevante; ela acaba rejeitada ou extinta, ou talvez substituída por indenizações. Caso ele vença, há ganhos suficientes por conta do caos, ou a reconstrução para reduzir a dívida. De qualquer maneira, cidadãos em geral e financiadores locais raramente questionam a necessidade de empréstimos de um governo durante a guerra — os credores permanecem ou caem com a própria nação.

A dívida da Guerra Civil norte-americana foi extinta em etapas. De US$2,7 bilhões no final da Guerra Civil, ela caiu para US$1,6 bilhão em 1893, uma redução de 41% ao final do mandato único de Benjamin Harrison, entre 1889 e 1893. Como o período de 1865 a 1893 foi de enorme crescimento econômico nos EUA, a relação dívida/PIB caiu ainda mais drasticamente do que o deficit em si. Houve novo crescimento no mandato de William McKinley (1897–1901), para US$2,1 bilhões, por conta da Guerra Hispano-Americana de 1898, outro exemplo de como os tempos de conflito mexiam com a dívida pública norte-americana.

Esse padrão continuou no século XX. A dívida dos EUA subiu pouco, de US$2,1 bilhões para US$2,9 bilhões, durante as administrações de Theodore Roosevelt (1901-1909) e William Howard Taft (1909-1913), apesar da política agressiva de Roosevelt e de US$50 bilhões gastos para adquirir terras e direitos para a construção do Canal do Panamá, uma transação na qual J. P. Morgan atuou como agente fiscal do Tesouro dos EUA.

O segundo aumento significativo da dívida dos EUA após a Guerra Civil ocorreu durante o governo Woodrow Wilson (1913-1921), ligado ao financiamento da participação dos EUA na Primeira Guerra Mundial (1917-1918). O deficit decolou de US$2,9 bilhões para US$27,4 bilhões, um aumento de 845%. Essa dívida foi parcialmente financiada pela emissão de títulos chamados *Liberty Bonds* ao público em geral. As guerras anteriores foram financiadas por ricos investidores privados, começando com Robert Morris (Guerra de Independência dos Estados Unidos), Stephen Girard (Guerra Anglo-Americana de 1812), Nicholas Biddle e Jay Cooke (Guerra Civil), todos naturais da Filadélfia, e, posteriormente, os nova-iorquinos John Pierpont Morgan e seu filho, Jack Morgan (Primeira Guerra Mundial). Salmon P. Chase, secretário do Tesouro durante a Guerra Civil, obteve parte dos fundos para o conflito por meio da emissão dos chamados *Greenbacks*, títulos do governo de baixa denominação e que não rendiam juros. Eles inicialmente podiam ser trocados por dinheiro em espécie, mas isso acabou sendo suspenso posteriormente. Essas notas, que se chamavam assim por serem impressas com tinta verde no verso, eram mais *commodities* que títulos reais, e circulavam como moeda legal. Os *Liberty Bonds* emitidos para a Primeira Guerra Mundial marcaram uma inovação no financiamento de guerra — eram dívidas do Tesouro dos EUA. Para milhões de norte-americanos, uma compra do *Liberty Bond* foi sua primeira experiência investindo em títulos. Os *Liberty Bonds* tornaram explícita a conexão entre patriotismo e financiamento da guerra nas mentes dos cidadãos norte-americanos comuns.

Após a vitória dos EUA e dos Aliados em 1918, a dívida nacional caiu novamente. Os governos de Warren G. Harding (1921-1923) e Calvin Coolidge (1923-1929) produziram oito superavit consecutivos de 1921 a 1929, reduzindo a dívida nacional para US$17,6 bilhões — uma baixa de

36% em relação ao pico do pós-guerra. O débito aumentou discretamente sob o comando do presidente Herbert Hoover (1929–1933), apesar das demandas dos piores anos da Grande Depressão. Quando Hoover deixou o cargo, a dívida era de US$19 bilhões, ainda 31% abaixo do que estava quando Wilson saiu, doze anos antes. O padrão de aumento e contração do débito que prevaleceu desde 1787 permaneceu intacto.

Os dois primeiros mandatos do governo de Franklin Roosevelt, 1933 a 1937 e 1937 a 1941, foram marcados por uma mudança decisiva em relação ao padrão de expansão da dívida em tempos de guerra que vinha ocorrendo há quase 150 anos. De fato, ele aumentou a dívida pública de US$19 bilhões para US$42 bilhões, um aumento de 120%. Não houve guerra, mas a continuação da Grande Depressão de Hoover, incluindo uma severa recessão técnica nos anos de 1937 e 1938. Nos seus dois primeiros mandatos, Franklin Roosevelt não estava travando uma guerra contra um inimigo estrangeiro, e sim uma batalha doméstica contra o desemprego, a fome, a deflação e o subdesenvolvimento rural. Os deficit federais foram obtidos nessa batalha em parte por orientação do economista britânico John Maynard Keynes. No entanto, o impacto de Franklin Roosevelt na dívida pública em seus dois primeiros mandatos vai muito além do típico aumento dos gastos em tempos de paz. Sua resposta às exigências da Grande Depressão encerrou a era do pequeno governo para sempre. Foi em 1935 que o presidente e seu Congresso promulgaram o programa *Social Security*, um dos primeiros e ainda o maior programa de previdência, que criou passivos contingentes fora do orçamento na forma de promessas aos aposentados. O discurso político de que o *Social Security* é "seguro pago com contribuições dos impostos sobre os salários" era falso em 1935 e assim permanece. Ele sempre foi um esquema de pagamento conforme o uso, em que os trabalhadores mais jovens pagam os benefícios de aposentadoria, sem nenhuma relação vitalícia entre pagamentos e benefícios, como acontece com a verdadeira previdência. A diferença entre aquela época e agora é que o *Social Security* foi positivo no fluxo de caixa por décadas, à medida que a geração de *baby boomers* do pós-guerra crescia e entrava na força de trabalho, a partir da década de 1960. Hoje, o programa é negativo em termos de fluxo de caixa, pois os *boomers* atingem a idade da aposentadoria desde 2008. A falha não pode ser atribuída a Franklin Roosevelt, já que os programas de previdência foram mal administrados pelo Congresso e pela Casa Branca nas últimas décadas. Ainda assim, o fusível da bomba-relógio fiscal de hoje foi aceso em 1935.

Apesar do deficit de dois mandatos de Franklin Roosevelt sem guerra antes de 1941, ele ou seus sucessores poderiam ter reduzido-o com base em uma recuperação econômica antecipada nos anos seguintes. Isso foi prejudicado pelo início de um confronto real — a Segunda Guerra Mundial — e o envolvimento dos EUA, de 1941 a 1945.

Roosevelt foi eleito para o quarto mandato em 1944, mas morreu em 12 de abril de 1945, menos de três meses após a posse. Seu terceiro mandato (1941–1945) coincidiu com os combates dos EUA na Segunda Guerra Mundial, que viu uma expansão sem precedentes da dívida pública do país diante das ameaças da Alemanha nazista e do Império do Japão à segurança nacional. No terceiro mandato de Franklin Roosevelt, a dívida nacional norte-americana cresceu de US$42 bilhões para US$245 bilhões. No mesmo período de quatro anos, a relação dívida/PIB dos EUA cresceu de 50% para quase 120%, a maior da história dos EUA. Esse aumento de US$203 bilhões na dívida nacional de 1941 a 1945 ofuscou a alta de US$23 bilhões nos seus dois primeiros mandatos. A política fiscal de Franklin Roosevelt correu paralelamente à de seus antecessores desde 1789. Os EUA ampliam sua dívida conforme necessário, para vencer guerras, e depois a reduzem no pós-guerra. A guerra mais sangrenta da história do país em número de casualidades exigiu a maior expansão da dívida nacional dos EUA na história, medida em dólares. Essa expansão da dívida em tempos de guerra era consistente com a política fiscal dos EUA desde a fundação.

As próximas quatro administrações, de Henry Truman, Dwight Eisenhower, John Kennedy e Lyndon Johnson, em cooperação com o Congresso, e com ajuda implícita e explícita do Fed, projetaram uma redução extraordinária da relação dívida/PIB: de 120% no final do governo Roosevelt para 38,6% em janeiro de 1969, quando Johnson concluiu seu mandato. Isso foi possível graças a uma combinação de excedentes orçamentários ocasionais (em 1947–1949, 1951, 1956–1957 e 1969), um crescimento real forte (depois de uma longa recessão pós-guerra de 1945 a 1947, a economia teve uma série de anos de crescimento, registrando 8,7% em 1950, 8,1% em 1951, 7,1% em 1955, 6,5% em 1965 e 6,6% em 1966. Um analista precisa simplesmente comparar essas taxas com o crescimento real médio anual de apenas 2,2% nos nove anos entre junho de

2009 e o mesmo mês de 2018 para ver porque o forte crescimento real é o melhor remédio para altos índices de relação dívida/PIB) e a política de repressão financeira do Federal Reserve, que manteve taxas de juros nominais levemente abaixo da inflação por períodos longos para reduzir o valor real da dívida nominal. Houve duas guerras durante esse período — Coreia e Vietnã —, mas a dívida em relação ao PIB continuou a cair porque a da Coreia foi paga com aumentos de impostos, e a do Vietnã foi sustentável pelo forte crescimento real durante os anos dos mandatos de Kennedy e Johnson.

A queda constante da relação dívida/PIB do pós-guerra continuou durante os mandatos de Richard Nixon, Gerald Ford e Jimmy Carter (1969 a 1981) por diversas razões. O crescimento real não foi tão forte quanto na década de 1960 (houve recessões em 1974–1975 e em 1980), mas a alta inflação, especialmente após 1976, teve o mesmo impacto que a repressão financeira na década de 1950. A inflação superou os aumentos da taxa de juros até Paul Volcker, presidente do Fed nos mandatos de Jimmy Carter e Ronald Reagan, pisar no freio com taxas de juros de 20% em 1980. Enquanto o PIB nominal aumentar mais rapidamente que o deficit mais a despesa de juros, a relação dívida/PIB cairá mesmo se o crescimento real do PIB for fraco.

Uma combinação arriscada de planejamento na década de 1950, boa sorte na de 1960 e inflação na de 1970 culminou na redução da relação dívida/PIB dos EUA para 32,5% quando o presidente Jimmy Carter deixou o cargo, em janeiro de 1981 — aproximadamente a mesma proporção que em 1790, durante o primeiro mandato de George Washington, e a menor taxa desde a década de 1930. Por meio de sete mandatos presidenciais entre 1945 e 1981, tanto de democratas como de republicanos, a pilha de dívidas do pós-guerra foi reduzida a um nível sustentável, e até invejável. Foi um momento de prazer para os falcões fiscais, mas não durou muito. A relação dívida/PIB nunca mais seria tão baixa.

Com essa história econômica em mente, recapitularemos agora o que aconteceu nas últimas quatro décadas, durante as quais os gastos ficaram desatrelados da segurança nacional ou de ameaças reais, e a expansão e contração sequenciais da dívida nacional foram substituídas por longa expansão, a ponto de se tornar chacota nacional.

## A Quebra dos EUA, de Reagan a Trump

Na ausência de um crescimento maior, algo totalmente incerto por conta da demografia e das quedas na produtividade, as únicas formas de escapar do novo dilema da dívida dos EUA são inadimplência, inflação, venda de ativos, um resgate financeiro mundial do FMI ou alguma combinação. A inadimplência resulta em perdas imediatas aos detentores de títulos do governo não pagos e prejuízos no preço de mercado para outros detentores de títulos, à medida que as taxas de juros disparam para explicar o aumento do risco de descumprimento. A inflação atenua a carga de dívida do governo, espalhando prejuízos indiscriminadamente para os detentores de todas as formas de crédito em dólar fixo, o que inclui depósitos bancários, fundos do mercado monetário, anuidades, apólices de seguro, previdência e contratos de longo prazo. A venda de ativos é uma humilhação, como confirmariam os gregos após a crise da dívida nacional da Zona do Euro, entre 2010 e 2015. Os ativos norte-americanos, como parques e rodovias, pouco valem para os investidores estrangeiros, pois não podem ser removidos, explorados ou usados para gerar dinheiro. Um resgate do FMI exige que os EUA cedam o controle parcial de sua economia a uma instituição globalista irresponsável, uma perspectiva politicamente impopular. Isso também resultaria em consequências imprevistas, incluindo o deslocamento do dólar pelo direito de saque especial do FMI, ou DSE, como moeda de reserva global de referência, por insistência da China.

Pelo menos um desses resultados terríveis é inevitável. Para saber por que, comece considerando a relação dívida/PIB dos EUA. A própria dívida não pode ser analisada isoladamente, deve ser comparada com a renda disponível para sustentar essa dívida. Comparar dívida e renda não é diferente para um país e para uma pessoa. Se você deve US$25 mil em um cartão MasterCard, isso pode ser um problema ou não dependendo da sua renda. Se você ganha US$20 mil por ano, a dívida do cartão de crédito de US$25 mil sobrecarrega você com pagamentos de juros e multas, possivelmente causando sua declaração de falência. Por outro lado, se ganhar US$500 mil por ano, provavelmente poderá pagar a dívida do cartão de crédito com facilidade, usando o dinheiro da sua conta bancária. A questão é que você não pode determinar se US$25 mil é uma carga de dívida alta ou baixa sem analisar a renda disponível para atender a dívida.

A mesma coisa acontece com os países. Hoje, os Estados Unidos têm US$22 trilhões de dívida nacional. Isso é alto ou baixo? Se o PIB norte-americano fosse de US$60 trilhões, analistas tratariam esse deficit como baixo e fácil de administrar. A relação dívida/PIB dos EUA seria de 37% (US$22 trilhões ÷ US$60 trilhões = 0,37), aproximadamente onde estava em 1790 e 1981. Por outro lado, se o PIB fosse de apenas US$21 trilhões, então a relação dívida/PIB seria de 105% (US$22 trilhões ÷ US$21 trilhões = 1,05). Obviamente, os Estados Unidos estão nessa última situação. A relação dívida/PIB é de 105%, um nível perigoso e instável. Para entender como o país chegou a esse ponto, é preciso rever quase quarenta anos de política fiscal nas administrações de Reagan, George Bush (ou Bush pai), Bill Clinton, George W. Bush (Bush filho), Obama e Donald Trump. A política fiscal para o período de 1981 a 2019 pode ser resumida em uma frase curiosa: *Feed-the-beast, starve-the-beast* ("alimente a fera, deixe a fera passar fome").

Nesse caso, a "fera" é o governo norte-americano e seu apetite voraz por fundos de contribuintes. Alimentá-la diz respeito aos enormes deficit que servem de apoio aos gastos excessivos. E deixá-la com fome se refere a cortes de gastos e prudência fiscal. Esses períodos alternados de aumento e cortes de gastos amplificados por aumentos ou reduções de impostos tornam os deficit maiores ou menores do que seriam com base apenas nos gastos básicos. O problema é que essa estratégia foi usada por diversas administrações para deixar seus sucessores literalmente de mãos atadas, com direito a péssimos resultados. Essa dinâmica recorrente e destrutiva, combinada à matemática simples de crescimento e deficit, levou os EUA à dolorosa condição de dívida em que se encontra hoje.

Quando Ronald Reagan assumiu o cargo de quadragésimo presidente dos Estados Unidos, em janeiro de 1981, a relação dívida/PIB era de 32,5%, nível observado pela última vez na década de 1930. Reagan enfrentou outros desafios quando assumiu o cargo, incluindo taxas de juros de 20%, inflação de 15% e uma grande recessão — a pior desde a Grande Depressão —, que consumiram seus dois primeiros anos no cargo. Ainda assim, o nível da dívida era baixo, e o crédito norte-americano, sólido.

Depois que o presidente do Fed, Paul Volcker, erradicou a inflação em 1982, as taxas de juros caíram, a recessão terminou e um período de forte crescimento começou, que durou de 1983 a 1990. Essa foi a época em que o dólar era a moeda de referência, ou *King Dollar*. Ao contrário da mitologia popular, Reagan não era um conservador fiscal; ele era um grande gastador. Ele viu o baixo índice de endividamento que herdou como uma ferramenta para ajudar a vencer a Guerra Fria. Ele buscou o triunfo com a mesma determinação que outros presidentes que passaram por épocas de guerra, como Lincoln e Franklin Roosevelt.

A Guerra Fria foi tanto um conflito existencial quanto a Guerra Civil ou a Segunda Guerra Mundial. Reagan usou deficit fiscais e poder de empréstimo para financiar uma grande expansão militar, incluindo a tecnologia antimísseis da Iniciativa Defensiva Estratégica (também conhecida como Guerra nas Estrelas) e uma frota de seiscentos navios. Em meados de 1980, a liderança do Kremlin percebeu que não conseguiria acompanhar o ritmo militar ou financeiro dos EUA.

Mikhail Gorbachev se tornou líder da União Soviética em 1985 e iniciou negociações com Reagan para diminuir a escalada militar, abrir a sociedade soviética e dar ao povo espaço para modernizar sua economia. As negociações foram bem-sucedidas. No entanto, o processo de abertura soviético, chamado *Glasnost,* somado às garantias nos Acordos de Helsinque, saiu do controle e levou à resistência liberal na Europa Central e ao eventual colapso da União Soviética, em 1991. Além dos novos e imensos gastos com a Guerra Fria, Reagan também promoveu grandes cortes de impostos no início de seu governo, o que trouxe uma pressão extra para as dívidas e deficit. Durante os anos do mandato de Reagan, a relação dívida/PIB dos EUA cresceu de 32,5% para 53,1%, o nível mais alto desde o início dos anos 1960.

Foi Reagan que venceu a Guerra Fria. O fim da União Soviética ocorreu em 25 de dezembro de 1991, em meio ao mandato de George Bush, mas os historiadores dão crédito, com razão, às políticas militares e tecnológicas de Reagan como impulso para a vitória. Ele tinha motivos para acreditar que os EUA seguiriam seu padrão histórico de endividar-se para vencer uma guerra e, depois, reduzir o débito assim que o conflito terminasse.

No entanto, uma nova dinâmica estava em jogo. Os primeiros anos do governo Reagan foram um exemplo de uma abordagem *feed the beast*, em que a fera foi alimentada com cortes de impostos e grandes aumentos de gastos. Os deficit resultantes forçariam as administrações posteriores a cortar gastos, passando então à estratégia de deixar a fera com fome *(starve the beast)*. A dinâmica era a de que as reduções de impostos privam o governo de receita, enquanto o alto índice de endividamento obriga o governo a reduzir os deficit. A única forma de reduzir deficit em um regime de baixa tributação é com o corte de gastos — e era exatamente isso que os conservadores fiscais de Reagan queriam.

As políticas de grandes gastos e corte de impostos do governo Reagan tiveram muito sucesso no crescimento da economia e na vitória na Guerra Fria. Um dia de deficit nas contas cairia nas administrações subsequentes, que teriam de adotar medidas impopulares, como alta nos encargos e redução de despesas. A estratégia política original de alimentar a fera mudaria para a de deixá-la com fome, atando as mãos dos governos seguintes. E foi justamente isso que aconteceu durante os dois mandatos subsequentes, de um republicano e um democrata.

Em meados de 1988, o governo Reagan estava terminando e a próxima campanha eleitoral estava em pleno andamento. A campanha de 1988 colocou o vice de Reagan, George Bush, diante do democrata Michael Dukakis. Os democratas já estavam pedindo aumento nos impostos para compensar os deficit de Reagan.

Na convenção de nomeação do candidato republicano, em 18 de agosto de 1998 na cidade de Nova Orleans, Bush declarou: "O Congresso me pressionará a aumentar os impostos e direi não. E eles pressionarão, direi não, eles pressionarão novamente e voltarei a falar — leia meus lábios: não haverá novos impostos." Esse compromisso tinha como intenção fortalecer o apoio a Bush vindo da ala conservadora do partido republicano, favorável aos cortes de gastos e contra o aumento de impostos. A estratégia deu certo. Ele conseguiu a nomeação com tranquilidade e também não teve muito trabalho para superar Dukakis na eleição presidencial. O compromisso anti-imposto foi sua frase mais memorável sobre economia — e o povo norte-americano se lembrou disso.

Infelizmente, os números do deficit não reforçaram a promessa de Bush. No meio de seu mandato, a relação dívida/PIB ultrapassou o limite de 60%. Economistas consideram esse indicador um limite final de segurança. No Tratado de Maastricht, que governa a União Europeia (UE), em fevereiro de 1992, esse nível é mencionado como o máximo a ser tolerado pelas políticas fiscais unificadas do bloco europeu.

Liderados por Richard Darman, os assessores de Bush pai precisavam chegar a um compromisso orçamentário com um Congresso controlado pelos democratas para reconciliar propriedades fiscais conflitantes. Os democratas insistiam que os aumentos de impostos fossem parte de qualquer pacote que incluísse reduções de gastos ou reformas de direitos. Bush concordou e recebeu apoio de líderes republicanos. No entanto, ele acabou perdendo o apoio dos eleitores republicanos. Em 1990, o jornal *New York Post* publicou a seguinte manchete: "Leia meus lábios... eu menti".

Do ponto de vista da prudência fiscal, as atitudes de George Bush eram justificadas. A relação dívida/PIB se estabilizou e começou a cair levemente, voltando ao nível crítico de 60%. Sua ação pode ter sido boa economia, mas era péssima política. Bush pai perdeu a eleição de 1992 para Bill Clinton, em parte por causa da insatisfação dos eleitores com a quebra do compromisso anti-imposto. A estratégia de deixar a fera com fome tinha funcionado: os EUA estavam de volta rumo à redução da relação dívida/PIB. Infelizmente, a fera acabou com as chances de reeleição de George Bush. O novo presidente, Bill Clinton, agora teria que lidar com o legado econômico de Reagan.

Clinton foi o primeiro presidente democrata em doze anos. O último de seu partido antes dele foi o ex-governador da Geórgia, Jimmy Carter, um tecnocrata sulista conservador do ponto de vista fiscal. As opções de gastos de Carter foram seriamente limitadas pela inflação descontrolada e pelo quase colapso do dólar durante sua gestão. Antes de Carter, os republicanos ocuparam a Casa Branca por oito anos. O último presidente democrata liberal de grandes gastos foi Lyndon Johnson, que deixou o cargo em 1969. Os democratas liberais esperaram toda uma geração, 24 anos, entre a saída de Johnson e a eleição de Clinton, por uma chance de reviver grandes programas de gastos sociais como os associados ao próprio Johnson, Franklin Roosevelt e Harry Truman. Clinton simbolizava a esperança dos liberais de que os amplos gastos retornariam.

Mas eles logo ficaram decepcionados. Clinton enfrentou a mesma dura realidade orçamentária que George Bush. O fantasma das políticas de deixar a fera com fome, de Reagan, seguiu assombrando. Democratas e republicanos aceitaram a necessidade de prudência fiscal para reduzir o índice da dívida abaixo de 60%. A única discordância foi sobre a combinação certa de impostos, cortes de gastos e reforma dos programas de benefícios a cidadãos para atingir esse objetivo. Bob Rubin, primeiro consultor econômico de Clinton, alertou para um novo perigo — os chamados *bond vigilantes*, algo como vigilantes de títulos. Eles eram grandes negociantes de títulos bancários e investidores institucionais hipersensíveis à ameaça de inflação. O auge deles veio muito antes dos sustos da deflação, nos anos 2000. Grandes deficit eram considerados potencialmente inflacionários na época porque temia-se que o Fed monetizasse a dívida, como já tinha feito na década de 1970. Taxas de juros mais altas causadas por temores de inflação podem desacelerar o crescimento econômico. Rubin incitou Clinton a cortar gastos e aumentar impostos para reafirmar aos vigilantes de títulos que o deficit não estava fora de controle. James Carville, consultor político mais próximo de Clinton, disse: "Pensava que, se existisse algo como a reencarnação, queria voltar como presidente, papa ou um rebatedor de beisebol com média .400. Porém, hoje em dia queria voltar como o mercado de títulos. Você pode intimidar todo mundo." Essa declaração resumiu a realidade de Bill Clinton no início de seu primeiro mandato.

Para sorte de Clinton, os democratas controlaram o Congresso até janeiro de 1995 e conseguiram aprovar seus pedidos de aumento de impostos no Plano de Redução do Deficit, de 1993. Isso elevou a maior taxa individual de 31% para 39,6%, onde permaneceu até os cortes de encargos feitos por Trump em 2017. Clinton também se beneficiou com o chamado dividendo da paz, um corte nos gastos com defesa. A vitória de Reagan e Bush na Guerra Fria foi tão completa que os gastos com defesa poderiam ser substancialmente reduzidos sem comprometer a segurança nacional. O impacto de despesas menores com a defesa na relação dívida/PIB não foi diferente após a Guerra Fria do que depois da Segunda Guerra Mundial; a proporção da dívida diminuiu. Essa combinação de impostos mais altos, gastos mais baixos na defesa e política monetária sólida do presidente do Fed, Alan Greenspan, fez maravilhas no índice da dívida. Ele caiu constantemente durante os anos do governo Clinton, baixando para 56,4% no final de seu segundo mandato — definitivamente abaixo do limite crítico de 60%.

Apesar da oposição política e de um processo de impeachment, a popularidade pessoal de Clinton permaneceu alta. Ele presidiu a mais longa expansão econômica em tempos de paz na história dos EUA. Ao final de seu mandato, ele até produziu um pequeno superavit pela primeira vez desde 1969. Houve uma conversa entre os vigilantes de títulos de que o mercado do Tesouro dos EUA poderia desaparecer porque as políticas de Clinton poderiam acabar com a dívida nacional pela primeira vez desde Andrew Jackson.

George Bush e Bill Clinton sucumbiram à armadilha da estratégia de deixar a fera com fome, deixada por Ronald Reagan. Ambos acabaram tendo de aumentar os impostos e pagaram um preço político. Bush perdeu a reeleição em 1992 e Clinton deixou de ter o apoio do Congresso em 1994. Ainda assim, suas políticas colocaram o índice da dívida novamente sob controle. Esse avanço em direção a uma relação dívida/PIB sustentável terminou abruptamente com a posse de George W. Bush, filho de George Bush, em janeiro de 2001, e os ataques de 11 de setembro. Menos de oito meses depois de Bush filho assumir o cargo de presidente, os EUA estavam novamente em guerra. Não foi uma guerra fria, e sim um conflito inflamado e com alto poder bélico, porém não contra um determinado país. Bush travou a chamada Guerra ao Terror. E não foi surpresa alguma ver que a relação dívida/PIB começou a subir novamente, tal como na Guerra Revolucionária, Guerra Civil, Primeira Guerra Mundial, Segunda Guerra Mundial e Guerra Fria. A diferença foi que o aumento começou de um nível superior. A vitória na Guerra Fria não tinha terminado de ser paga no momento em que a Guerra ao Terror surgiu.

George W. Bush imediatamente mudou da política de deixar a fera com fome para uma nova versão da abordagem de alimentá-la criada por Reagan. Ele promoveu dois grandes cortes de gastos, em 2001 e 2003, e aumentou drasticamente os gastos com defesa e inteligência. Em 2003, Bush filho estava travando três guerras ao mesmo tempo: no Afeganistão, Iraque e contra o terrorismo global. Inicialmente, a maioria dos norte-americanos não questionou essas guerras e a consequente subida dos gastos por conta do trauma dos ataques de 11 de setembro e da percepção da necessidade de defender os interesses dos Estados Unidos no Oriente Médio. Grande parte do povo norte-americano também recebeu de bom grado as reduções de encargos de George W. Bush como alívio pela recessão do mercado de ações, em 2000 e 2001, do colapso pela bolha pontocom e dos altos impostos dos anos da administração Clinton.

No entanto, o impacto na proporção da dívida nacional foi rápido e previsível. A proporção aumentou dos 56,4% de quando George W. Bush assumiu o cargo para 82,4% ao final dos seus dois mandatos — o mais alto desde a gestão de Truman e suas consequências com a Segunda Guerra Mundial, e muito além do limiar crítico de 60% recuperado por Clinton. No entanto, esse aumento do índice de dívida se ajusta ao padrão histórico de aumento da dívida durante a guerra, embora a partir de um nível superior. No final do mandato de Bush, a Guerra do Iraque havia terminado, enquanto a Guerra do Afeganistão (também chamada de Segunda Guerra do Afeganistão) e a Guerra ao Terror se tornaram lutas de longo prazo que eram caras, mas não envolviam aumentos de gastos como os vistos de 2002 a 2007. George W. Bush estava pronto para repetir a estratégia de Reagan. Ele governou com base na manobra de alimentar a fera, mas agora queria deixá-la com fome para seu sucessor, Barack Obama. Bush filho acabaria deixando Obama de mãos atadas, sem outra opção a não ser reduzir os gastos para recuperar o controle da dívida. George W. Bush pretendia fazer com Obama o que Reagan fez com Bush pai e Clinton.

O destino acabou intervindo. Nos últimos meses do mandato de George W. Bush, os EUA foram atingidos pela pior crise financeira desde a Grande Depressão. Isso deu a Obama a lógica perfeita para aumentar os gastos para compensar a crise financeira em vez de reduzi-los. Ou seja, em vez de deixar a fera com fome, ele a empanturrou. Em 2009, sob a liderança de Obama, os Estados Unidos deram uma guinada decisiva em direção à completa ruína financeira.

Os deficit enormes de Obama no primeiro mandato (2009 a 2013) devem ser entendidos não somente no contexto da estratégia de Bush filho, mas também no do longo período de presidentes democratas progressistas e sua visão para o país. Nem Bill Clinton nem Jimmy Carter atenderam às expectativas dos democratas progressistas de expandir os programas de gastos e direitos. Carter era um conservador fiscal limitado pela hiperinflação. Já Clinton foi moderadamente travado pelos *bond vigilantes* e pelo Congresso republicano após 1994.

Os progressistas tiveram de relembrar da Grande Sociedade, uma série de programas domésticos adotado por Lyndon Johnson em 1965 e, antes disso, dos primeiros cem dias de mandato de Franklin Roosevelt, em 1933, para encontrar o tipo de ativismo do governo que eles queriam. Os emblemáticos programas do *Social Security* (benefícios de aposentadoria, invalidez e sobrevivência) e do *Medicare* (sistema de seguros de saúde gerido pelo governo dos EUA destinado aos maiores de 65 anos) foram aprovados por Roosevelt e Johnson, respectivamente. Não havia legislação social de dimensão comparável há mais de quarenta anos quando Obama assumiu o cargo. Os progressistas estavam famintos por gastos sociais, e ele parecia ser o líder progressivo que eles estavam esperando.

Obama tinha uma garantia pronta para fazer exatamente o que os progressistas queriam sem ter de precisar da ajuda deles. A crise financeira global de 2008 fez a economia cair e o desemprego disparar. A equipe econômica da Casa Branca, formada por Christina Romer, Larry Summers, Austan Goolsbee e Steve Rattner, não era de progressistas radicais; eles eram neokeynesianos convencionais. Sua solução era previsível — uma grande despesa de deficit para estimular a economia. O estímulo viria de um multiplicador mágico keynesiano: cada gasto de US$1 no deficit produziria mais de US$1,50 de crescimento, de acordo com as estimativas de Romer.

Acabou ficando sob responsabilidade de Obama e Valerie Jarrett, sua assessora política mais próxima, misturar a lista progressista de desejos com o estímulo neokeynesiano, no que ficou conhecido como Lei Americana para Recuperação e Reinvestimento de 2009. Esse foi um pacote de custos com deficit de US$831 bilhões com base nos gastos básicos pré-aprovados e estabilizadores automáticos para seguro-desemprego e os chamados *food stamps* (um auxílio para refeições), cujos pedidos aumentam durante a recessão.

O plano de estímulo de 2009 foi apresentado como um projeto que já estava em sua fase avançada, com fundos suficientes e pronto para ser executado. Mas não passava de um golpe de Larry Summers. Apenas uma pequena porção foi encaminhada para infraestrutura crítica ou capacidade produtiva. O dinheiro foi destinado principalmente para apoiar grupos de interesses liberais, tais como professores, funcionários públicos, profissionais da área da saúde, líderes comunitários e outros que poderiam ter sido demitidos na recessão. O estímulo de 2009 foi a maior onda de gastos progressivos da história dos EUA.

Durante setenta anos, de 1946 a 2016, o deficit orçamentário médio anual foi de 2,11% do PIB. Por outro lado, os rombos em porcentagem do PIB nos primeiros anos de Obama foram de 9,8% em 2009, 8,7% em 2010, 8,5% em 2011 e 6,8% em 2012. Somente em 2014 é que os deficit orçamentários se aproximaram do padrão histórico. Nos anos de Obama, de 2009 a 2017, a dívida nacional mais que dobrou, de US$9 trilhões para quase US$20 trilhões. A relação dívida/PIB subiu acima de 100%, o oposto do que George W. Bush esperava de sua tentativa de impor a política de deixar a fera com fome.

Obama produziu a pior combinação possível de grandes deficit, disparada na relação dívida/PIB e aumentos substanciais de impostos. Isso poderia até ser aceitável se a economia tivesse produzido o forte crescimento esperado pelos neokeynesianos. Os conselheiros de Obama acreditavam que, se a dívida aumentasse em US$11 trilhões, então US$15 trilhões seriam adicionados ao crescimento, reduzindo o impacto do débito na relação dívida/PIB. Mas isso nunca aconteceu. Em vez disso, a economia cresceu a uma taxa média anual de 2,05% desde o início da recuperação de Obama, em junho de 2009, até o final de 2016, a mais fraca recuperação da história dos EUA. O crescimento ficou muito abaixo da média anual de 3,19% das expansões econômicas pós-1980 e do crescimento anual médio de 5% nos primeiros anos da expansão de Reagan (1983 a 1986).

Para piorar, o péssimo desempenho econômico de Obama aconteceu em tempos de paz, não de guerra. Não houve dividendo de paz, como havia sido com Bill Clinton. Não houve consumo adiado, relaxamento no mercado de trabalho ou recuperação de investimentos, como ocorreu após as guerras passadas. Longe de adiar o consumo e o investimento, os deficit de Obama trouxeram crescimento, deixando uma lacuna permanente na produção e poucas perspectivas de crescimento no próximo governo.

Donald Trump tomou posse como o quadragésimo quinto presidente dos EUA em 20 de janeiro de 2017, em meio a grandes expectativas do mercado de ações dos EUA e de investidores globais. As políticas declaradas de Trump de cortes de impostos, regulamentação reduzida e maiores gastos com deficit em defesa e infraestrutura essencial foram tiradas do manual de Ronald Reagan. De fato, alguns dos conselheiros econômicos mais próximos de Trump, entre eles David Malpass, Steve Moore, Larry Kudlow, Art Laffer, Steve Forbes e Judy Shelton, eram veteranos da revolução feita por Reagan nos anos 1980. Trump estava pronto para alimentar a fera novamente com reduções de impostos e deficit maiores, mas ela já havia sido alimentada em US$14,4 trilhões por George W. Bush e Obama por meio de dívidas de guerra e pagamentos progressivos do partido. O cofre de Trump estava vazio.

Os conselheiros de Trump o instaram a usar o manual de Reagan, mas as condições de 1981 não eram as mesmas de 2017. A relação dívida/PIB de 35% de Reagan era uma memória distante. Trump herdou uma relação dívida/PIB de 105%. Seu governo não tinha espaço para estímulos fiscais e há uma grande dúvida se o chamado estímulo ajudaria, devido aos altos encargos da dívida já existentes.

A iminente perda de confiança nos créditos dos EUA não impediu a política fiscal imprudente da Casa Branca e de um Congresso republicano nos dois primeiros anos do governo Trump. No final de 2017, o Congresso aprovou os cortes de impostos de Trump, que adicionaram US$2,3 trilhões em dívidas em dez anos, depois de descartar silenciosamente a exigência de que os cortes de impostos sejam neutros em termos de receita. No lugar de custos tributários neutros em termos de receita, o Congresso e a Casa Branca confiaram na curva de Laffer que, como vimos, afirma que os cortes nas taxas de impostos estimulam um crescimento suficiente para que os impostos agregados sobre o crescimento atenuem a perda de receita com os cortes. Não há suporte empírico para a curva de Laffer no mundo real, exceto com taxas de imposto iniciais extremamente altas. Ela é em grande parte uma ficção, assim como o multiplicador neokeynesiano em que Obama confiou.

Em janeiro de 2018, apenas algumas semanas após a aprovação dos cortes de impostos, o Congresso removeu os limites de gastos em defesa e despesas internas discricionárias. Os republicanos queriam aumentar os gastos com defesa e os democratas queriam aumentar os gastos domésticos; eles se comprometeram a fazer as duas coisas. A retirada desses limites de gastos adicionou mais de US$300 bilhões ao deficit em dois anos (esses aumentos não incluem aproximadamente US$140 bilhões em ajuda humanitária não orçamentada no ano fiscal de 2017 para os furacões Harvey, Irma e Maria e os incêndios na Califórnia). Essa combinação de cortes de impostos e aumento de despesas marcou o retorno de deficit anuais de trilhões de dólares, que elevarão a relação dívida/PIB dos EUA de 105% para 115% em breve. Ao perceber o aumento da dívida, investidores estrangeiros estão reduzindo a exposição a títulos do Tesouro dos EUA. A compra líquida de títulos do Tesouro norte-americano por investidores estrangeiros começou a cair após 2010, quando surgiram os deficit de Obama. As compras diminuíram de forma constante até 2016, quando as compras líquidas deram lugar às vendas líquidas. Uma debandada lenta da dívida do governo dos EUA, em antecipação a uma crise de débitos, começou e ganhará força.

Outro argumento daqueles que defendem o corte de impostos é o de que a lei de Trump mudou as regras de tributação em cima dos ganhos corporativos globais no exterior. Essas mudanças permitiram que pacotes multibilionários de ganhos fora do país fossem trazidos de volta aos livros de contabilidade das empresas-mãe dos EUA a taxas altamente favoráveis. Os ganhos repatriados criariam uma onda de lavagem de dinheiro nas margens do país, que seria usada para investimento em instalações e equipamentos, além da criação de empregos para estimular o crescimento. Isso não faz muito sentido, já que quase todo o dinheiro proveniente de ganhos fora do país de empresas globais dos EUA sempre foi investido no mercado local. Não havia pressa para levar o dinheiro para casa; ele já estava aqui. O dinheiro externo foi retido nos livros das subsidiárias da Irlanda e das Ilhas Cayman para fins contábeis, mas acabou investido, principalmente, nos mercados de títulos e de dinheiro dos EUA. A lei tributária de Trump permitia que esse capital fosse registrado nos livros da sede e a reversão de despesas tributárias diferidas. Esse é um registro contábil, e não um tsunami de dinheiro em terra. A história do repatriamento sempre foi um mito destinado a induzir a imprensa, o Congresso e os cidadãos em geral a concordar com o que foi realmente um lucro contábil enorme para doadores corporativos do Partido Republicano. É verdade que o caixa externo anteriormente investido em títulos do Tesouro, títulos corporativos e depósitos bancários poderia ser aplicado em instalações e equipamentos. Mas isso é outra lenda, pois o dinheiro não está sendo reimplantado em novas instalações e equipamentos, e sim usado para dividendos e recompras de ações — outro ganho inesperado para os acionistas, que pouco fazem para apoiar o crescimento em longo prazo e a criação de empregos. As empresas globais que desejavam investir em instalações e equipamentos nos EUA nos últimos dez anos poderiam ter feito isso com facilidade, mediante um empréstimo bancário de 2% garantido pelo dinheiro no exterior. No que diz respeito à lei tributária de Trump, a história de crescimento e investimento não passa de mera ilusão.

Os efeitos tributários corporativos de Trump são ainda piores que o estímulo de repatriamento ausente. Uma consequência não intencional da nova lei tributária é que ela cria incentivos para as empresas levarem seus novos investimentos para o exterior em vez de aplicá-los internamente. Isso acontece porque, em troca de uma taxa única de imposto sobre o repatriamento de lucros no exterior, as empresas dos EUA obtêm o que desejam há cinquenta anos — a isenção de toda tributação futura de ganhos no exterior.

Até a lei tributária de Trump, os EUA tributavam as empresas multinacionais em relação ao lucro global, imediatamente ou mediante repatriamento, ou como repatriamento considerado sob certas regras altamente técnicas. Hoje em dia, os EUA tributam apenas lucros domésticos; os lucros no exterior são isentos. Os defensores do programa apontam a redução de impostos corporativos norte-americanos de 35% para 22% como uma razão para as empresas investirem em casa. Ainda assim, 22% é maior que zero. A partir do momento em que as empresas conseguem encontrar jurisdições de paraísos fiscais com taxas nulas de imposto, elas preferem investir lá. Os Estados Unidos agora não têm como tributar esses lucros neste momento ou de forma diferida. Os lucros e empregos diretamente ligados a eles ficam no exterior para sempre.

Os conselheiros de Trump insistem que podem evitar uma crise da dívida por meio de um crescimento acima da média. Isso é matematicamente possível, mas extremamente improvável. A relação dívida/PIB é um produto de duas partes — um numerador, que consiste em dívida nominal, e o denominador, que consiste no PIB nominal. Matematicamente falando, é verdade que, se o denominador cresce mais rápido que o numerador, o índice da dívida diminui. A equipe do presidente norte-americano espera deficit nominais anuais de 3% do PIB e crescimento nominal do PIB de 6%, sendo 4% de aumento real e 2% de inflação. Se isso acontecer, a relação dívida/PIB diminuirá e uma crise será evitada.

Essa previsão convida a incredulidade. Os deficit se aproximam de 5% do PIB, de acordo com as previsões do Escritório de Orçamento do Congresso dos EUA, e devem aumentar nos próximos anos. Essas estimativas são muito otimistas, pois não contemplam recessões nos próximos vinte anos. Essa projeção é praticamente impossível, considerando que a atual expansão já é a segunda mais longa desde a Segunda Guerra Mundial. As expansões econômicas não morrem de velhice, mas morrem. Se uma recessão começar nos próximos três anos — um cenário provável —, centenas de bilhões de dólares extras serão adicionados ao deficit devido aos estabilizadores automáticos e à redução de arrecadação de impostos por conta do crescimento econômico mais lento. Uma nova crise dizimará qualquer expansão e, ao mesmo tempo, ampliará os deficit. Mesmo sem uma depressão, as projeções oficiais do escritório de orçamento esperam um crescimento real de 2,4% e um núcleo de inflação em 2,1% no ano fiscal de 2019. Isso gera um crescimento nominal de 4,5%, que não é suficiente para se igualar à projeção de 5% de deficit. A relação dívida/PIB aumentará mesmo nos cenários favoráveis projetados pelo congresso.

O Escritório de Orçamento do Congresso dos EUA também não leva em conta taxas de juros significativamente mais altas. Com US$22 trilhões em dívidas, a maior parte no curto prazo, um aumento de 2% nas taxas de juros rapidamente adiciona US$440 bilhões por ano ao deficit como despesa extra de juros, além dos gastos atualmente projetados. Os Estados Unidos ultrapassaram o ponto ideal demográfico que Obama usou para sua vantagem orçamentária de 2012 a 2016. A partir de agora, os *baby boomers* aposentados pedirão o *Social Security, Medicare, Medicaid*, pagamentos por invalidez, benefícios a veteranos e outros programas que geram deficit mais altos.

Finalmente, os analistas federais do orçamento não consideram as pesquisas inovadoras feitas por Kenneth Rogoff e Carmen Reinhart sobre o impacto da dívida no crescimento. Economistas veem uma relação dívida/PIB de 60% como um limite, depois do qual os níveis de dívida podem se tornar insustentáveis. A pesquisa de Reinhart e Rogoff mostra que há uma linha ainda mais perigosa de 90% da dívida em relação ao PIB, na qual a dívida em si provoca uma redução da confiança nas perspectivas de crescimento, em parte devido ao medo de impostos ou inflação mais altos, o que resulta em um declínio material do crescimento em relação às tendências de longo prazo. É aqui que começa a espiral de morte da dívida. Os Estados Unidos já ultrapassaram esses preocupantes 90% e a situação piora a cada ano.

Esses ventos contrários garantem que as projeções de crescimento de Trump não são realistas. Com deficit acima do esperado e crescimento real abaixo do projetado, há uma única forma de o governo Trump reduzir o índice de dívida antes que surja uma crise de confiança: pela inflação. Se ela aumentar para 4% e a repressão financeira do Fed limitar os juros em cerca de 2,5%, e se não houver recessão, é quase impossível alcançar um crescimento nominal de 6% com deficit de 5% — apenas o suficiente para manter o indicador do débito sob controle, e até reduzi-lo um pouco. Ainda assim, esse cenário é improvável. O Federal Reserve falhou ao gerar mais de 2% de inflação por sete anos. Não está claro como isso poderia criar inflação de 4% em curto prazo. As projeções de deficit de 5% também não são realistas devido ao corte de impostos, alívio nas reduções de orçamento nas agências e departamentos federais, inadimplência de empréstimos estudantis e outros fatores adversos. Uma espiral de morte da dívida dos EUA agora passou a ser bem provável.

## Conspiração de Saqueadores

A recente hesitação entre prudência e negligência em relação à dívida é apartidária. As administrações que aumentaram bastante a relação dívida/PIB nos últimos quarenta anos incluíram três republicanos — Ronald Reagan, Bush filho e Donald Trump — e um democrata, Barack Obama. Entre os presidentes que não se abalaram com a pressão e seguraram ou reduziram a relação dívida/PIB estão um republicano, Bush pai, e um democrata, Bill Clinton. Nenhuma das partes é totalmente responsável por dívidas fora de controle. Ambos os partidos tanto têm sua parcela de culpa como souberam aguentar a pressão em momentos distintos.

A variável de controle dos gastos com deficit não é o partido que ocupa a Casa Branca, é o clima do Congresso, independentemente do controle do partido. O Congresso apoiou os cortes de impostos de Reagan em resposta à recessão severa de 1981. Ele também apoiou um aumento considerável dos gastos com defesa no mandato de Reagan porque ela havia sido negligenciada por Carter e por causa da ameaça representada pela União Soviética, identificada por Reagan como o "império do mal".

Da mesma forma, o Congresso cooperou de maneira bipartidária, para aumentar os impostos e reduzir despesas em 1990, durante o governo de Bush pai. Até aquele momento, o Muro de Berlim havia sido derrubado, a União Soviética estava se desintegrando e os Estados Unidos eram o único poder hegemônico. Os republicanos conservadores queriam controlar os gastos, enquanto os democratas insistiam no aumento dos impostos como o preço de seu apoio aos cortes de gastos. Em 1990, o Congresso fez as duas coisas. Bill Clinton também aumentou os impostos em 1993, mas queria mais desembolsos para acompanhar a nova receita tributária. Depois de perder o controle da Câmara de Deputados para Newt Gingrich e os republicanos nas eleições de 1994, Clinton também teve que concordar com os cortes de gastos. O resultado não apenas reduziu o deficit, como também produziu superavit orçamentários nos últimos anos de mandato de Clinton. Os deficit não fazem tanta parte da lista de desejos da Casa Branca, mas no que diz respeito entre prioridades compartilhadas entre ela e o Congresso.

O aumento nos gastos com defesa presente no acordo orçamentário bipartidário de fevereiro de 2018, que eliminou todos os limites dos gastos discricionários, é apenas um adiantamento. Os ciclos de gastos com defesa podem durar dez anos ou mais, seguidos de secas igualmente demoradas conforme a reação se instala. À medida que as forças armadas adquirem sistemas de armas existentes, desenvolvem novos, aprimoram as capacidades e reabastecem os estoques esgotados de mísseis de cruzeiro, essa capacidade expandida requer manutenção cara, treinamento e implantação. Enquanto os democratas insistirem em gastos domésticos com montantes iguais aos das despesas militares, o impacto do deficit de US$300 bilhões em 2018 deverá aumentar para US$400 bilhões por ano, ou mais, em 2019, estendendo-se por muitos e muitos anos.

Os republicanos são os principais culpados pelo fiasco das contas fiscais de Trump. Os democratas são os principais responsáveis pelos gastos domésticos. A Casa Branca concordou com tudo isso. Os dois principais partidos políticos norte-americanos estão juntos nesse desastre da dívida à custa dos cidadãos comuns, que sofrem as consequências do crescimento mais lento e das taxas de juros mais altas. A solvência dos EUA está ameaçada.

Além dos cortes de impostos, do limite do orçamento e de outros fatores que aumentam a dívida, é preciso considerar um elefante branco na sala que ninguém em Washington, DC deseja reconhecer: a dívida de empréstimos a estudantes. O total de concessões estudantis em circulação em 2019 é superior a US$1,6 trilhão. Para colocar isso em perspectiva, a quantia total de hipotecas subprime e outras de alto risco pendentes em 2007, no início do colapso das hipotecas, era de US$1 trilhão. A pilha de dívidas com empréstimos para estudantes é 50% maior que a de hipotecas não solicitadas na última crise financeira. O valor de US$1,6 trilhão não é uma quantia estática: ele crescerá para US$1,7 trilhão em 2020 e continuará a subir depois disso. Os empréstimos estudantis são uma ameaça financeira maior do que as hipotecas, porque as taxas de inadimplência são mais altas. No auge da crise das hipotecas de 2007–2008, as taxas de inadimplência estavam um pouco acima de 5%. Isso é historicamente alto para hipotecas, mas administrável. As taxas de inadimplência dos estudantes passam dos 15% e crescem rapidamente.

Os motivos dessa alta taxa de inadimplência são diversos. Os empréstimos estudantis são concedidos a alunos de meio período e período integral em escolas qualificadas, independentemente de renda, patrimônio ou histórico de crédito. Muitas pessoas que pegam essas quantias não têm educação financeira básica. Elas não percebem quanta dívida estão assumindo em relação às perspectivas de ganhos. Os alunos se formam com US$100 mil em dívidas apenas para descobrir que não conseguem emprego que pague mais do que o salário-mínimo. Eles voltam para a casa dos pais e esperam pelo melhor. Dentro de meses, os devedores estudantis estão em atraso com o pagamento da dívida. Juros e multas acumulam, e logo a dívida pendente cresceu 50% por conta dos efeitos cumulativos.

A inadimplência de empréstimos para estudantes afeta o deficit orçamentário porque aproximadamente 90% de todas as concessões são garantidas pelo Tesouro dos EUA. Esses empréstimos são originados por alguns bancos e atendidos por outros, ou por empresas especializadas em serviços de empréstimos. As garantias do Tesouro estão fora de controle do ponto de vista do orçamento federal enquanto os empréstimos estiverem em execução. Quando eles entram em atraso, credores e funcionários trabalham com os mutuários para resolver o caso. São permitidos períodos de carência em pagamentos em atraso. Certos tipos de serviço público podem resultar em adiamento ou perdão do pagamento de empréstimos. Em alguns casos, refinanciamentos de consolidação podem ser usados para estender vencimentos e reduzir pagamentos mensais. Enquanto esses processos estiverem em andamento, a inadimplência não atinge os livros do Tesouro. Essa farsa de prolongar e fingir tem ocorrido por anos. Cada vez mais os bancos estão chegando ao fim da linha com aqueles que contraem o empréstimo e exigindo ao Tesouro que cubra os pagamentos. Em determinado momento, ele paga o credor do banco e assume o caso da dívida junto ao prestador de serviços.

Os pagamentos em atraso foram reforçados na retórica da eleição presidencial de 2016. Os candidatos Hillary Clinton e Bernie Sanders entenderam que os eleitores mais jovens estavam angustiados com as dívidas dos empréstimos estudantis. Ambos propuseram diversas formas de ajuda, entre elas o perdão da concessão e aulas de graça para novos alunos. Os chamados *millennials* — pessoas que têm, hoje, entre 18 e 35 anos — ouviram as promessas de campanha e alguns simplesmente pararam de pagar seus empréstimos, acreditando na vitória de Clinton e no perdão da dívida. Porém, ela foi derrotada, e com isso veio junto uma onda de inadimplência. Essa promessa de campanha utilizando a dívida como moeda de troca por voto voltará no ciclo das eleições presidenciais de 2020, à medida que os candidatos democratas aperfeiçoarem suas propostas de alívio da dívida — ou seja, vem aí outro pico de inadimplência com base em falsas esperanças.

O fiasco dos empréstimos estudantis tem efeitos econômicos negativos que vão além do deficit. Quando jovens adultos entram em atraso com seus empréstimos estudantis, suas classificações de crédito são atingidas. Uma classificação de crédito ruim torna mais difícil conseguir um emprego, alugar um apartamento, qualificar-se para uma hipoteca ou obter um empréstimo para comprar um carro. Atrasos de empréstimos para estudantes e más classificações de crédito estão impedindo a formação e o consumo das famílias, das quais fazem parte a compra de móveis, eletrodomésticos, roupas de cama e coisas do gênero. Ventos contrários nos empréstimos estudantis atingem o denominador da dívida/PIB por meio de um crescimento mais lento, e o numerador devido aos deficit mais altos. Em outras palavras, os EUA são duplamente atingidos na tentativa de sustentar a dívida nacional. Uma série de perdas devido aos empréstimos estudantis está prestes a atingir o Tesouro dos EUA, e as perdas serão de US$200 bilhões por ano ou mais, com base nas taxas atuais de inadimplência. Essa onda padrão não é contabilizada adequadamente nas estimativas oficiais de deficit orçamentário, mas as inadimplências aumentarão o deficit em centenas de bilhões de dólares extras em 2019 e por aí vai. A falha em resolver esse problema de forma inteligente, com aconselhamento financeiro e melhor garantia de empréstimos, é outro exemplo de negligência bipartidária.

## O Ponto sem Volta

Um respeitável ditado econômico diz que, se algo não pode durar para sempre, não vai acontecer. A relação dívida/PIB dos EUA está se aproximando de um ponto em que não conseguirá expandir muito mais sem causar uma crise de confiança. Os Estados Unidos nunca deixarão de pagar sua dívida porque o Fed pode imprimir o dinheiro para quitá-la. A inflação é um remédio universal para o excesso de dívida. A questão é como a inflação é catalisada, uma vez que os bancos centrais parecem incapazes. Os principais credores dos EUA, tais como bancos centrais estrangeiros, fundos soberanos e grandes instituições, não ficarão à espera do inevitável. Eles analisam as tendências, veem que a inflação é a única saída para a dívida e transferem ativos de dólares antecipadamente. Esse despejo em dólar reduzirá o valor do câmbio, aumentará os custos de empréstimos do Tesouro e catalisará uma espiral de morte da dívida. É essa mudança nas percepções dos investidores, um fenômeno psicológico, que desencadeia a inflação mais que as políticas do banco central. A dificuldade para os formuladores de políticas e banqueiros é que a mudança pode acontecer quase da noite para o dia. A inflação pode surgir aparentemente do nada.

Aqueles que criticam a bomba-relógio da dívida têm uma resposta simples. Diferentemente da Grécia e da Argentina, a dívida dos EUA está em uma moeda que o próprio país pode imprimir. Não importa o quão alta seja a dívida ou as taxas de juros, o Tesouro pode simplesmente vender a dívida ao Fed, direta ou indiretamente, por meio de bancos que tenham autorização para negociar com o governo. O Fed imprime o dinheiro para pagar a dívida, guardando-a no seu balanço até o vencimento. A falha nesse raciocínio é a suposição de confiança ilimitada no valor do dólar. Nessa visão, nenhuma quantia impressa ou emprestada em dinheiro pode abalar a convicção na moeda norte-americana, em parte devido às leis de moeda corrente e, em parte, à necessidade dos cidadãos de adquirir e guardar dólares para pagar seus impostos. Entretanto, essa perspectiva ignora a história, a psicologia e o senso comum. A confiança no dinheiro é frágil, facilmente perdida e impossível de recuperar.

Mesmo que dólares possam ser criados em quantidades ilimitadas (eles podem) e exigidos para o pagamento de impostos (eles são), isso não significa que os cidadãos devam ser forçados a manter dólares além do necessário para o pagamento de impostos. Os cidadãos podem alocar fundos após impostos para outros ativos, tais como terra, recursos naturais, obras de arte ou patrimônio privado. As pessoas também podem gastar seu dinheiro em comida nas prateleiras, gasolina no carro, roupas novas, outras necessidades e até luxos, férias e presentes caros. À medida que os cidadãos correm para despejar dólares em busca de alternativas prontamente disponíveis, o resultado é uma maior velocidade de dinheiro em cima de uma oferta monetária inchada. A teoria quantitativa da moeda mostra que a inflação é causada pela expansão da oferta de dinheiro e um aumento da velocidade maior que a taxa de crescimento potencial da economia.

Os bancos centrais falharam ao tentar alcançar os níveis de inflação desejados nos últimos dez anos — mas não por falta de tentativa. O Fed expandiu a oferta monetária com facilidade, assumindo que a velocidade viria a seguir. Isso não aconteceu — na verdade, ela caiu nos últimos vinte anos. O Fed não entende que a velocidade é uma variável comportamental, e não uma função constante ou linear. O comportamento orientado psicologicamente pode mudar de forma instantânea quando um limite crítico é excedido. Os físicos chamam isso de transição de fase, e os matemáticos de hipersincronicidade. Analistas de Wall Street falam que é um "cisne negro", sem necessariamente entender a dinâmica por trás dele.

Seja qual for o nome, o resultado é o mesmo — perda instantânea de confiança no dólar e um desejo contínuo de despejar dólares como substituto em favor de outras moedas, ativos sólidos ou bens e serviços. O resultado inevitável é uma inflação mais alta, e até mesmo hiperinflação.

## Segredo de investimento #2: Prepare-se para um crescimento lento e recessões frequentes nas próximas décadas.

Até as previsões mais generosas, incluindo as do Gabinete de Orçamento do Congresso, mostram um aumento constante da relação dívida/PIB dos EUA nos próximos cinco anos e um aumento exponencial além disso, à medida que os *baby boomers* se aposentam em números cada vez mais altos e a força de trabalho diminui. Essas previsões provavelmente superestimam o crescimento e as receitas devido ao erro persistente do modelo. Prognósticos mais realistas mostram que a relação dívida/PIB dos EUA ultrapassará 115% até 2023.

A pesquisa também aponta que relações dívida/PIB acima de 90% são uma causa independente de um crescimento real mais lento devido às expectativas dos consumidores e dos investidores de uma inflação mais alta, tributos mais elevados ou um nível preocupante de inadimplência. Devido a isso, os consumidores economizam mais e as empresas investem menos, ambos por precaução. Os governos não podem usar empréstimos para solucionar um problema de dívida.

Juntas as previsões e pesquisas econômicas mostram que os Estados Unidos passam por um período prolongado de crescimento econômico lento, pontuado por recessões técnicas ocasionais. Os EUA são o Japão. Os japoneses sofreram com a chamada "década perdida", de 1990 a 2000, e sentem os efeitos disso por mais quase duas décadas desde então. Os Estados Unidos tiveram sua primeira década perdida de 2007 a 2017, e agora estão na segunda. Esse padrão de baixo crescimento persistirá pela ausência de uma fuga inflacionária, que o Fed parece sem condição de acionar em curto prazo; uma guerra; ou depressão severa, talvez causada por uma nova crise financeira.

Levando em conta um cenário básico de crescimento lento prolongado, existem três estratégias específicas que podem ser seguidas pelos investidores para lucrar e preservar a riqueza. A primeira delas é reduzir a exposição a ações com alto valor agregado e crescimento elevado em tecnologia, mídia e publicidade, especialmente nas cinco ações mais populares e de melhor desempenho no mercado: Facebook, Apple, Amazon, Netflix e Google. Elas podem continuar a subir em curto prazo, mas estão próximas de uma queda conforme a realidade de outra década perdida. Evitar essas ações prevenirá grandes perdas quando a inevitável correção começar.

A segunda estratégia é alocar parte do portfólio para setores com bom desempenho em ambientes de baixo crescimento e deflacionários, incluindo serviços públicos, notas do Tesouro dos EUA de dez anos e títulos municipais de alta qualidade. Esses investimentos oferecem rendimentos estáveis e, oferecendo potencial de ganhos de capital em potencial diante das persistentes tendências desinflacionárias.

A terceira estratégia é aumentar sua reserva de dinheiro. Isso minimizará a volatilidade geral do seu portfólio e garantirá uma proteção contra a deflação, uma vez que o valor real da moeda cresce em uma situação como essa. É importante ressaltar que o dinheiro oferece opcionalidade e a capacidade de se transformar rapidamente em outras classes de ativos caso a guerra ou a inflação aconteçam inesperadamente. O dinheiro também oferece ao seu detentor a capacidade de buscar pechinchas caso ocorra outro pânico financeiro que derrubou os valores dos ativos em 50% ou mais, como em 2008.

Esse portfólio de crescimento lento garante rendimentos constantes, deflação de hedges, evita perdas em ações que estejam subindo demais e dá uma chance de lucrar com investimentos de baixo valor na próxima recessão ou década. Os Estados Unidos levaram cinquenta anos para se afundar em um buraco de dívidas insustentável, e não conseguirão sair tão fácil. Investidores pacientes podem esperar a liquidação da dívida e evitar as armadilhas que prenderão os outros.

# CAPÍTULO TRÊS
# EM BUSCA DO PREÇO DA LIBERDADE

> É muito mais fácil, além de ser bem mais agradável, identificar e rotular os erros dos outros do que reconhecer os nossos próprios.
>
> —Daniel Kahneman, *Rápido e devagar: Duas formas de pensar* (2011)

## Bip, bip, bip

Morei por uma década em uma propriedade de sessenta hectares no Estuário de Long Island, em Connecticut. Eu não era o dono; aluguei uma casa muito agradável, porém modesta, na propriedade. Tinha vista para o mar em meio a estruturas mais importantes, incluindo uma mansão em estilo mediterrâneo e estábulos de uma época passada. Meus senhorios eram descendentes de uma família que foi dona da propriedade por mais de 120 anos, herdeiros de verdadeiras fortunas em fermento em pó e tabaco. Alguns dos prédios estão vazios agora, entretanto os estábulos ainda estão ativos, com cavalos puro-sangue sendo cuidados por seus treinadores, que ainda têm acesso às instalações. Sempre imaginava as festas dignas do livro *O Grande Gatsby*, de F. Scott Fitzgerald, que ocorreram lá na década de 1920. Hoje, está praticamente vazia e silenciosa, um excelente local para escrever.

A propriedade tem uma rede de estradas privadas adequadas para as carruagens que circulavam em 1890, mas muito estreita para dois carros passarem hoje em dia. Há pouco tráfego e, ainda assim, os poucos moradores e visitantes são corteses na hora de dar passagem a algum outro veículo.

Uma peculiaridade de se morar em uma propriedade tão grande é que minha casa ficava a 800 metros da via pública mais próxima. As poucas caixas de correio da propriedade se situam em uma pequena rotatória não muito distante da via pública e mais acessível ao serviço postal, o que fazia com que pegar a correspondência exigisse mais esforço do que simplesmente sair. Normalmente, passava pela caixa de correio de carro, quando ia ou voltava da cidade.

Então a batalha começou.

Se chegasse à noite, apontava o carro de frente para as caixas de correio, usando os faróis para melhor visibilidade no escuro, deixava o motor ligado e saía do carro.

Biiiiiiiiiiiiiiiiiiiip!

Meu carro, um Audi A5, fazia o som de "bip" mais estridente e desagradável, e não sabia exatamente por quê. Poderia ser porque deixava a chave no carro ou porque deixava a porta aberta com o motor ligado e as luzes acesas. Ou, quem sabe, porque o cinto de segurança estava solto enquanto o motor estava ligado e eu, fora do carro. Poderia até ser tudo isso. O fato é que era um barulho desagradável em uma propriedade geralmente quieta e silenciosa, exceto quando o vento aparecia; nesse caso, o barulho das ondas e o cheiro de maresia o tornavam ainda mais agradável. O bip arruinava a paz.

Eu pulava de volta no carro, jogava a correspondência no banco da frente e continuava o caminho até minha casa. Nesse momento, estava somente a quase mil metros de casa, em uma via particular e sem tráfego. Muitas vezes, nem colocava o cinto de segurança nesse trajeto. Não havia perigo iminente, exceto por algum veado saltando. Depois de dez anos, eu os conhecia pelo nome e poderia arriscar. Mas algum engenheiro alemão teve outras ideias.

Ding, ding, ding, ding.

Meu carro me dizia que não tinha colocado o cinto de segurança, embora já soubesse. Rapidamente, calculei que o alerta pararia após quatro "dings" e não tocaria pelos próximos trinta segundos. Se acelerasse um pouco e não houvesse veados saltando, poderia chegar em casa antes de o alarme disparar novamente. Normalmente a estratégia não dava certo, e o ding ding ding soava de novo antes de passar pela cancela.

Agora, estou na frente da minha casa. Está de noite, ela está trancada e as luzes, apagadas. Novamente, parava meu carro com os faróis apontados para a porta da frente no escuro. Descia do carro com as chaves de casa.

Biiiiiiiiiiiiiiiiiiiip.

Eventualmente, descarregava o carro (sem esquecer da correspondência), estacionava na garagem, entrava em casa e me acomodava, em busca de um pouco de paz e sossego. Talvez fosse para o escritório, para escrever um pouco, sem bipes e dingues.

Nada disso.

Depois de ligar o computador, uma terrível série de avisos, lembretes, toques e alertas recomeçaram. Ao menos sabia como desligar ou silenciar a maioria deles. Eu temia que se tentasse reprogramar os avisos de engenharia alemã de meu Audi A5 e o resultado seria desastroso, incluindo ser preso por alguma equipe de segurança de automóveis da SWAT que nem sabia que existia.

Para aqueles que pensam que isso poderia ser facilmente evitado simplesmente desligando o carro perto da caixa de correio, apertando os cintos de segurança na viagem final e fechando a porta do carro na rua, minha resposta é: "Sim, você está certo, posso fazer os lembretes desaparecerem. Só tenho que obedecer."

A vida não é mais costumeira que pegar a correspondência e abrir a porta de casa; esse é o meu ponto. Se não for possível realizar as tarefas mais rotineiras sem um fluxo constante de bipes audíveis, digitais, visuais, além de outros tipos de toques e campainhas, leve em consideração o bombardeio cognitivo sensorial que se sofre ao tentar tomar decisões importantes com relação a um plano de aposentadoria 401(k), seguro de vida, plano de saúde ou cartão de crédito. O formulário do 401(k) de seu empregador foi criado para aumentar a probabilidade de você entrar no plano em relação a outros projetos menos manipulativos. Aplicações de planos de seguro são feitas para direcioná-lo a contratos de longo prazo, com possíveis descontos, em vez de uma cobertura mais simples e menos dispendiosa. As fichas para pedir cartões de crédito são enfeitadas com cenas de cenários paradisíacos e refeições caras, sem destacar as taxas de juros de 20% e as "taxas de atraso" de US$35, aplicadas no dia seguinte à emissão da fatura. Esses avisos vão além de mera publicidade e remetem a um canto escuro da psicologia comportamental chamado "arquitetura de escolha", em que os formulários de financiamento são projetados por cientistas que buscam o melhor para os patrões, e não para você.

Nem sempre foi assim. As pessoas tomam decisões importantes sobre saúde, segurança pessoal e sua renda há mais de um século, desde a era da autossuficiência. Mas elas nem sempre se intimidaram com isso; é algo relativamente novo.

Sabemos exatamente a quem agradecer por essa compulsão constante em nossas vidas — Richard H. Thaler e Cass R. Sunstein, dois intelectuais que acham simplesmente irresistível a tentação de dizer aos outros o que fazer. Eles são os praticantes mais conhecidos, mas longe de serem os únicos, de um ramo da ciência social chamado economia comportamental. A sua contribuição mais influente ao campo foi o livro *Nudge: o Empurrão para a Escolha Certa* (2008), um manual de grandes intelectuais que querem ajudá-lo. Sua linhagem completa é mais nociva.

Richard H. Thaler é professor de Ciência Comportamental e Economia na Universidade de Chicago, ex-presidente da Associação Econômica Americana e vencedor do Prêmio Nobel de Economia em 2017. Ele é autor de inúmeros livros em seu ramo e um proeminente intelectual.

Seu interesse na economia comportamental e das escolhas pessoais estava presente desde o início de sua carreira, como mostra sua tese de Doutorado: *The Value of Saving a Life: Evidence from the Labor Market* ("O valor de salvar uma vida: evidências do mercado de trabalho", em tradução livre), publicada como artigo pela organização *National Bureau of Economic Research* em 1976. Em sua tese, Thaler cria um modelo de quanto a vida de um trabalhador vale para ele e para o empregador, usando diferenciais salariais em várias atividades de risco, como pesca e mineração. Não sei ao certo quantos pescadores de águas profundas Thaler já conheceu; já encontrei muitos. Mas sei que eles assumem os riscos de tal pesca sem considerar o diferencial salarial, apenas pelo amor ao mar, a camaradagem a bordo e os frutos do mar frescos preparados pelo cozinheiro do barco.

Quando se trata de trabalho de risco, guias de montanha de alta altitude podem levar o prêmio. Conheci alguns, que trabalham em uma das atividades mais arriscadas e com remunerações baixíssimas. Tive oportunidade de discutir suas motivações profissionais durante uma expedição. Todos sabemos os riscos de morte. Dinheiro é a coisa menos importante a se considerar em uma escalada. Os guias fazem o que fazem por amor à vista, algo que o modelo de Thaler não leva em consideração.

Cass R. Sunstein é professor e diretor do Programa de Economia Comportamental e Políticas Públicas na faculdade de Direito de Harvard. É um escritor muito ativo — autor, coautor ou editor de quase cinquenta livros e centenas de artigos, tanto publicações acadêmicas como populares. Seu cargo mais importante fora do meio acadêmico foi o de administrador do Escritório de Informação e Assuntos Regulatórios da Casa Branca (OIRA, em inglês) durante o primeiro mandato de Obama. O site da Casa Branca descreve as atribuições do OIRA como "a autoridade central do Governo dos Estados Unidos para revisão de regulamentos do Poder Executivo [e] aprovação de coleta de informações do governo". Se seu objetivo é controlar o comportamento dos outros usando a psicologia comportamental e influência invisível, não há cargo mais poderoso no governo para fazê-lo do que a chefia do OIRA. Obama e Sunstein se conhecem bem desde a época em que lecionavam na faculdade de Direito da Universidade de Chicago, no final dos anos 1990.

*Nudge: o Empurrão para a Escolha Certa*, livro de Thaler e Sunstein, é, disparado, o mais influente e conhecido esforço de controle social. Foi best-seller do *New York Times*, com mais de 750 mil cópias e editado em diversas línguas. A maior parte da obra é um relato direto da visão sobre o comportamento humano proveniente de cinquenta anos de trabalho de psicólogos comportamentais. Isso começou com o inspirador trabalho de Stanley Milgram sobre os poderosos (e polêmicos) experimentos de obediência nos anos 1960.

A mais famosa experiência de Milgram envolveu uma pessoa (que não sabia que era o sujeito do experimento), controlada pelo pesquisador, que foi convidada para ajudar em um programa sobre aprendizado e memória. Outro participante, supostamente aquele que devia aprender — mas, na realidade, era um colaborador do teste —, é visto amarrado a uma cadeira. O papel do sujeito no experimento é administrar choques elétricos ao aluno, sob a supervisão do pesquisador. Logo, o aluno parece sofrer dores agudas, advindas do choque, e pede para ser libertado. O pesquisador insiste que o método é seguro e que o sujeito deve continuar a administrar choques ao aluno. Na maioria dos experimentos, o sujeito segue dando os choques no aluno até os níveis mais elevados do aparelho.

O trabalho de Milgram foi influenciado pelo seu desejo de entender o comportamento nazista e seus colaboradores no Holocausto. Os experimentos com choques elétricos foram concebidos e conduzidos após o julgamento de Adolf Eichmann em 1961, o *Obersturmbannfüher* da SS (Líder de Unidade de Assalto Sênior, em alemão) responsável pela logística e operação na morte de 6 milhões de judeus. Eichmann jamais negou seu papel; sua defesa insistia que ele estava apenas cumprindo ordens.

As conclusões de Milgram sobre seus experimentos são de que, em algum ponto, o sujeito abandona sua independência ou liberdade de ação em relação ao pesquisador, com base em uma variedade de crenças de que o experimento era para o bem da ciência e o pesquisador era uma figura benigna. Quando o sujeito abdica de sua liberdade de ação para o pesquisador, está apenas seguindo ordens. Usando o trabalho de Milgram como fundamento, cientistas comportamentais passaram a explorar diversos aspectos do comportamento humano em desacordo com suposições comuns sobre racionalidade e boas intenções.

A psicologia comportamental fez seus maiores avanços, incluindo os mais intimamente associados à economia, na década de 1970, graças ao trabalho experimental de Daniel Kahneman e Amos Tversky. Essas experiências marcantes foram descritas e analisadas em dois livros, *Judgment Under Uncertainty: Heuristics and Biases* (1982), de Kahneman, Tversky, e seu colaborador, Paul Slovic, e *Choices, Values, and Frames* (2000), de Kahneman e Tversky. Esses livros lançaram as bases para o que hoje é chamado de teoria da perspectiva, em contraste com o paradigma econômico de longa data da teoria da utilidade.

Em resumo, a teoria da utilidade afirma que pessoas tomam decisões racionais com base em uma visão clara do futuro e um forte senso de que essas escolhas maximizarão a felicidade expressada como bem-estar material. Quando agregada em uma sociedade e expressa por meio de mercados para a troca de bens e serviços, a teoria da utilidade forma a base de uma economia liberal de livre mercado clássica, que produz o melhor para a maioria, como defendido pelo filósofo utilitarista do século XIX Jeremy Bentham.

A teoria da perspectiva diz o contrário. Os seres humanos estão cheios de preconceitos cognitivos, que os levam a tomar decisões não racionais a partir de uma perspectiva maximizadora de riqueza. Eles não são irracionais apenas em seus próprios termos, mas se contradizem de maneiras que tornam difícil prever o comportamento em situações individuais e voláteis no conjunto.

Em um famoso experimento, foi oferecido a algumas pessoas a chance entre receber US$4 com 80% de certeza de ganhar a recompensa, ou US$3 com 100% de chances de recebê-la. Um simples cálculo matemático mostra que a primeira opção tem uma expectativa maior de retorno. Uma probabilidade de 80% de receber US$4 gera um retorno esperado de US$3,20 (0,80 x US$4,00 = US$3,20). A segunda opção tem uma expectativa de retorno de US$3 (1,00 x US$3,00 = US$3,00). Como US$3,20 é maior que US$3, um maximizador racional de riquezas escolheria a primeira opção. Da metade dos anos 1990 até o início do novo século, a simples crença de que os indivíduos fariam a escolha racional era a base da economia de livre mercado. Desde 1947, a mesma crença forma a base das finanças modernas.

Kahneman e Tversky derrubaram essas e outras suposições sobre o comportamento racional por meio de experiências engenhosamente projetadas, envolvendo seres humanos reais. Eles mostraram que, entre US$3,20 e US$3,00, a maioria esmagadora escolhia os US$3,00. A razão é a de que as pessoas valorizam muito mais a certeza de alguma recompensa, apesar do valor matemático esperado. O indivíduo é altamente averso a sair de mãos abanando. Se escolhessem a oferta de US$4,00, haveria uma chance de 20% de não conseguirem nada. O simples medo de perder supera a chance de ganhar mais na mente das pessoas, independentemente da matemática.

Essa tendência específica é chamada de aversão ao risco. Baseado em resultados experimentais, pode-se concluir que os seres humanos evitam o risco em quase todos os encontros Mas isso não é verdade. Outros experimentos mostram que as pessoas subestimam o risco e aumentam suas chances de sucesso em diversas situações. Esse efeito é chamado de excesso de confiança. O contraste entre a aversão ao risco e o excesso de confiança mostra indivíduos tanto evitando o risco quanto o encarando, dependendo de circunstâncias específicas.

Em situações incertas, as pessoas superestimam sua capacidade de executar tarefas e classificam sua competência mais altamente do que outras, mesmo diante de evidências objetivas que digam o contrário. Essa tendência se manifesta tanto em otimismo excessivo quanto em enfrentar a adversidade e o pensamento positivo, diante de uma inversão iminente do destino. Excesso de confiança pode ser perigoso quando utilizado em situações críticas no direito, finanças ou engenharia. Como escreveu Kahneman, "no geral (...) você não deve confiar em pessoas assertivas e confiantes em sua própria avaliação, a não ser que tenha motivos independentes para acreditar que eles sabem do que estão falando. Infelizmente, é difícil seguir esse conselho: profissionais excessivamente confiantes acreditam, sinceramente, em sua expertise, agem como e se parecem com experts. Você deve se esforçar para se lembrar de que eles podem estar sob o domínio de uma ilusão."

Com isso, as pessoas são avessas ao risco ou fingem excesso de confiança? A resposta é ambos, dependendo das circunstâncias passadas e das condições atuais no momento da decisão. Essa contradição comportamental, uma de várias, ilustra bem por que é tão difícil ver sentido no comportamento humano nos mercados.

Outras contradições nesta ladainha de tendência cognitiva incluem a ancoragem (predisposição a fazer julgamentos com base em eventos passados enraizados na mente do sujeito) e a tendência recente (predisposição a fazer julgamentos baseado nas experiências mais recentes ou nas informações recebidas). Então, o julgamento humano é influenciado pelo passado distante ou pelas últimas notícias? Novamente, a resposta é ambas, dependendo da situação.

Experiências de psicologia comportamental identificaram mais de 180 tendências cognitivas específicas. E outras novas são adicionadas a essa sistemática o tempo todo, baseadas em novas experiências. Essas tendências apresentam contradições como as que acabamos de observar e tornam a prática da psicologia comportamental altamente exigente. A ciência é convincente, mas a aplicação é complexa.

Apesar de ser um psicólogo comportamental, Kahneman ganhou o Prêmio Nobel de Economia em 2002 por seu estudo sobre como a tendência cognitiva afeta o comportamento do mercado. Seu colaborador, Amos Tversky, morreu em 1996 e não recebeu o mesmo prêmio porque a organização do Nobel não faz homenagens póstumas. Se estivesse vivo, Tversky com certeza seria um dos vencedores naquele ano.

Kahneman é notavelmente sincero sobre os limites da psicologia comportamental. Seus estudos revolucionaram o pensamento na psicologia social e na economia, além de induzirem à modéstia sobre o que pode ser conhecido, realisticamente, em termos de resultados em condições complexas. A mistura de tendências em bilhões de indivíduos, onde essas tendências são contraditórias em tempo real e adaptáveis ao longo do tempo, torna a arte da análise premonitória composta angustiante. Uma coisa é saber que a manada pode se virar e correr; outra, é saber quando ela fará isso.

Essas limitações não impediram Thaler e Sunstein de moldar o comportamento social do seu jeito. Eles relacionaram a psicologia comportamental para buscarem o que chamam de paternalismo libertário, embora não haja nada de libertário nisso. Isso é revelado em seu livro, quando escrevem que "muitas das mais importantes aplicações do paternalismo libertário são para o governo". Como o aumento do poder do Estado é libertário, permanece um enigma. A palavra "paternalismo" é suficiente para descrever seu objetivo. O canal de escolha da agenda paterna é a arquitetura da escolha.

## A arquitetura da escolha

A nova ciência social e econômica chamada arquitetura da escolha procede da necessidade do design. Thaler e Sunstein mostram que os sistemas feitos pelo homem, inevitavelmente, contêm um design. Carros podem ter cinto de segurança de três pontos, abdominais ou nenhum cinto.

A linha de almoço das cafeterias pode começar com doces ou cenouras. Cédulas eleitorais podem listar primeiro os candidatos democratas ou republicanos. Todo sistema inclui elementos de design que envolvem escolhas feitas pelo seu autor sobre posicionamento, facilidade de uso, cor, vocabulário e outros fatores.

Ao mesmo tempo, o usuário que se depara com um sistema projetado com escolhas integradas tem suas próprias escolhas. Quando um consumidor entra na cafeteria, ele se pergunta: "Será que quero o cheesecake hoje? Será que deveria consumir mais cenouras, para ajudar a curar minha deficiência vitamínica?". A escolha do consumidor atende à seleção do design nas configurações diárias.

Ao apresentar as opções de design de uma certa forma, você pode afetar de maneira previsível as escolhas dos consumidores, explorando tendências não reveladas pela psicologia comportamental. Essa relação entre a escolha do design e a escolha do consumidor é a esfera da arquitetura da escolha. Nas palavras de Thaler e Sunstein:

> Os tomadores de decisão não fazem suas escolhas no vácuo, mas sim com base em um ambiente onde muitos recursos, notados ou não, podem influenciar suas decisões. A pessoa que cria esse ambiente é, em nossa terminologia, um arquiteto de escolha... nosso objetivo é mostrar como a arquitetura da escolha pode ser usada para ajudar as pessoas a tomar melhores decisões (na opinião delas mesmas) sem forçar certos resultados a ninguém, uma filosofia que chamamos de "paternalismo libertário". As ferramentas que destacamos são: padrões, (...), comentários, opções estruturalmente complexas e incentivos criativos.

Esse manifesto deixa claro que a agenda de Thaler e Sunstein vai além da ciência. A psicologia comportamental se sustenta em um enorme corpo de dados empíricos, derivados de experimentos bem projetados em pessoas reais. É ciência sólida, não mera conjectura ou ideologia disfarçada de ciência. Mesmo assim, a aplicação da ciência é outro assunto. Física nuclear é uma ciência sólida; arma nuclear é motivo de debate. Thaler e Sunstein armaram a psicologia comportamental.

Alguns exemplos mostram como os autores procedem na prática. Eles fizeram uma pesquisa com doações de caridade, em que pedidos típicos podem incluir uma série de contribuições, sugeridas na forma de US$50, US$150, US$250, US$500 e assim por diante. A enquete mostrou que, quanto maior a quantia pedida, maior a contribuição dada. Thaler e Sunstein sugeriram que a instituição aumentasse os pedidos para US$100, US$300, US$500 e US$1000. Essa simples mudança na arquitetura da escolha resultou em contribuições maiores. Essa sugestão usou a tendência de ancoragem. O objetivo da solicitação baseia seu comportamento nas quantias mais altas usadas no segundo exemplo, o que gera uma contribuição maior. Essa interação entre a escolha do design e a do consumidor é previsível e pode ser usada para aumentar as doações à caridade.

Outro exemplo envolve o excesso de confiança. Dados mostram que a taxa de fracasso de novas empresas em cinco anos é de 50%. Ainda assim, quando é perguntado aos novos empreendedores sobre a chance de sucesso de seus negócios, a resposta típica é 90%, com alguns dizendo 100%. Logicamente, empreendedores em geral são confiantes com respeito ao potencial de sucesso de seus negócios. Thaler e Sunstein têm um remédio para o excesso de confiança. Eles escrevem: "Se as pessoas estão correndo riscos por causa de seu otimismo irreal, elas podem se beneficiar de uma cutucada. De fato, já mencionamos uma possibilidade: se as pessoas são lembradas de um evento ruim, elas podem não continuar tão otimistas".

Portanto, com opções simples de design, como sugerido por Thaler e Sunstein, os consumidores podem ser influenciados a dar mais à caridade e os empreendedores podem ser alertados para evitar riscos excessivos. Parece maravilhoso, mas será que é mesmo? Se o resultado de Thaler e Sunstein é superior, por que é necessário manipular? Em outras palavras, por que os acadêmicos mantêm uma suposição, *a priori*, de que a tendência descoberta é indesejada? Mesmo que a lista de contribuições sugeridas usasse quantias menores, nada impede um doador de contribuir com uma quantia maior. Todo tipo de caridade é, automaticamente, desejável? Nada impede um empreendedor de fazer um exame sério acerca de seu modelo de negócio e concluir que sua chance de sucesso é um tiro no escuro, sem precisar ser lembrado de que coisas ruins acontecem em bons negócios. Essas possibilidades não são boas o suficiente para Thaler e Sunstein porque eles não acreditam no julgamento de doadores ou empreendedores típicos. Eles se sentem compelidos a dar o que eles chamam de "cutucada" para alcançar um resultado supostamente superior.

Sobre o título de seu livro, Thaler e Sunstein afirmam que "a cutucada, como usamos o termo, é qualquer aspecto da arquitetura da escolha que *altera o comportamento das pessoas em uma forma previsível*, sem proibir quaisquer opções ou alterar significativamente seus incentivos econômicos" (ênfase adicionada). Toque é um eufemismo; um forte empurrão seria mais aplicável, dado o poder que conhecemos da ciência comportamental. O eufemismo é o refúgio do autoritário. A lógica da norma de Thaler e Sunstein é que eles são mais inteligentes do que você e eu.

Esses dois engenheiros sociais são taxativos sobre sua inteligência superior. Eles assinam um processo descrito como "tomar medidas para ajudar as pessoas menos sofisticadas e, ao mesmo tempo, impor danos mínimos aos outros". Isso não é tão difícil de fazer porque "humanos não são exatamente lêmingues, mas são facilmente influenciáveis". Sobre o efeito de enquadramento, um tipo de manipulação comportamental, Thaler e Sunstein escrevem: "O enquadramento funciona porque as pessoas tendem a ser um tanto irracionais". Eles reconhecem que às vezes é necessário enganar, para inserir suas ideias inteligentes na mente dos menos sofisticados. Algo considerado bom não é bom o suficiente para Thaler e Sunstein. Eles aconselham: "Se você deseja incentivar as pessoas a terem comportamento socialmente desejável, não deixe que elas saibam que suas ações atuais são melhores do que a norma social". Os autores afirmam que "indivíduos tomam decisões extremamente ruins — que eles não teriam tomado se tivessem prestado total atenção, possuíssem informações completas, habilidades cognitivas ilimitadas e autocontrole completo". Se Thaler e Sunstein estão no mundo do incentivo, presumivelmente, eles são aqueles que possuem habilidades cognitivas ilimitadas, e não você.

O campo da arquitetura da escolha e do incentivo é repleto de arrogância, premissas não examinadas e consequências adversas. Veja o exemplo do pedido de caridade, onde pedir mais é receber mais; uma sugestão de contribuição maior resulta em uma contribuição real maior. Qual é a base para a suposição implícita de que a caridade institucionalizada é boa? Atos aleatórios de bondade, certamente, são bons, e não precisam de incentivo. Considere o aparato de marketing de massa por trás de pedidos que Thaler e Sunstein querem incentivar. Se você é a favor do controle de armas, você é a favor da técnica de Thaler e Sunstein para ajudar a Associação Nacional do Rifle (NRA, em inglês) a aumentar doações dedutíveis de impostos usadas para promover rifles de assalto? Se você é pró-vida, você é a favor do incentivo de Thaler e Sunstein para melhorar as contribuições para a Federação de Planejamento Familiar dos EUA (PPFA, em inglês), a maior instituição pró-aborto do país? Thaler e Sunstein promovem um incentivo pró-caridade como um bem incontestável, sem olharem para o que as instituições de caridade fazem com o dinheiro.

A sugestão dos dois de que os empresários devem ser lembrados do fracasso a fim de desencorajar o excesso de confiança diante de uma taxa de falha de 50% para novos empreendimentos é igualmente equivocada. É verdade que a maioria dos novos negócios quebra com poucos anos. Também é verdade que empreendedores, consistentemente, superestimam em média suas chances de sucesso. E daí? Thaler e Sunstein são compelidos a usar seus cérebros brilhantes para alertar os empreendedores de seus empreendimentos. No entanto, isso ignora a assimetria nos resultados de sucesso e fracasso. Um fracasso precoce em um empreendimento, normalmente, envolve poucos empregos e pouco capital perdido porque os negócios não foram tão longe. Startups quebram rápido graças à execução falha, qualidade pobre ou, simplesmente, à falta de demanda para, por exemplo, um produto como uma "luva de sorvete original, à prova d'água, resistente às manchas e de tamanho único". Os custos de oportunidade desses esforços são baixos e um empreendedor fracassado pode, em pouco tempo, começar de novo. Em contraste, os poucos empreendimentos de sucesso podem ser enormes. Eles podem criar milhares de empregos, gerar grandes investimentos em instalações e equipamentos e produzir lucros generosos para os investidores apoiarem o consumo ou reinvestirem em novas empresas. De fato, esse padrão de muitas pequenas falhas serem compensadas por alguns grandes sucessos é a premissa fundamental do capital de risco. Quem são Thaler e Sunstein para desencorajar empreendedores, lembrando-os de "eventos ruins"? A sociedade deve incentivar o empreendedorismo a cada passo do caminho. Os autores também ignoram o fato de que o próprio "sonho empreendedor" tem valor independente do sucesso financeiro. Nós precisamos de sonhadores, não de acadêmicos estraga-prazeres.

Thaler e Sunstein afirmam que seu trabalho é voltado apenas para proteger as pessoas de seus próprios erros. Como as falhas são previsíveis, devido a preconceitos naturais, por que não estruturar as escolhas de uma maneira que leve o consumidor/cidadão a escolher as boas opções em vez das ruins? Thaler e Sunstein apostam alto na ausência de coerção. Enquanto admitem o uso da arquitetura da escolha para aumentar a probabilidade de certos resultados, eles enfatizam que o consumidor ainda tem uma escolha; ninguém é forçado a nada. É isso o que querem dizer com sua reivindicação grandiosa do paternalismo libertário. Libertário no sentido de que o consumidor tem uma escolha, mas paternal no sentido de que os economistas estão atentos e protegendo você do seu próprio impulso infantil.

Thaler e Sunstein alegam que escolhas de design são inevitáveis; nenhum sistema funciona sem algum design, seja consciente ou aleatório. Não fazer uma escolha de design é uma escolha. Você fica com o projeto escolhido pelo autor, incluindo os resultados de suas tendências. Isso produz um resultado provável, com base nesse design específico. Por que não ser proativo? Por que não identificar resultados desejáveis, projetar a forma ou a interface para incentivar esses resultados e colher os benefícios de melhores escolhas com baixo ou nenhum custo? Isso parece o mais próximo do proverbial "almoço grátis" que a economia tem a oferecer. Ganhos significativos em bem-estar são alcançados sem maiores esforços do que reorganizar algumas caixas em uma inscrição.

A mais conhecida operação da abordagem Thaler-Sunstein é revisar formulários com escolhas de adesão. Por exemplo, o questionário de informação de novos funcionários de uma empresa pode oferecê-lo a chance de aderir ao programa de benefícios daquela firma. O formulário tem uma opção para aquela escolha, se você marcá-la, estará no programa, se não assinalar, não estará. Sinalizar a opção significa optar pelo programa. Pesquisas comportamentais mostram que as pessoas não gostam de preencher formulários e são avessas a marcar opções, independentemente do conteúdo ou dos benefícios da escolha. Muitos novos empregados deixam as opções em branco e não aderem ao programa por causa disso. E se o programa de benefício for um plano de aposentadoria 401(k) que oferece adiamento do pagamento de impostos com base na renda atual, composição diferida de impostos dos lucros do plano e fundos correspondentes aos do empregador? Os arquitetos da escolha imaginam que as pessoas queiram esse tipo de recurso e, por isso, redesenham o documento. O novo questionário informa que você, automaticamente, adere ao programa de benefício *a não ser* que você marque a opção de não aderir. Se você não fizer nada, estará inscrito. Se marcar a opção no formulário, está fora. O resultado é que muitas pessoas aderem ao programa por causa do vício humano contra marcar opções. Com essa simples mudança no design, Thaler e Sunstein podem perfeitamente aumentar bastante a participação no plano. Esse é o incentivo deles. A assistência social cresce porque mais funcionários estão fazendo a escolha "certa", conforme definido por Thaler e Sunstein. Ninguém é forçado a fazer uma escolha em particular. Todos têm a informação completa sobre as consequências de suas escolhas. A coerção não existe e os custos para mudar o documento são pequenos (o maior gasto está, provavelmente, nas taxas de consultoria que os arquitetos de escolhas ganham para fazer essas recomendações e, ainda assim, esse custo é trivial quando dividido por milhares ou milhões de inscrições).

O que há de errado com essa abordagem esclarecida, de baixo custo e não coercitiva do comportamento humano? Quase tudo.

O primeiro problema é que o método Thaler-Sunstein procura substituir uma solução mais antiga do viés comportamental chamada de aprendizado. Humanos têm uma enorme capacidade de aprender com base na imitação, imaginação e na dura técnica de aprender com seus erros. Quando eu era um jovem motorista, no final dos anos 1960, certa vez saí do carro, fechei a porta atrás de mim e larguei as luzes acesas. Quando retornei, a bateria estava arriada por causa do descarregamento provocado pelas luzes. Eu não tinha dinheiro e nem seguro de emergência. O que se seguiu foi uma verdadeira provação. Andei até um telefone público para ligar para o meu pai (não haviam celulares naquela época), ele chegou com um conjunto de cabos, nós abrimos o capô dos dois carros (o dele e o meu), conectamos o carro e demos uma carga em minha bateria. Então, cada um seguiu seu caminho. O ponto é que nunca mais deixei as luzes do carro acesas por acidente. Tranquei as chaves dentro do carro por diversas vezes. Era uma situação mais desafiadora do que uma bateria descarregada porque tinha que ligar para a polícia ou para algum chaveiro para abrir o carro, usando as mesmas técnicas e ferramentas de um ladrão. E, de novo, aprendi a lição. Hoje, não preciso de um sinal sonoro para me lembrar do que preciso fazer quando saio do meu carro.

É importante ressaltar que as lições sobre bateria descarregada e portas trancadas foram levadas para outras situações. Com o tempo, aprendi a parar e pensar antes de fazer movimentos bruscos.

Uma pequena pausa antes de uma ação impensada é inestimável. Ao escalar montanhas usando cordas fixas, há um momento em que uma corda termina e a outra começa, com ambas presas à montanha usando parafusos para gelo ou outros pontos fixos. O escalador é preso à primeira corda por meio de um sistema de cintas, mosquetões e arneses. Para passar de uma corda à outra, a técnica é prender a segunda corda, usando um outro mosquetão, antes de soltar a primeira. É tão fácil quanto reverter a técnica, desprendendo da primeira corda antes de prender à seguinte, com uma importante diferença. Quando você desprende a primeira, está momentaneamente solto de qualquer corda, até que se prenda à segunda. Se você escorregar ou for atingido por uma rajada de vento naquele momento, perdendo o equilíbrio, o resultado pode ser fatal. Alpinistas experientes aprendem a se mover lentamente e pensar com calma nessas situações. Ainda bem que Thaler e Sunstein ainda não adotaram uma arquitetura da escolha para montanhistas a 60 mil metros de altura. Na vida, alguns erros percorrem um longo caminho. Depois de ter sido impulsivo a algum custo, você aprende a ser menos impulsivo no futuro. Foi assim que os hominídeos sobreviveram a 3 milhões de anos de evolução para se tornarem professores universitários. Os esforços de Thaler e Sunstein para substituir o doloroso aprendizado com cutucadas leves nos fez dar um passo atrás. Eles preferem autômatos à autonomia. A experiência ensina melhor.

A segunda deficiência na abordagem Thaler-Sunstein é a de que os efeitos das cutucadas não são duradouros. Ambos ignoram outro aspecto da natureza humana: comportamento adaptativo e a habilidade das pessoas de ignorar seus incentivos após algumas interações.

Este é o caso com meu Audi. Pode ter havido um tempo, pouco depois de eu comprar o carro, em 2008, quando levei um minuto para descobrir o que os bipes estavam me dizendo. Nesse caso, tirei isso do meu cérebro rapidamente. O alerta começava. Cinto de segurança? Luzes? Motor ligado? Porta aberta com o motor ligado? Chaves esquecidas no carro? Não fazia ideia. Estou insensível a cutucadas; a única coisa que sei é que esse barulho incomoda. Fico aliviado quando eles finalmente acabam.

Pessoas acostumadas a viajar de avião estão familiarizadas com esse fenômeno, pois são inundadas com avisos de áudio e vídeo do momento em que entram no terminal até a hora em que pousam em seu destino.

"Tire seu laptop da bolsa."

"Tire seu cinto e seus sapatos."

"Se você vir alguma coisa, diga."

"Esvazie seus bolsos."

Uma vez no avião, o bombardeio continua. Alguém realmente assiste esses vídeos engraçadinhos de segurança? (Eles são engraçadinhos porque os passageiros se cansaram há muito tempo das versões caretas). A reação de um passageiro ao sinal de apertar o cinto em voo é opcional, ou seja, "faço se quiser". O único aviso ao qual os passageiros prestam atenção é o da campainha final, que diz que eles já podem sair do assento. E isso é mais um incentivo às avessas, porque eles já estão prontos para levantarem e o fariam mais cedo não fosse o sinal sonoro.

Os avisos, pedidos e cutucadas nos monitores e aviões podem ter servido a algum objetivo em algum momento, mas isso já não afeta os passageiros frequentes faz tempo. Não está claro por que uma silenciosa demonstração de vídeo perto de pontos de verificação de segurança não serviria tão bem para os passageiros de primeira viagem. Mas a resposta dos passageiros a esse estímulo passou rapidamente do cumprimento com má vontade, passando pela frieza e total insensibilidade. O comportamento adaptativo supera o efeito do incentivo ao longo do tempo.

A terceira falha no conceito de Thaler-Sunstein é sobre os custos de incentivo serem baixos — eles não são. O gasto para mudar a escolha em uma simples ficha de inscrição pode ser trivial. O custo marginal de fabricação de um sinal sonoro para o meu carro, para mim, é zero. No entanto, mesmo os gastos triviais aumentam quando replicados em milhares de aplicações impostas a pessoas ocupadas. Um relatório prático deve considerar o peso de impor milhares de incentivos por semana a indivíduos ocupados, apenas tentando sobreviver a mais um dia.

Um despertador é mais do que um empurrão; parece mais um balde de água gelada no rosto, mas essa é a forma como começamos nossos dias. Você faz café e a máquina emite um som quando ele está pronto — como se não percebesse, pelo aroma. Você se conecta ao computador e um aviso aparece perguntando se quer atualizar seus programas, mesmo sem pedir. O alerta recusa um "não" como resposta; essa não é uma das opções. Você pode dizer "sim" e, neste caso, terá que religar o computador que acabou de ligar, ou dizer "lembre-me mais tarde hoje" ou "lembre-me amanhã". Você pode escolher uma opção ou a outra, mas ambas são mentiras porque você realmente não quer ser lembrado. Tudo o que quer é que te deixem em paz para ler as notícias ou checar seus e-mails.

Os avisos estão apenas esquentando. Na estação de trem, você é alertado para "aguardar atrás da linha", ter cuidado "com o vão entre o trem e a plataforma" e "com as portas automáticas". Se você optar por dirigir a pegar o trem, encontrará avisos luminosos na estrada indicando, em vermelho, que sua velocidade está acima da permitida e mostrando o aviso de "DEVAGAR" se você está um quilômetro acima do limite, mudando para um alerta em verde oferecendo um caloroso "OBRIGADO" se diminuir a velocidade.

Há mais na proliferação de avisos do que apenas aborrecimento. Em um hospital, o sistema de prescrição digital enviou tantos avisos projetados para reduzir os erros de medicação que a equipe aprendeu a ignorá-los. Isso resultou em mais dosagens incorretas do que quando a equipe confiava em seu próprio treinamento e julgamento. Em um caso descrito pelo Dr. Bob Wachter, da Universidade da Califórnia em São Francisco, um médico inseriu uma informação errada sobre um paciente adolescente em um robô de medicação. A máquina logo emitiu um aviso, "mas o doutor o desligou porque alertas desnecessários apareciam na tela o tempo todo". O robô, então, dispensou 38,5 vezes a dosagem pretendida, que foram entregues a uma enfermeira. Em seguida, um sistema de backup de código de barras emitiu um alerta para a enfermeira, dizendo que aquela medicação era a correta para o paciente, mas que existiam dúvidas sobre a dosagem. O paciente quase morreu.

A arquitetura da escolha está se aproximando rapidamente do ponto de ir além do totalitarismo. Em julho de 2018, a Argentina promulgou uma lei tornando todos os 44 milhões de cidadãos do país doadores de órgãos involuntários. Como Thaler recomendaria sem sombra de dúvida, há uma opção de não aderir, mas dependeria de um ato afirmativo. Quem garante que o burocrata do governo que recebe essa informação a registra corretamente, ou se esse registro está prontamente disponível quando necessário? As declarações de óbito não são tão simples e secas, como imaginado pela maioria. A tentação de pegar órgãos vitais em casos de vida ou morte é forte. Graças à arquitetura da escolha, o poder estatal agora pode, literalmente, arrancar seus pulmões sem seu consentimento. Essa é uma bela de uma cutucada.

As cutucadas nunca param. Seja ela online ou na vida real, a enxurrada de cutucadas em áudio, vídeo ou formatos digitais nos inunda como uma palavra interminável para os sábios. Aprendemos a ignorar, mas o custo da dissonância cognitiva é alto; não é exatamente o "almoço grátis" pensado por Thaler e Sunstein.

Ir além dessas objeções singulares é a fraqueza essencial da arquitetura da escolha — as ideias de que Thaler e Sunstein são mais inteligentes que você e identificaram corretamente a escolha certa de cada design. Thaler, Sunstein e seus semelhantes baseiam essa crença em suas pontuações mais altas de QI, nível educacional e credenciais acadêmicas. Essa suposta superioridade intelectual empodera os economistas comportamentais a indicar vários cursos de conduta "corretos" para nós e a incrementar essas indicações com estímulos adotados por instituições que fazem a interação com o público.

A evidência para essa presunção está totalmente ausente. Em resultados binários, os economistas têm piores registros de previsão do que suposições aleatórias produzidas por macacos, graças a modelos deficientes, comportamento de manada e o medo de perder o status profissional devido a previsões fora de consenso (uma previsão incorreta, porém dentro do consenso, é sempre aceitável porque "todos pensaram a mesma coisa").

Há mais na capacidade analítica alarmante dos economistas do que comportamento de manada e interesse próprio. Os modelos econômicos predominantes não têm relação com a dinâmica real do mercado de capitais ou sistemas econômicos. Exemplos dessa discordância incluem a Curva de Phillips, a suposta relação inversa entre emprego e inflação, que não encontra suporte prático. Como visto, o período de 1960 a 1965 teve pouco desemprego e baixa inflação. Entre 1965 a 1968, houve pouco desemprego e inflação alta. O período de 1977 a 1981 registrou alto desemprego e inflação alta. Entre 2008 a 2013, houve alto desemprego e baixa inflação. Em resumo, não há uma relação casual entre emprego e inflação, mas os economistas insistem em usar a Curva de Phillips para guiar a política monetária, com resultados grotescos, incluindo uma taxa de alavancagem de 120:1 no balanço do Federal Reserve. Outro mito sustentado por economistas é o valor em risco (VaR, em inglês). Esse é o modelo de gerenciamento de risco primário usado por bancos e reguladores. O VaR pressupõe que a distribuição do grau de eventos de risco seja normal (curva de sino), que exista uma taxa livre de riscos (títulos do tesouro em curto prazo), que os mercados são eficientes e que o preço esteja em movimentação constante em resposta às notícias. Nenhuma dessas suposições é verdadeira. A distribuição de grau dos eventos de risco é uma curva de poder, não uma curva de sino. Os títulos do tesouro não estão livres de risco, como revelam recentes rebaixamentos de crédito do governo dos Estados Unidos e os debates sobre o teto da dívida. O mercado age de forma irracional e a diferença nos preços sobe e desce violentamente, sem espaço para comprar ou vender quando o mercado reage a esses choques. O VaR é uma ciência falsa, mesmo assim comanda a escalada dos riscos. O exemplo mais notável de ciência falsa na economia é o amplo uso de modelos dinâmicos estocásticos de equilíbrio geral (DSGE, em inglês), para previsão econômica e formulação de política. O nome já revela: o mercado de capitais não é um sistema equilibrado, e sim complexo. Isso explica por que profissionais de previsão econômica não apenas estão errados com frequência, como estão direcional e persistentemente errados também, além de errados por ordem de magnitude. Com esse registro de modelo como cartão de visita, por que os cidadãos comuns deveriam aceitar a arquitetura da escolha dos economistas?

Por sua vez, os economistas não se envergonham. Como visto, os mais proclamados sucessos de arquitetos da escolha, como Thaler e Sunstein, devem-se à capacidade de manipular funcionários para se inscreverem em planos de aposentadoria 401(k). Isso foi feito simplesmente mudando as opções dos novos empregados de marcar "sim" para assinalar "não".

Antes da arquitetura da escolha, um típico formulário de novos funcionários incluiria a pergunta da seguinte forma:

*Nossa empresa oferece um plano de poupança 401(k). (Favor ver documento em anexo para mais detalhes).*

*Favor marcar esta opção se você deseja participar.*

Esse é um exemplo de cláusula para marcar "sim", porque os funcionários têm que agir de forma afirmativa para aderir ao plano. Arquitetos da escolha redesenharam o formulário, que ficou assim:

*Esta empresa oferece um plano de poupança 401(k). (Favor ver documento em anexo para mais detalhes). Você foi, automaticamente, inserido neste plano.*

*Favor marcar esta opção se você não deseja participar.*

Esse é um exemplo de cláusula para marcar "não", porque os funcionários têm que agir de forma afirmativa para não aderir ao plano.

A redação alterada é sutil, mas poderosa. Em *Nudge*, Thaler e Sunstein dão exemplos de planos 401(k) em que a adesão inicial dos funcionários saltou de 20% para 90% após a mudança de "aderir" para "não aderir". Os dois autores se orgulham do fato de que os incentivos ainda deixam os indivíduos livres para escolher. Isso é errado porque os resultados agregados são altamente previsíveis, mesmo que casos individuais tecnicamente permitam a escolha. Thaler e Sunstein buscam tendências pessoais para produzir resultados que lhes agradem. Os autores não podem simplesmente fugir da responsabilidade do resultado, escondendo-se atrás da escolha.

Um exemplo do mundo real mostra por que as escolhas dos economistas não devem necessariamente ser confiáveis. Pense que dois funcionários, Sue e Joe, ambos com 53 anos de idade, vão trabalhar para duas empresas com sede adjacente em uma cidade de médio porte, com salários idênticos de US$200 mil por ano. Ambos são casados e apresentam suas declarações de imposto de renda conjunta com seus cônjuges. Ambas as empresas onde eles trabalham oferecem o plano 401(k). Sue e Joe foram contratados no último dia útil de dezembro de 1999 e preencheram toda a papelada de admissão naquele dia. A empresa de Sue usa o método onde consta a opção de aderir ao plano no formulário; a de Joe, por sua vez, utiliza o método de não aderir. Sue não marcou para optar e, por isso, não aderiu ao plano; Joe não marcou para não optar e, por isso, aderiu ao plano. Esses são resultados previsíveis, de acordo com psicólogos comportamentais, e desejáveis, de acordo com arquitetos da escolha.

Tanto Sue quanto Joe recebem um bônus de desempenho discricionário de US$10 mil no primeiro dia útil de cada ano; a contribuição máxima de funcionário que Joe pode fazer é de US$10 mil, por conta de seu plano. Já Sue recebe seus US$10 mil, paga os impostos na casa de 21% sobre esse valor e investe o restante (US$7.900). Joe também recebe US$10 mil no primeiro dia útil do ano, mas tudo entra no seu plano 401(k), diferido de impostos. Joe não paga impostos até retirar o dinheiro por conta de rescisão ou aposentadoria. Sue resolve investir seu bônus em barras de ouro físicas, mantidas em um cofre fora de um banco. Joe investe em um fundo de ações, vinculado ao índice Dow Jones. Além das flutuações normais de mercado, o investimento de Joe paga 2% em dividendos, que foram reinvestidos e acrescidos de diferimento de impostos.

No último dia útil de dezembro de 2017, Sue e Joe se aposentaram, com 71 anos de idade, após 18 anos de serviço. Sue não tem um plano de aposentadoria, uma vez que nunca aderiu. Ela vende seu ouro e paga 28% de taxas sobre ganhos de capital, no imposto especial aplicado pelo IRS a itens colecionáveis. Joe faz um saque único de seu plano e paga seus impostos a taxas normais sobre a renda diferida anteriormente. Com o dinheiro em mãos, Sue e Joe se aposentam com uma importante diferença: Sue tem mais dinheiro.

Nesse exemplo, o saldo da conta de Sue ao final de 2017 é de US$265.725, enquanto Joe tem US$265.713. É uma pequena diferença, mas Sue venceu.

Em certos casos até mais extremos do que esse explicado, Thaler e Sunstein descrevem a decisão de não aderir a um plano econômico em uma empresa como "insensato, sem dúvida" e perguntam, com relação a um caso mais típico, "como podemos incentivar estas pessoas a aderirem mais rápido?". O que a dupla não questiona é se a arquitetura da escolha produz melhores resultados no mundo real.

Há muito o que se analisar nesse exemplo. O preço do ouro em dólar era quase o menor em 25 anos, em 1999, dando a Sue um ponto de partida mais atraente e uma vantagem sobre Joe. Ainda assim, o ouro sofreu sua pior queda na história entre 2011 e 2015, quando 50% dos ganhos de 1999 a 2011 foram perdidos. Sue investiu dinheiro após pagar impostos, enquanto Joe aplicou mais antes do desconto de tributos. Joe tinha um dividendo diferido de impostos de 2%, enquanto o ouro de Sue não rendia. E Joe desfrutou de um dos maiores períodos de alta da história, de 2009 a 2017, incluindo os maravilhosos anos de 2013 (com lucro de 26,5%) e 2017 (ganho de 25,08%). No geral, Sue enfrentou grandes tormentas, uma das razões pelas quais Thaler e Sunstein incentivam os funcionários a aderirem ao programa 401(k).

Mesmo assim, Sue venceu a corrida.

Algumas das diferenças entre Sue e Joe se deram por conta dos impostos. Antes da venda, o ouro de Sue valia US$313.762, enquanto o saldo pré-distribuído de Joe em seu 401(k) era de US$408.957. No entanto, a distribuição para Joe é obrigatória e os impostos, inevitáveis. Joe não precisou fazer uma distribuição de montante fixo; ele podia fazer distribuições anuais menores, ao longo do tempo. Isso é verdade, mas Sue não precisava vender o ouro. Ela poderia mantê-lo indefinidamente e não pagar impostos, enquanto Joe encarava suas distribuições obrigatórias e impostos todos os anos. Essa comparação também é artificialmente restringida, colocando Sue com 100% em ouro e Joe, com 100% em ações. Se Sue tivesse investido 50% em ouro e 50% em ações, seus retornos ultrapassariam muito os de Joe, mesmo sem o benefício do imposto diferido do 401(k). Em uma carteira dividida em 50–50, Sue poderia ter criado seu próprio diferimento de impostos, simplesmente não vendendo suas ações até o final de 2017 e pagando a menor taxa de impostos sobre ganhos de capital, contra a taxa normal de imposto de renda de Joe. Da mesma forma, se Joe tivesse investido 60% em ações e 40% em um fundo de mercado monetário, seu lucro teria diminuído bastante e, novamente, Sue dominaria a competição novamente.

Há um conjunto enorme de exemplos Sue x Joe que poderia ser criado, com variação na data de início, data de término, impostos e taxas de retorno. Sue ganharia algumas, e Joe, outras. Mas essa não é a questão, e sim que é falsa a escolha de um arquiteto de que a suposição, *a priori*, de que o plano 401(k) produz resultados superiores, e que os funcionários devem ser levados a escolhê-lo. Thaler e Sunstein nunca teriam construído um exemplo como o anterior porque seu treinamento e mentalidade não admitem o ouro como um ativo a se investir. Entretanto Sue não é "insensata, sem dúvida", como os autores sugerem, apesar de ambos parecerem ser arrogantes na mesma medida ao afirmarem isso.

Além dessas deficiências óbvias na arquitetura da escolha (tendência contra aprendizado, impacto dissipador, custos ocultos de incentivos excessivos, comportamento adaptativo adverso em resposta aos incentivos e falsas suposições sobre escolhas superiores), o projeto do estímulo possui uma enorme ironia oculta. Thaler e Sunstein começam seu livro desdenhando do modelo de pessoas que tomam decisões eficientes guiadas por expectativas racionais, o chamado *homo economicus*. A dupla passa por uma série de preconceitos comportamentais confirmados por experimentação, incluindo aversão ao risco, tendência de confirmação e viés contemporâneo, que mostram que a tomada de decisões dos indivíduos é "irracional". Então, apresentam o campo da arquitetura da escolha, que cria armadilhas especialmente projetadas para impulsionar o comportamento rumo a decisões eficientes, guiadas por expectativas racionais, exatamente aquilo que eles desdenhavam. A afeição de Thaler e Sunstein pelo *homo economicus* é perceptível. Se ele não existe no mundo real, eles vão trazê-lo à existência, como os *Frankensteins* dos dias de hoje. Eles não vêm para enterrar o *homo economicus*, mas buscá-lo do mundo dos mortos.

O que Thaler e Sunstein não compreendem é que o que eles consideram comportamento irracional é uma adaptação altamente evoluída, bem adequada à sobrevivência em circunstâncias estressantes. Como no experimento clássico observado anteriormente, no qual é oferecido a um sujeito US$3 com chance de receber 100% (o valor esperado, US$3) ou US$4 com chance de receber 80% (US$3,20), a maioria escolhe a primeira opção, mesmo que a segunda seja mais rentável. Isso é considerado irracional pelos psicólogos comportamentais. Mesmo assim, é completamente racional. Em uma situação de sobrevivência na Era do Gelo (onde algumas dessas tendências evoluíram), o custo de não receber um "pagamento" pode ser a morte por fome ou hipotermia. Aceitar o menor valor esperado, com certeza, era um preço baixo a ser pago para evitar um resultado incerto, que poderia ser mortal. A diferença entre os valores mais alto e mais baixo esperados é, efetivamente, um seguro que o sujeito paga para evitar uma perda catastrófica. O *homo economicus* não existe e tampouco há grupos de preconceitos que precisam ser administrados por arquitetos da escolha. As pessoas sabem o que é melhor para elas sem incentivos. Vícios e mau comportamento sempre existirão, não importa quantos formulários Thaler e Sunstein projetem. As chaves para melhores resultados são: melhor educação e mais informações, e não manipulação e modificação comportamental.

A dificuldade é que Thaler e Sunstein trazem seus próprios pontos de vista e crenças irracionais para a mesa. Eles são tendenciosos a favor dos planos de poupança de funcionários, apesar das altas taxas de distribuição; são favoráveis ao investimento em ações, a despeito das quebras de mercado, de 30% ou mais; são contra o investimento em ouro, apesar de séculos de bons desempenhos na manutenção da riqueza; são contra o tabaco, apesar de gênios da música, bailarinos e pintores que fumavam dois maços de cigarro por dia e criavam belezas eternas em suas artes; são contrários à crença de que o futuro se assemelha ao passado recente. Eles acreditam que habilidades profundas de sobrevivência são anacrônicas, apesar das evidências de colapso da civilização que vão desde a Idade do Bronze e do Império Romano até os distúrbios raciais de Watts e o furacão Katrina. O maior preconceito deles é pensarem que são mais espertos que você, eu e todo o resto, mas não são. Arquitetos da escolha deviam se confinar no meio acadêmico e deixar todos nós em paz.

## Bad Ragaz

A Suíça aparece no mapa como um retângulo irregular, com a parte horizontal maior que a vertical. No canto inferior esquerdo está Genebra, o portal para a França. Na parte inferior à direita, Lugano, o caminho para a Itália. Na parte superior à esquerda, está Zurique, uma janela na Alemanha. No canto superior direito não há nada, exceto os altos picos dos Alpes suíços e aldeias aconchegantes entre eles. É ali que você vai encontrar Davos, casa da elite do Fórum Econômico Mundial. Não muito longe está St. Moritz, o clássico e ainda seleto resort de esqui. Menos conhecida e mais distante das grandes cidades e locais badalados está Bad Ragaz, uma cidade alpina por excelência no cantão suíço de St. Gallen.

"Bad" significa "fonte" ou "banho" em alemão, uma referência às fontes termais naturais que fizeram de Bad Ragaz um excelente destino por séculos. Ela é pequena: 6 mil almas espalhadas por aproximadamente 17 mil quilômetros, entre os altos picos dos Alpes Graubünden e a cinco quilômetros de distância da fronteira com Lichtenstein.

Estive em Bad Ragaz em 10 de março de 2016, participando de um painel em um encontro sobre investimento privado para um pequeno grupo dos maiores gestores de ativos do mundo. O evento de dois dias foi realizado no ultraluxuoso Grand Resort, que oferecia fontes termais privativas, um spa para relaxamento e até um serviço de transporte para esquiar nas proximidades, para aqueles fãs de atividades ao ar livre. O tema da conferência foi "Como o Euro vai acabar?" A conferência ocorreu após a crise da dívida soberana europeia de 2010 a 2015, quando a opinião da elite estava certa de que o euro estava caminhando para uma recessão. Grécia, Espanha, Irlanda e Portugal foram solicitados a deixar a zona do Euro, ou seriam expulsos. A Itália não estava muito atrás. Minhas ideias apresentadas aos especialistas diziam que o Euro não estava se enfraquecendo, estava forte e se fortalecendo. E que cada vez mais nações seriam adicionadas à zona do Euro e nenhuma sairia. Essa era a mesma análise que vinha apresentando desde 2010, principalmente para escárnio da elite. No entanto, minha análise se mostrou válida em 2010, 2016 e é verdadeira até hoje.

Uma das vantagens de dar palestras é ir de um local luxuoso para o outro. O Grand Resort de Bad Ragaz fez bem o seu papel nesse sentido. Outra vantagem é poder passar tempo com os outros palestrantes. O tempo durante as refeições ou fora do palanque oferece a oportunidade de conversar informalmente com renomados especialistas de diversas áreas. Em Bad Ragaz, tive a oportunidade de conversar em particular com Dan Ariely, o mais renomado psicólogo comportamental do mundo após o vencedor do Prêmio Nobel, Daniel Kahneman. Nosso encontro foi uma oportunidade para que explorasse aspectos da arte da manipulação comportamental de Thaler e Sunstein, que me incomoda desde a primeira vez que os encontrei.

Ariely é norte-americano de nascimento, e se mudou com sua família para Israel aos 3 anos de idade. Viveu em Ramat Hasharon, na costa central de Israel, ao norte de Tel Aviv. Ariely cursou a Universidade de Tel Aviv, formando-se em psicologia, com concentração em física e matemática. Depois, obteve o PhD em psicologia cognitiva por Duke, nos EUA, e um doutorado em administração de empresas, pela mesma universidade. O segundo PhD veio graças à insistência do mentor de Ariely, Daniel Kahneman, porque facilitaria a aplicação das suas ideias comportamentais nos campos da economia e dos negócios.

Ainda no ensino médio, Ariely preparava latas para um ritual de iluminação conduzido por ele e seu grupo de jovens, o Hanoar Haoved, quando uma mistura de pólvora e outros produtos químicos explodiu em suas mãos. Ele sofreu queimaduras de terceiro grau em mais de 70% do corpo e precisou ficar indo e vindo a hospitais de Israel durante três anos, para prevenir infecções, fazer enxerto de pele e passar por reabilitação. Ariely ficou parcialmente desfigurado e com algumas deficiências. O acidente aconteceu há 36 anos, mas ele ainda convive com as dores.

Suas terríveis queimaduras e o tratamento a seguir foram a inspiração para alguns dos mais detalhados experimentos em psicologia comportamental já conduzidos. Ariely estava intrigado com o método usado pelas enfermeiras para remover os curativos das vítimas de queimaduras. Muitas pessoas que já tiraram band-aids de pequenos cortes ou queimaduras estão familiarizados com o dilema, mesmo em circunstâncias muito menos dolorosas que as de Ariely. Se uma bandagem é removida rapidamente, a dor é intensa, mesmo que acabe rápido. Se retirada devagar, a dor é reduzida, mas leva mais tempo porque a forma de remoção é lenta. Sacar uma bandagem envolve uma troca entre intensidade e duração da dor que assola o paciente.

Ariely percebeu que a prática padrão de remover um curativo era tirar rápido, aumentando a intensidade da dor, mas terminando o sofrimento rapidamente. Como vítima de queimadura durante muitos anos, ele entendia o dilema das enfermeiras. Mesmo assim, refletia se elas estavam fazendo a escolha racional ou sucumbindo às tendências. Em uma série de estudos no final dos anos 1990 e início dos anos 2000, Ariely e seus colaboradores (incluindo Kahneman) demonstraram que uma remoção lenta e menos dolorosa é, geralmente, melhor para o paciente. A questão é complicada por causa de inúmeros fatores, incluindo repetição, a sequência com outros procedimentos e o controle do paciente (ou a falta dele) sobre essas circunstâncias. Ainda assim, no geral, a remoção lenta e menos dolorosa é melhor, a despeito do fato de prolongar o sofrimento. Acontece que a remoção rápida e intensa é utilizada pelas enfermeiras porque reduz o desconforto com a retirada dos curativos. São as enfermeiras que querem "acabar logo com isso", não os pacientes. Os estudos de Ariely levaram a mudanças nos procedimentos médicos para vítimas de queimaduras em todo o mundo.

A abordagem ética de Ariely à psicologia comportamental é diferente do método usado por Thaler e Sunstein. Ele está mais interessado na descoberta pura; quer saber, simplesmente, como as pessoas tomam decisões. Thaler e Sunstein são mais motivados pela necessidade de manipular o comportamento humano, em busca do que eles definem como esclarecimento dos fins. Dito isso, Ariely fez um extenso trabalho sobre a arquitetura da escolha como contratado de empresas e partidos políticos, assim como muitos de seus colegas. Era o trabalho político que queria discutir com ele.

Dado o poder da arquitetura da escolha de afetar resultados, há um escopo óbvio para os políticos usarem as técnicas da psicologia comportamental para influenciar os eleitores a apoiar o seu programa ou rejeitar o do rival. Em vez de induzir os novos funcionários a assinar o 401(k), os arquitetos da escolha podem levar os eleitores a votarem em um candidato e não em outro, ou ficar em casa no dia da eleição, o que poderia significar menos votos para o rival e a vitória ao candidato escolhido, usando truques comportamentais.

Os arquitetos da escolha não ficaram inicialmente preocupados com isso porque as primeiras iniciativas a adotarem a manipulação comportamental foram campanhas como as de Obama à reeleição, em 2012. Uma vez que acadêmicos (incluindo Ariely, Thaler e Sunstein) são geralmente a favor de causas liberais, eles ficaram felizes ao verem o coordenador da campanha de Obama, David Plouffe, usar a velha tática dos republicanos de bater de porta em porta. Plouffe gerenciou a campanha de Obama em 2008 e supervisionou a de 2012 como conselheiro sênior. O uso inteligente de mídias sociais, mensagens de texto, exploração de dados e arquitetura da escolha de Plouffe deixou para trás as técnicas de angariação de votos do conselheiro republicano, Karl Rove. Em 2017, Plouffe se juntou à organização de defesa social do fundador do Facebook, Mark Zuckerberg, para facilitar uma ampla gama de iniciativas tipicamente liberais.

Em 2016, os republicanos não só alcançaram os democratas como os ultrapassaram, como Plouffe havia feito com Rove. Isso aconteceu graças às técnicas avançadas de exploração de dados e tecnologia de mídias sociais oferecidas à campanha de Trump por Robert Mercer, Cambridge Analytica e Brad Parscale, este último escolhido para liderar a corrida de Trump à reeleição em 2020. O próprio conhecimento de mídia do bilionário no Twitter e na TV foi um grande trunfo para uma equipe focada em uma campanha digital. Numa reversão da campanha de 2012, foi a democrata Hillary Clinton quem se ateve à velha tática de inserções na TV e documentos políticos instáveis, enquanto Trump não tinha muita atenção da mídia convencional e fez uma campanha efetiva e de baixo custo no Twitter e no Facebook.

Esse novo alinhamento das forças políticas foi ampliado pela altamente sofisticada intervenção digital russa na campanha de 2016. Não está claro se tal ato foi para ajudar explicitamente Donald Trump ou se para semear o caos e a discórdia no discurso político norte-americano. O que está claro é que os esforços russos foram persuasivos e efetivos. Isso não é de surpreender, já que os russos são mestres propagandistas por mais de um século, primeiro sob a direção comunista (1917–1991) e depois, mais recentemente, sob a direção do ex-agente da KGB e atual presidente, Vladimir Putin. Psicologia comportamental e mídia digital foram meros multiplicadores da bem-executada arte russa da trapaça.

Em 2018, o uso da arquitetura da escolha em plataformas digitais por neofascistas era generalizado. A China implementou o sistema de crédito social, programa aplicado aos seus 1,4 bilhão de cidadãos, apoiado por 600 milhões de câmeras de vigilância, software de reconhecimento facial e um controle quase que total do tráfego de mensagens na internet. Os chineses recebem uma pontuação de crédito social baseado no comportamento bom ou ruim em uma infinidade de categorias, incluindo fumar em público, tuítes, sonegação de impostos, serviços comunitários ou comprar mercadorias nacionais em vez de produtos importados. Cidadãos com baixa pontuação de crédito social têm negado o acesso a serviços do governo como transporte, matrícula em escolas e empregos públicos. Um caso típico é o de Liu Hu, como reportado pela *CBS News*:

> Quando Liu Hu tentou marcar um voo recentemente, foi informado de que estava proibido de voar por fazer parte de uma lista de pessoas não confiáveis. Liu é um jornalista condenado por um tribunal a pedir desculpas públicas por uma série de tuítes que escreveu e, em seguida, foi informado de que suas desculpas não eram sinceras. "Não posso comprar imóveis, meu filho não pode ir para uma escola particular", ele disse. "Você se sente controlado pela 'lista' o tempo todo".

A China lançou o incentivo voluntário derradeiro de Thaler e Sunstein. Você continua livre para fumar lá — só não espere poder voar para qualquer lugar ou ver seus filhos irem para a escola.

Esta foi a minha pergunta para Ariely quando nos conhecemos. Perguntei: "Suas técnicas são potentes. Você é bombardeado com pedidos de clientes para aplicá-las o tempo todo. Como você decide quem são os mocinhos e os bandidos? O que impede você de aplicar técnicas de modificação comportamental para o próximo Hitler?"

Ariely parou e disse: "Essa é uma pergunta que me faço o tempo todo. Meus alunos e colegas também me perguntam. E aqui está a resposta. Quando me oferecem uma quantia para trabalhar para um cliente, eu me pergunto se faria esse trabalho de graça. Se você retirar o dinheiro da equação, será que trabalharia para esse cliente com base em seus valores estarem em sincronia com os meus? Só aceito o trabalho se a resposta for sim.

Ele merece crédito por ao menos tentar criar filtros para usar as poderosas ferramentas da arquitetura da escolha. No entanto, com as premissas de julgamento superior de Thaler e Sunstein, existem muitas falhas no método de filtragem baseado em valores usado por Ariely. A primeira é a suposição de que seus "valores" são universais e invariavelmente corretos. Isso é extremamente improvável. O mais provável no ambiente político, hoje, é que metade das pessoas concorda e a outra metade discorda dele sobre questões importantes de políticas públicas. Isso significa que, sempre que Ariely assume um projeto, ele está "ferrando" metade da população, conforme ele próprio diz. A democracia é um mecanismo imperfeito para alcançar consenso entre visões divergentes. A arquitetura da escolha, baseada em tendências de acadêmicos, não chega nem perto.

O maior problema é que, sejam quais forem as tendências de Ariely, nem todos os especialistas em psicologia comportamental são tão escrupulosos quanto ele. Alguns arquitetos da escolha são mercenários que trabalham para a indústria do tabaco ou grandes bancos de maneira prejudicial à saúde física ou financeira do cidadão comum. Outros especialistas são ideólogos puros, querem prevalecer por uma causa específica, sem levar em consideração dinheiro, ética ou outras restrições. Não há nada de novo nisso. Joseph Goebbels e Leni Riefenstahl usaram o rádio e o cinema para fazer Hitler parecer carismático de um ponto de vista, e um caloroso amigo das crianças e dos animais em outro. O que há de novo é o alcance global do projeto e os custos de distribuição relativamente baixos em comparação com a mídia tradicional. Quando o conteúdo manipulativo é combinado com a busca de dados, a microssegmentação e a distribuição da plataforma digital, o efeito no comportamento é forte e disseminado.

A arquitetura da escolha e outras técnicas de modificação comportamental vão, sem dúvida, sujeitar-se à regulação por acadêmicos e firmas de mídias sociais em um futuro próximo. Isso não será suficiente para evitar abusos por causa das tendências inerentes daqueles que pretendem se autorregular. Algumas vozes serão ouvidas e outras esmagadas, de forma não democrática. A regulamentação governamental também estará presente, algo parcialmente democrático, mas dificilmente eficaz. No fim das contas, os usuários de mídias sociais e os cidadãos que tentam atravessar o labirinto de sinais visuais e sonoros, assim como escolhas artificiais, terão de contar com sua própria educação e bom senso para evitar os nem sempre benignos marionetistas corporativos e de mídia.

Isso traz o debate para a definição de "irracional". A sociedade pode concordar prontamente que o comportamento que é demonstrável e materialmente prejudicial para os outros, direta ou indiretamente através dos canais naturais, ou prejudicial a si mesmo, pode ser considerado irracional em algum sentido. Quando se trata de escolhas que não são obviamente prejudiciais, mas simplesmente abaixo do ideal de acordo com as classificações de consenso ou uma abordagem programática, é necessário mais reflexão antes de separar o supostamente racional do irracional.

A maioria dos aproximadamente duzentos preconceitos que psicólogos comportamentais identificaram representam um tipo de resposta intuitiva ou instintiva à incerteza. Kahneman e Tversky chamaram essas respostas de "heurísticas" — um atalho à tomada de decisões diante da falta de mais tempo ou dados para tomar uma decisão mais fundamentada. Ainda assim, essas heurísticas não vieram do nada. Elas são produto de milhões de anos de evolução, de hominídeos para os homens modernos. Algumas heurísticas podem ser destrutivas e sumir ao longo do tempo, devido à seleção natural. Ainda assim, a ciência da evolução sugere que a maioria dos preconceitos serve a algum propósito na causa da sobrevivência humana. Paleoantropólogos e biólogos se maravilham continuamente com o modo como os humanos sobreviveram sem garras, presas, corpos imensos ou velocidade excepcional em um mundo de predadores. A resposta, é claro, é o cérebro humano que, como sabemos, é um grupo de preconceitos.

Considere as suposições não examinadas por trás da abordagem de Thaler e Sunstein. Eles assumem que o futuro se assemelha ao passado; eles assumem que os mercados permanecerão abertos e líquidos; eles assumem que os governos não recorrerão a políticas confiscatórias para apoiar o poder estatal; assumem que as regras tributárias não serão alteradas retroativamente; eles assumem o bom funcionamento da infraestrutura digital e financeiramente crítica; e assumem a continuação do estado de direito.

Qualquer uma dessas suposições é falsa. A história é cheia de perturbações e idades das trevas. Certa vez, a Bolsa de Nova York ficou meses fechada. A liquidez de mercado está se deteriorando e desapareceu completamente durante certos episódios de queda instantânea. O governo confisca bens o tempo todo, basta perguntar aos proprietários de ouro nos Estados Unidos, em 1933, aos chineses, em 1949, ou aos venezuelanos hoje. Ocasionalmente, as taxas de juros nos Estados Unidos chegam a 90%. Wall Street esteve perto de um colapso total em 1998 e 2008. Porto Rico ficou sem distribuição adequada de energia elétrica por um ano, após a passagem do furacão Maria, em 2017. O estado de direito caiu nos Estados Unidos durante a Guerra Civil, a Primeira Guerra Mundial e em algumas manifestações desde então. Essa é uma pequena amostra de como a complacência de Thaler e Sunstein está equivocada. Períodos de estabilidade social mantida são a exceção, não a regra. Os esforços de Thaler e Sunstein para superar o "preconceito" contra a adesão ao 401(k) consagram sua própria predisposição de que uma sociedade terá amanhã a mesma cara que tem hoje. E esse é o preconceito mais perigoso de todos.

A dificuldade com a psicologia comportamental não está na ciência, mas na aplicação. A ciência pura, exemplificada por Kahneman, Tversky e Ariely não foi bem usada por economistas como Thaler e burocratas como Sunstein. O método de Thaler e Sunstein assume não apenas que o futuro se assemelha com o passado, mas que as pessoas são francamente estúpidas e precisam da altamente instruída ajuda deles, outra proposição discutível.

Uma abordagem melhor à psicologia comportamental aplicada foi oferecida por Samuel Bowles, diretor do Programa de Ciências Comportamentais do Instituto Santa Fé, um centro de excelência da teoria da complexidade. O título do seu livro de 2016, *The Moral Economy: Why Good Incentives Are No Substitute for Good Citizens*, mostra com sinceridade suas próprias tendências nesse debate. Enquanto Bowles é completamente familiarizado com o trabalho de Thaler, Sunstein e outros arquitetos da escolha e concorda que ele tem seu lugar na governança social, ele defende mais liberdade para a escolha verdadeira em detrimento da artificial.

Bowles cita o caso de um grupo de creches infantis que tiveram problemas com os pais buscando seus filhos tarde. Para encorajar a pontualidade dos pais, as creches impuseram uma multa por atraso, um incentivo clássico, mas que falhou. Os atrasos dobraram sob o novo sistema. A razão foi a dicotomia entre motivações altruístas e egoístas. Sem a multa, os pais tinham uma espécie de "código de honra" para chegarem a tempo, fazendo o melhor para respeitar os funcionários da creche e seu próprio senso de dever, apesar de algum atraso. Quando as multas foram impostas, a ação dos pais se tornou puramente contratual. Os custos do incentivo afastaram o senso do dever. Os pais calculavam friamente o valor do seu tempo e escolhiam pagar a multa, em troca de mais flexibilidade em suas agendas. Não havia senso de vergonha por chegar atrasado. A multa dizia que chegar atrasado era só um negócio, mais uma opção econômica racional.

Um método melhor seria desenvolver o senso de dever com lembretes na forma de cartazes e folhetos. Incentivos como "pai do mês" para os mais pontuais poderiam criar uma competição amigável e um desempenho melhor, sem coerção e manipulação. Documentos comportamentais com informação não são empurrões, e sim instrumentos educacionais. Esses incentivos não ocultos atendem aos nossos melhores instintos, não aos piores.

A psicologia comportamental tem um papel amplo e benéfico a desempenhar na ciência econômica. Tendências claras podem ajudar as pessoas a tomarem decisões em benefício de seus próprios interesses. Para chegar lá, é preciso usar a educação. Quando ela entra no campo da doutrinação por meio de "cutucadas" inventadas por estudiosos condescendentes que, supostamente, sabem o que é melhor (mas não sabem), estamos no caminho do despotismo com final feliz.

## Segredo de Investimento #3: Cuidado com a mão oculta da manipulação comportamental. Atenção aos incentivos.

Investidores precisam melhorar sua percepção situacional da manipulação por arquitetos da escolha. Somente quando você vir através da engenharia social por trás das opções financeiras apresentadas, poderá repelir os preconceitos do engenheiro e agir de acordo com os seus próprios interesses.

Antes de poder combater a manipulação tendenciosa dos arquitetos da escolha, você deve entender seus próprios preconceitos. Em geral, as pessoas não gostam de preencher formulários ou marcar opções, independentemente do conteúdo da ficha ou da pergunta que está sendo feita. Arquitetos da escolha usam essa tendência para criar um caminho de menor resistência em aplicações que levem o indivíduo a um resultado escolhido pelo arquiteto da escolha e por seu contratante. Os investidores devem mobilizar a paciência como antídoto para a suposição do arquiteto da escolha de que você não a tem. Quando ler perguntas em um formulário, pare, pense um minuto e pergunte a si mesmo se há alguma coisa escondida ali. Uma opção financeira já foi feita para você (com uma opção separada de não adesão)? Questione a si mesmo se aquele design é intencional, para que você siga o caminho escolhido pelo promotor do plano. Pergunte se o caminho mais difícil (marcar a opção de não aderir) é melhor para você, permitindo mais opções e grau de liberdade na construção de uma carteira de investimentos que preserve seu patrimônio. É importante entender que o 401(k) e outros planos semelhantes da lei tributária norte-americana não foram concebidos cordialmente pelo Congresso, mas foram fortemente pressionadas por Wall Street como uma maneira de aumentar os ativos administrados e aumentar o preço das ações. Antes de se associar à lista dos desejos de Wall Street, pense em si próprio.

As pessoas também precisam considerar os preconceitos dos arquitetos da escolha. Esses mestres da manipulação estão seguindo ordens das corporações que os contrataram ou estão tentando implementar sua própria visão de como o mercado e a economia funcionam. Uma longa série de catástrofes de mercado começou em 1987 (queda de 22% em um dia), seguindo com as de 1994 (México), 1997 (Ásia), 1998 (Rússia e o fundo Long-Term Capital Management), 2000 (pontocom), 2007 (hipotecas) e 2008 (Lehman e AIG), desmentem a ideia de mercados racionais e eficientes. Os esforços dos arquitetos da escolha para incentivar as pessoas às opções ditas racionais são uma armadilha para os desinformados. Não existem mercados racionais.

Não há nada seguro em investir. Ações, títulos, moedas e commodities perdem valor com muita frequência. Quando um mercado cai, Wall Street ainda vence, com suas taxas de cobertura, comissões e *spreads*. Quem perde são os clientes. Você pode nivelar o campo de atuação reduzindo sua cota para produtos promovidos pela indústria financeira (e seus arquitetos da escolha) e alocando maiores recursos em alternativas menos tradicionais. Investimentos em geradores de renda como imóveis, recursos naturais e obras de arte, além de outras classes de ativos geralmente não disponíveis no 401(k), são uma excelente maneira de preservar patrimônio, diversificar o risco e escapar dos projetos de engenheiros sociais. Se você optar pela velha compra e manutenção, o diferimento de imposto acontece automaticamente, mesmo sem o sempre elogiado abrigo de imposto do 401(k).

Outra armadilha deixada pelos arquitetos da escolha é a visão de "tudo ou nada" quando se escolhe o 401(k). Eles estão tão certos de que suas escolhas são as perfeitas para você, que criam formulários de inscrição para orientar os investidores em direção à participação máxima — e essa, não necessariamente, é a melhor escolha. Se um plano 401(k) tiver taxas de participação opcionais de 5%, 10% e 15% da renda bruta (sujeita ao teto), você não precisa escolher a de 15%. Você pode optar por um montante menor (digamos, 10%), o que deixa uma receita opcional para investir fora da bolha do 401(k) dos fundos patrocinados por Wall Street. Em uma futura crise, como as descritas neste livro, esses caminhos alternativos de investimento desprezados pelos arquitetos da escolha podem ser as melhores estratégias de preservação da riqueza.

# CAPÍTULO QUATRO
# A ARMADILHA ALFA

> Se fôssemos todos investidores passivos, não haveria mecanismos para avaliar adequadamente as empresas no mercado com base em seus negócios e, portanto, seria praticamente impossível confiar nos valores para qualquer coisa.
>
> —Gerry Frigon, *"What Would Happen If We Were All Passive Investors?" Forbes* (2018)

## Alfa, Beta... Ômega

Investidores são constantemente alertados: "Você não pode derrotar o mercado". Essa intimidação é, ao mesmo tempo, um pilar da moderna teoria financeira e a campanha de marketing ideal para a indústria de fundos de índices. É claro que essa afirmação está errada; os investidores superam o mercado o tempo todo. E aqueles que vencem não têm apenas sorte, como acadêmicos teriam; eles sabem exatamente o que estão fazendo.

Há duas formas de derrotar o mercado além da pura sorte — informação privilegiada e timing de mercado. Isso foi demonstrado por Robert C. Merton, professor de Harvard e colaborador em dois artigos de referência publicados em 1981 pela Universidade de Chicago. Merton dividiu o Prêmio Nobel de Economia em 1997 por sua contribuição ao método Black-Scholes de precificação de opções. Teria sido mais apropriado se Merton ganhasse o prêmio por seus artigos sobre o timing de mercado. O método Black-Scholes tem sérias deficiências, entre as quais a ideia de um ativo livre de riscos. Em contraste, as ideias de Merton sobre como vencer o mercado são quase perfeitas e resistiram aos desafios do tempo.

A alegação de que os investidores não podem vencer o mercado é uma forma coloquial da hipótese do mercado eficiente (Efficient Market Hyphotesis ou EMH, em inglês), uma teoria mais intimamente associada ao economista Eugene Fama. Essa hipótese, tal qual a maioria dos princípios da teoria financeira moderna, está apenas vagamente relacionada à realidade, mas ainda exerce uma poderosa influência sobre acadêmicos economistas e seus pares em Wall Street. A EMH prega que os mercados são altamente eficientes na incorporação de novas informações aos preços. Se uma empresa informa ganhos decepcionantes, o mercado reduz o preço de suas ações imediatamente, para refletir as novas perspectivas de ganhos. Se uma firma de energia realiza uma grande e inesperada descoberta de petróleo e gás natural, o mercado aumenta o preço das ações daquela empresa imediatamente. Um único investidor, simplesmente, não pode se beneficiar de informações de uma maneira que derrote os outros. Para o bem ou para o mal, todos os investidores estão juntos no mercado e recebem a mesma informação ao mesmo tempo. Um investidor pode ganhar ou perder, e não superar os demais.

As objeções à EMH são muitas para um detalhamento aprofundado aqui; uma visão geral será suficiente. Se os mercados fossem eficientes na incorporação de novas informações, como a teoria requer, não haveria colapsos, pânico, euforias ou bolhas. No entanto, esses eventos acontecem o tempo todo. Em 1987, o Índice Dow Jones caiu 22% em um dia, sem motivo aparente. As crises de liquidez ocorreram em 1994 (México) e 1998 (mercados emergentes), com base em tendências fundamentais claramente visíveis meses antes de cada crise e completamente ignoradas pelos participantes do mercado. Ocorreram bolhas em 1999 (ações pontocom), 2007 (hipotecas subprime) e 2017 (bitcoin), com base na ganância e na ilusão. Não havia nada de eficiente no preço de mercado desses meios. Os psicólogos comportamentais catalogaram mais de 188 vieses cognitivos, desde a disponibilidade heurística até o efeito de soma zero, que induzem a um comportamento irracional em relação ao robô maximizador de riqueza exigido pela EMH. Empiricamente, a teoria da EMH está em pedaços, mesmo que acadêmicos e analistas continuem a usá-la como uma crença fundamental para previsão.

Muito antes da ascensão da economia comportamental nos anos 1990 e das crises ocorridas entre 1987 e 2017, Merton abriu um buraco na solidez da EMH. Sua chave era o uso de informações privilegiadas; ou seja, saber o que o mercado não sabia. Usando informação privilegiada, um investidor poderia comprar antes do pico de preço ou vender antes dos rebaixamentos — um exercício de timing de mercado — e superar facilmente os índices de referência. Informação privilegiada e timing de mercado são duas faces da mesma moeda. Usadas em conjunto, essas duas ferramentas deixam a EMH para trás.

O termo "informação privilegiada" levanta objeções acerca da legalidade e se a negociação individual de tais informações não seria uma forma de trapaça. A sugestão é que a EMH seja válida desde que os atores racionais não violem a lei. A verdade é que quase todo tipo de informação privilegiada é perfeitamente legal. Informação privilegiada é definida como informação relevante não pública. É uma informação importante o suficiente para afetar os preços, ainda não conhecida pelo mercado como um todo. Para ser considerada ilegal, a informação privilegiada precisa ser obtida através da violação de alguma obrigação; é um teste de duas partes.

Se você faz parte da diretoria de uma empresa e foi informado de que há uma oferta de aquisição para ela, é ilegal vender sua participação em ações com base nisso. Como diretor, é seu dever manter tal informação confidencial. Se você usa a informação para obter ganhos pessoais, seria como roubar o patrimônio da firma, é a mesma coisa que roubar um carro pertencente a ela. É claro que tal negociata acontece o tempo todo. Mas, ainda assim, ela é ilegal e algumas pessoas acabam presas. Essa negociação se submete ao teste de duas partes — comprar ou vender títulos, baseado em informação material não publicada, obtida pela violação do dever.

No entanto, a maioria das informações relevantes não públicas não é obtida indevidamente. Normalmente, elas são conseguidas por meio de pesquisa e pertencem ao grupo que as criou. Fundos especulativos usam empresas com satélites privados para obter imagens do estacionamento de grandes lojas, tiradas do espaço. Ao comparar essas fotos em um período de tempo, é possível avaliar se a frequência nesses locais está alta ou baixa (percebendo que há pouco tráfego de pedestres). Se o fundo de investimentos consegue a informação sobre a média das compras por consumidor, média de compradores por carro e margem de vendedores, é possível ainda estimar o faturamento da rede utilizando as imagens de satélite antes de qualquer comunicado público do proprietário. Tal informação é relevante e não pública, mas não foi roubada ou obtida pela violação de um dever. Ela é resultado de uma pesquisa feita pelo grupo dono do satélite, que é totalmente livre para negociá-la e, geralmente, o faz. É perfeitamente legal.

O caso do satélite e muitos outros são exemplos de investidores que usam informações privilegiadas. Comprar os títulos afetados antes do anúncio dos ganhos, quando outras informações públicas foram totalmente incorporadas aos preços, é um exemplo de timing de mercado. O uso da informação privilegiada e do timing de mercado conjuntamente podem levar o investidor a vencer o mercado — outro exemplo de falha na EMH; tal qual Merton escreveu em seus trabalhos acadêmicos de 1981.

A EMH existe nas chamadas formas fraca, semiforte e forte. A forma fraca testa as suas habilidades em vencer o mercado usando somente o histórico de preços e rendimentos. Poucos analistas se restringem a tão poucas informações; pesquisas fora desses limites pequenos podem produzir resultados superiores. A semiforte leva em consideração o histórico de preços e os rendimentos, além de todas as outras informações públicas. Isso estabelece um parâmetro alto para investidores que tentam superar seu desempenho. Já a forma forte inclui todas as informações: históricas, públicas e privadas, incluindo as imagens de satélite citadas anteriormente. Os defensores da teoria da EMH a chamam de forma forte porque ela é quase impossível de ser superada. No entanto, um investidor individual jamais poderia ter todas as informações privadas; isso é o que as faz serem privadas. Seria o mesmo que dizer que a EMH não funciona nas condições do mundo real, mas é perfeita para situações que não existem. Como regra geral, sempre que uma grande teoria é divida em subteorias (fracas, semifortes e/ou fortes), é sinal de que havia algo errado com ela como um todo. Portanto, é seguro descartar a EMH como um guia para o comportamento do mercado.

Só porque é possível vencer o mercado não significa que a maioria dos investidores o fazem — eles não conseguem. Há amplas pesquisas que demonstram que gerentes de ativos não só não conseguem superar os índices de referência, como fazem pior. Esse exemplo é como o cartão de visita da indústria dos fundos de índices. Por que gastar seu dinheiro com gestores, pagar taxas mais altas e ter desempenho abaixo dos padrões populares quando você pode investir em fundos de baixa remuneração, ganhando o retorno de mercado e não se preocupando com detalhes? Como as ações aumentam por longos períodos de tempo, seus investimentos devem render bem, principalmente se você começar a investir trinta anos antes da planejada aposentadoria. Você pode superar as quedas do mercado, obter lucro durante as oscilações e se aposentar naquele barco ou vinhedo que sempre sonhou.

Antes de decidir que o investimento em índices é superior, é importante entender *por que* os dados mostram que o investimento passivo supera o ativo. Se você não compreendeu o porquê, seu palpite no fundo de índice é apenas um tiro no escuro. O mercado de fundos de índice buscará a EMH como explicação, mesmo que não vejamos sentido nela. Mercados não são nada eficientes; a razão está em outro lugar.

Em seguida, o setor de investimentos passivos alegará que seu desempenho superior ocorreu por causa de taxas e despesas mais baixas. Os fundos de índices têm custos mais baixos do que os de ativos. Se você investir com base em um índice de referência popular, como o S&P 500, não precisará de um exército de analistas viajando para as sedes das empresas emissoras. Tudo o que você precisa é de um computador e um sistema automatizado de entrada de pedidos. Ainda assim, taxas mais baixas são responsáveis por uma parcela relativamente pequena do desempenho passivo dos investimentos. Outro fator precisa estar em ação.

Começaremos com a definição de dois termos-chave: alfa e beta. Alfa é a medida de retorno, acima ou abaixo, de um determinado índice. Se seu indicador for o S&P 500 e ele estiver rendendo 10% enquanto o seu investimento tem um retorno de 15%, o alfa neste caso é de +5. Se o retorno for de apenas 5%, o alfa é -5. Um alfa positivo indica que o investimento superou o índice em uma base ajustada ao risco, produzindo um retorno superior.

O beta mede a volatilidade de um investimento relativa a um índice. Se um investimento produz o dobro do rendimento de um índice, teve um beta +2. Se o retorno de um investimento vai na direção oposta de um índice, o beta será negativo. Um investimento com queda duas vezes mais rápido que um índice produz um beta de -2.

Alfa e beta são usados conjuntamente para avaliar o desempenho do portfólio de investimentos em relação ao risco assumido para produzir esse desempenho. Um apostador jogando roleta com seu dinheiro pode facilmente ganhar o dobro apostando no vermelho; se a bolinha parar no vermelho, você ganha a aposta. Logicamente, se a bolinha parar no preto ou no verde, você perde todo o seu dinheiro. Alguns apostadores ganham na roleta, mas a maioria perde. A roleta tem um alfa negativo; o retorno não compensa o risco.

Uma estratégia de investimento passivo — ou de índice — busca um beta de 1 (o retorno corresponde ao desempenho do índice) e um alfa 0 (o rendimento é compatível com o risco). O Santo Graal dos investimentos é ter um alfa positivo e um beta de 1. Isso significa que você aceita o risco e, ainda assim, consegue um retorno acima do mercado. Gestores de índices que conseguem isso atraem mais ativos sob gestão para cobrar taxas de administração. Gestores de fundos de investimento com alfa positivo cobram honorários que permitam a eles obter uma parte da ação caso consigam um desempenho superior.

Um grande problema analítico com o alfa e o beta (e o gerenciamento de risco de portfólio em geral) é a seleção adequada de taxas de referência e o conceito de taxa livre de risco. Se você tem um número de ações dos EUA grande e diversificado, então o S&P 500 pode ser uma ótima opção de referência. Se uma carteira de investimentos é de um setor específico, como em ações do ramo de tecnologia ou companhias de mineração, usar o S&P 500 produzirá uma medida sem sentido de alfa e beta. Da mesma forma, o cálculo do alfa requer o uso de uma taxa de retorno sem riscos, para que o rendimento excessivo atribuído aos talentos do administrador seja isolado. O rendimento dos títulos do Tesouro de um ano é frequentemente usado como taxa livre de risco. No entanto, livre de risco é um nome impróprio. O retorno dos títulos do Tesouro reflete o risco de inflação e um prêmio a prazo por risco de inadimplência ou não pagamento. Esses riscos são pequenos, mas crescentes. Em teoria, a verdadeira taxa livre de risco seria zero se um ativo livre de risco pudesse ser identificado. Aqui, o exemplo que vem à mente é o ouro.

Isso completa a linha da análise. O investimento ativo pode superar o investimento passivo usando a informação privilegiada e o timing de mercado, como descrito por Merton. Os mercados não são eficientes e oferecem amplas oportunidades de desempenho superior ajustado ao risco, medido pelo alfa. Ainda assim, com exceção de poucas lendas como Bruce Kovner e Dave "Davos" Nolan, gestores de ativos não conseguem se destacar dos demais. A razão não tem nada a ver com a EMH ou as taxas, as duas razões frequentemente citadas por investidores passivos para venderem seus produtos. Os dois motivos para um desempenho insuficiente dos gestores de ativos são a psicologia comportamental e um conceito estatístico chamado de *skew* ("inclinação", em português).

## Uma Curva no Rio

Ironicamente, o mesmo fenômeno que faz com que os mercados sejam ineficientes — o viés comportamental — leva gestores de ativos a ter desempenho inferior aos índices de referência. Eles também são seres humanos. Em particular, gestores de ativos estão sujeitos ao viés de confirmação — a tendência a enfatizar informações que confirmam uma tese de investimento e descartar dados que a contradizem. Um viés relativo é a ancoragem — a tendência a ficar conectado a uma tese de investimento que está baseada na memória ou experiência e resiste a se modificar. A ancoragem cria uma inércia, que torna difícil a um gestor de ativos perceber mudanças nas dinâmicas de mercado predominantes ou no ambiente da macropolítica, e adaptar uma estratégia de investimento apropriada.

Existem inúmeros exemplos de gestores de fundos ativos altamente qualificados sucumbindo a tendências comportamentais, muitas vezes devido à falta de diversidade cognitiva na tomada de decisões. Os parceiros da firma Long-Term Capital Management (LTCM), incluindo dois vencedores do Prêmio Nobel e o lendário negociador de renda fixa John Meriwether, triplicaram os fundos dos investidores entre 1994 e 1997, pagando a maior parte dos lucros em US$3 bilhões de dividendos em dinheiro, perdendo em seguida 92% do restante em algumas semanas entre agosto e setembro de 1998. Os sócios da LTCM falharam em detectar uma escassez global de liquidez e uma desalavancagem crescente nas empresas concorrentes. Essas falhas foram exemplos de ancoragem, em um processo de investimento anteriormente bem-sucedido, e do viés de confirmação, ao descartar a evidência de tensões de mercado vindas da Ásia. O bilionário gestor de fundos especulativos Bill Ackman é outro exemplo. Ackman e seus sócios conseguiram retorno acima da média durante os anos 1990 e início dos anos 2000. Entre 2013 e 2018, a Pershing Square, empresa de Ackman, perdeu mais de US$4 bilhões em um desastroso investimento na Valeant Pharmaceuticals e US$1 bilhão a mais em uma pequena fatia na empresa de nutrição Herbalife. O fundo de Ackman perdeu 20,5% em 2015, 13,5% em 2016 e 4% em 2017, conforme aquelas apostas equivocadas caíam. Uma série de vieses cognitivos, incluindo aqueles rotulados como racionalização pós-compra e percepção seletiva, desempenharam um papel importante. Nenhum dos gênios da LTCM ou da Pershing Square se tornou burro de repente. Ainda assim, sucumbiram a vieses comportamentais. De fato, a força de seu viés foi ampliada pelo sucesso anterior, meio que na linha "não posso errar".

Gestores de ativos que produzem alfa por longos períodos de tempo são aqueles que conseguem o melhor trabalho de neutralizar vieses comportamentais. Nas minhas décadas de experiência com fundos especulativos, o melhor gestor que encontrei em termos de dominar o viés foi Bruce Kovner, o lendário fundador da Caxton Associates. Hoje, com um patrimônio líquido superior a US$5 bilhões, Kovner figura como número 108 na lista *Forbes* 400, com os 400 norte-americanos mais ricos, e em 372º lugar no ranking global de bilionários feito pela mesma publicação. De 1983 a 2012, Kovner comandou a Caxton Associates. Caxton teve uma média de 21% ao ano, retornos líquidos durante seu tempo lá. No seu auge, a firma gerenciou US$14 bilhões, mas Kovner tinha a prática de distribuir, periodicamente, bilhões de dólares aos investidores, para reduzir o tamanho da companhia. Isso foi feito para maximizar o retorno em um grupo limitado de investimentos de êxito. Fundos especulativos cobram uma taxa de administração baseada somente no seu tamanho e nas taxas de desempenho baseadas no alfa. Em vários fundos, essa estrutura dupla de taxas cria um conflito de interesses, em que gerentes ganham fortunas com um enorme número de ativos mesmo tendo um desempenho medíocre ou perdendo. Kovner não acreditava no tamanho por si só.

Trabalhei para a Caxton no início dos anos 2000, após viver uma verdadeira montanha-russa na LTCM no final dos anos 1990, e tive muitas interações com Kovner. Apesar de um semblante agradável, Kovner se tornava bem frio quando tratava de riscos de gestão. Ele excluía o viés cognitivo para tomar melhores decisões de investimento do que qualquer pessoa no ramo. Curiosamente, a formação acadêmica de Kovner inclui estudos de música na Juilliard School, uma referência na área de música, dança e dramaturgia localizada em Nova York; ele é um talentoso cravista. Ele encontra ressonância em mercados não baseados nas construções artificiais da matemática quântica.

O método de Kovner era das antigas; não era difícil de entender, mas extremamente complicado de praticar porque o viés cognitivo empurra você à direção oposta. As ideias de comércio começavam com pesquisa fundamental e técnica e o desenvolvimento de uma tese sobre o provável desempenho da transação. Diversas perspectivas eram trazidas à discussão para garantir que nenhum fator crítico foi esquecido. Se a transação fosse aprovada, o negociador devia executá-la, usando mercados futuros sempre que possível, para obter alavancagem e economizar dinheiro. O valor conservado é investido separadamente para melhorar o alfa no comércio.

A chave para o sucesso de Kovner foram os limites rígidos de *stop-loss*, uma das mais antigas e mais eficazes ferramentas de prevenção de riscos. Se a sua negociação gerou perda de dinheiro, você deve encerrá-la, assumir a perda e seguir para o próximo investimento. Os limites de perda variam de acordo com o mercado: podem chegar a apenas 1% em mercados de câmbio e 3% em bolsas de valores e títulos. Para Kovner, uma perda era a maneira de a natureza dizer que você perdeu alguma coisa em sua análise. Se a negociação gerou lucro, você tinha um ponto final, o que significa que a marca de *stop-loss* se movia de acordo com o mercado para garantir que você não perdesse todos os seus rendimentos se as coisas tomassem o caminho inverso. Por exemplo, se você compra ações a US$40 cada, seu limite de *stop-loss* deve ser de US$39 por ação, uma queda de 2,5%. Se o valor da ação sobe a US$50, o *stop-loss* deve ser ajustado para US$47, queda de 6% — mas ainda assim um bom lucro no preço de compra de US$40. Não havia um limite predefinido de quanto uma negociação poderia render, a menos que o custo da oportunidade de juntar dinheiro fosse um problema. No entanto, as estratégias de saída sempre foram levadas em consideração. Esse estilo de negociação é resumido na antiga regra de Chicago: "Deixe seus lucros correrem e reduza suas perdas". Kovner não inventou esse sistema; os limites *stop-loss* para prevenção de perda total estão aí desde a criação dos mercados de transações líquidas. Outros triunfaram usando limites de forma bem-sucedida, entre eles a Commodities Corporation, onde Kovner começou como operador.

O desafio desse estilo de gestão de riscos é que ele contraria quase todos os vieses cognitivos conhecidos. A aversão ao risco diz ao operador para vender um bom negócio muito cedo por conta do medo de perder seu lucro. A ancoragem faz com que ele mantenha um negócio que está dando prejuízo, com base na crença original, mesmo com as perdas se acumulando. O viés confirmativo faz com que os operadores ignorem as informações recebidas que questionem uma tese. Uma série de vieses cognitivos reunidos sob o título de negação, incluindo o "efeito avestruz" (ignorar informações potencialmente ruins a fim de evitar o desconforto psicológico decorrente), racionalização pós-compra e percepção seletiva, fazem com que os operadores ignorem as perdas com base em "não se preocupe, o mercado se recuperará".

Outros vieses fazem com que os operadores comprem garantias depois que a alta dos preços já ocorreu. Esses estão sob os títulos da heurística de disponibilidade e viés de atenção; o operador é atraído por um título porque ele recebe ampla atenção da mídia devido a um bom desempenho recente. Isso, geralmente, leva a um ponto de partida ruim para o profissional. Kovner foi categórico no tópico de pontos de entrada e saída. Ele disse que uma tese de investimento adequada era apenas metade do necessário para se ganhar dinheiro. A outra metade está em conseguir o ponto de partida certo. A combinação de buscar o momento de começar e racionalizar as perdas leva a maioria dos investidores a uma dinâmica de compra e venda garantida de perder dinheiro.

Kovner tinha uma solução simples para essas e outras peculiaridades comportamentais. Ou você seguia suas regras ou seria demitido. Kovner continuou registrando autorizações de negócios em seu próprio nome em arquivo com todos os corretores da Caxton. Um operador pode ter autoridade para comprar ou vender títulos com um corretor, mas assim que as regras fossem quebradas, Kovner poderia ignorá-los e fechar negócio direto com o corretor. Quando o operador descobrisse, já estava a meio caminho da rua.

Alguns operadores perderam dinheiro, seguiram as regras e obedeceram os limites de *stop-loss* ou perdas. Mesmo assim, permaneciam convencidos de que sua tese de negociação era certa. Eles poderiam suplicar a Kovner outra chance de entrar no negócio novamente. Ele reiterava que o operador deveria dar um tempo, escrever uma tese dizendo por que a sua negociação seria lucrativa e, então, reunir-se pessoalmente com ele para discutir um potencial retorno. Na prática, uma boa noite de sono após sair de um negócio que deu errado era o suficiente para convencer o profissional a passar para uma nova ideia.

Kovner e sua "gangue" são raras exceções. Muitos operadores não conseguem superar o viés cognitivo e se tornam vítimas do "compre na alta, venda na baixa" ou da armadilha de venda antecipada por aversão ao risco. Kovner superou o mercado por décadas graças às suas habilidades, não à sorte. Ele é a prova viva de que é possível. Mesmo assim, a maioria dos operadores não é Bruce Kovner. No geral, os investidores ativos não superam os passivos, daí vem o fascínio pela indexação. O viés cognitivo é parte da razão, mas uma parte ainda maior é inclinação.

Nesse contexto, a inclinação se refere ao fato de que uma grande porcentagem do total dos retornos em uma ampla base de índices de ações é atribuída à baixa porcentagem das ações no índice. Para gestores de passivos que compram pelo índice, a inclinação não importa. Eles têm uma mão cheia de grandes ações vencedoras, além de outro número alto de pequenas ganhadoras e perdedoras, que corresponderão exatamente ao retorno do índice; essa é a ideia completa de indexação.

Para gestores ativos, a inclinação pode ser fatal. Se escolher os vencedores, ótimo; você se destacará. Ainda assim, aqueles que constroem suas carteiras de investimentos com base em subconjuntos de componentes de índices sentirão mais a falta das grandes ações vencedoras porque os vencedores são muito poucos. Eles são como uma agulha no palheiro: se cinquenta gerentes pegarem um punhado de feno, apenas um terminará com a agulha; o resto só tem feno.

Não é impossível para todos os gestores ativos encontrar a agulha no palheiro; mas é extremamente improvável, porque ela — a ação premiada — geralmente sobe com base em notícias inesperadas ou choques exógenos que nenhuma quantidade de pesquisa fundamental revelará. Isso nos leva de volta à ênfase dada por Merton acerca da informação privilegiada.

Uma pesquisa recente descreve sucintamente o impacto da inclinação:

> Para ilustrar a ideia, considere um índice de cinco títulos, quatro dos quais... darão um retorno de 10% durante um período relevante, e o outro, 50%. Suponha que gerentes de ativos escolham carteiras de investimento de um ou dois títulos e que eles pesem igualmente cada um. Aqui, há quinze possibilidades de uma ou duas "carteiras" de segurança. Destes quinze, dez darão um retorno de 10%, porque incluirão somente os títulos de 10%. Apenas cinco dos quinze investimentos incluirão o título com lucro de 50%, gerando 30% de retorno se for parte de uma carteira com dois títulos ou 50% se for a única segurança em uma carteira. O rendimento médio para todas as possíveis carteiras gerenciadas ativamente será de 18%, enquanto o portfólio médio de todas as possíveis carteiras de uma ou duas ações gerará um lucro de 10%. O índice igualmente ponderado de todos os cinco títulos gerará um ganho de 18%. Portanto, nesse exemplo, o retorno médio nesse investimento será o mesmo do índice... *mas dois terços das carteiras gerenciadas terão desempenho inferior ao índice, porque omitirão aquele que renderá os 50%* (ênfase adicionada).

Não há forma melhor de ilustrar os efeitos da inclinação do que a modinha das ações FAANG de 2016 a 2018. FAANG é o acrônimo formado por Facebook, Apple, Amazon, Netflix e Google. De 1 de janeiro de 2016 a 1 de março de 2018, as ações da FAANG superaram o S&P 500 em mais de 50%. Essas ações representaram mais de 30% dos ganhos totais do S&P 500 no mesmo período. Um gerente de ativos que possuísse 495 das 500 ações do S&P 500 ou um subconjunto representativo, mas não possuía as cinco ações da FAANG, teria um desempenho inferior em 30% a um gestor de passivos usando o índice S&P 500.

Evidências indicam que gestores de ativos podem triunfar no mercado, mas poucos o fazem por conta de vieses comportamentais e da inclinação. Esses poucos que conseguem triunfar, como Bruce Kovner, tendem a ter altas taxas ou fundos fechados, ou se aposentar cedo para gerenciar investimentos privados, como escritórios familiares. Isso deixa os investidores comuns com poucas opções além de se juntarem à multidão nos fundos de índices. Ainda assim, a marcha zumbi dos investidores para os investimentos passivos criou um conjunto inteiramente novo de perigos, que são pouco compreendidos e provarão serem muito mais destrutivos para a riqueza do que um desempenho inferior de um gestor de ativos. Na mudança para a indexação, um tipo de risco foi trocado por outro, mais novo — a hipersincronicidade — é o mais perigoso de todos.

## A Bolha de Tudo

A queda dos investimentos ativos e a ascensão da indexação criaram um ciclo de feedback positivo, que garante que o próximo colapso do mercado de ações seja o maior de todos os tempos. Os profissionais sabem disso, mas não se importam; eles lucram com comissões ou taxas de gestão de patrimônio e investem seu próprio dinheiro de maneiras bem diferentes daquelas aconselhadas a seus clientes. Ainda não conheci um bilionário de fundos especulativos, e encontrei muitos que não têm uma grande cota em ouro físico. Eles estão prontos para o que está por vir. Seus clientes, não.

A dinâmica do ciclo de feedback positivo é simples e direta. Gestores de índices estão desesperados para corresponderem ao seu indicador de referência, podendo perder o emprego (ou, ao menos, os ativos sob seu controle) se falharem. Em algum momento em um mercado em alta, um pequeno grupo de ações ou um setor em particular pode começar a superar o índice como um todo. As ações FAANG são um bom exemplo, mas não o único. Os títulos *Nifty Fifty* (grupo das cinquenta ações favoritas pelas instituições), no final dos anos 1960, e as ações pontocom, no final dos anos 1990, são outros exemplos. As razões do desempenho superior inicial é irrelevante para os propósitos do estudo desta dinâmica. Elas podem ser fundamentais, baseadas na perspectiva de crescimento; ou técnicas, baseadas em padrões gráficos. É mais provável que não haja uma razão compreensível. Isso é típico de uma propriedade emergente em um sistema complexo dinâmico, eventos simplesmente acontecem.

Uma vez iniciado o desempenho dinâmico, investidores têm que comprar mais dessas ações, para reequilibrar as carteiras e acompanhar o índice. A compra adicional tende a aumentar o preço e resulta em um desempenho superior, levando a novas compras e mais aumento de preços. Isso continua tal qual um gato perseguindo o próprio rabo, com mais compras, preços mais altos, mais compras para manter o índice e uma alta contínua de preços.

Eventualmente, o ciclo de feedback positivo fica negativo. Isso aconteceu com o *Nifty Fifty*, na quebra do mercado de ações de 1973–1974, uma queda de 45% medida pelo Dow Jones, e com as ações pontocom que sofreu uma baixa de 78% em 2000–2002, mensurada pelo Nasdaq — ambos índices de referência populares. O mesmo aconteceu com as ações FAANG no final de 2018. O ciclo de alta no mercado pode acontecer por anos antes de um período de queda na bolsa. A mudança de direção nos ciclos acontece de repente, inesperadamente e, muitas vezes, sem razão evidente, embora nunca faltem relatos que expliquem o que aconteceu.

O surgimento de um setor de ações com desempenho superior nos últimos anos e a ascensão de avaliações de ativos, geralmente, são fruto dos experimentos do ex-presidente do Fed, Ben Bernanke, com sete anos de taxas de juros zero e flexibilização quantitativa. Tal política foi mantida por sua sucessora, Janet Yellen, de 2008 a 2015. Bernanke confiou no que ele chamava de "efeito do canal de portfólio". A ideia é a de que, se o Fed mantiver as taxas de juros de curto prazo em zero e baixar as de longo prazo comprando títulos do Tesouro, os investidores serão obrigados a procurar rendimentos mais altos em outro lugar. Ao fazer isso, os investidores aumentarão o preço das ações, títulos corporativos, imóveis, mercados emergentes e outros ativos. O lucro obtido no preço dos ativos fornecerá garantias para empréstimos a empresas e aumentará a confiança do consumidor conforme os ganhos aparecem nas declarações 401(k). Essa nova riqueza e confiança gerariam gastos e mais empréstimos. A combinação de empréstimos corporativos, investimento e gastos do consumidor logo colocariam a economia dos Estados Unidos de volta no caminho do crescimento e na tendência autossustentável.

O experimento de Bernanke não deu certo. O investimento e o consumo não voltaram a ser tendência. O crescimento médio da economia dos EUA nos nove anos após o fim da recessão, em junho de 2009, era de 2,2%, muito abaixo do crescimento da tendência de longo prazo e da mais fraca recuperação da história do país. O balanço do Fed foi alavancado na proporção 120:1 e recheado de US$4,5 trilhões em títulos, que o deixaram despreparado para lidar com uma nova recessão caso ela ocorresse.

Tal qual vários experimentos errados, havia vários derivados nocivos. A emissão de dívidas por governos e corporações explodiu, devido às baixas taxas. Consumidores receberam US$1,6 trilhão em empréstimos estudantis, mas as altas taxas de inadimplência prejudicaram as classificações de crédito de estudantes universitários formados e seus responsáveis (que assinaram junto o acordo), o que impedia a contratação e a formação das famílias, além de padrões saudáveis de consumo. O pior de todos os efeitos colaterais foi a inflação nos valores de ativos, classificada pelos observadores como "bolha de tudo".

As evidências de uma "bolha de tudo" são muitas. Robert Shiller, vencedor do Prêmio Nobel de economia em 2013, fez a seguinte observação em uma entrevista, em 2015:

> Defino a bolha como uma epidemia social, que envolve expectativas extravagantes para o futuro. Hoje, há certamente um fenômeno social e psicológico de pessoas observando aumentos de preços anteriores, pensando que isso podia continuar. Portanto, há um elemento da bolha que podemos ver. Mas não estou certo de que a situação atual seja uma bolha clássica. De fato, o ambiente atual pode ser movido mais pelo medo do que pela sensação de uma nova era... Desta vez, títulos e, cada vez mais, imóveis também parecem supervalorizados. Isso é diferente de outros períodos de supervalorização, como em 1929, quando o mercado de ações estava muito supervalorizado, mas o mercado de títulos e imóveis não. É um fenômeno interessante.

A suposição de Shiller é a de que a dinâmica de bolhas está surgindo não por causa da esperança dos investidores em ações, mas pelo medo de perder ganhos que possam estar disponíveis em qualquer classe de ativos de risco, em um mundo onde o interesse em ativos seguros é zero. Esse medo é causado pela tentativa desesperada de recuperar as economias perdidas na crise financeira global de 2008. A dinâmica da bolha aparece em ações, títulos, imóveis, empréstimo para compra de carros, crédito estudantil, mercados emergentes, criptomoedas e outros. Esse resultado não surpreenderia um economista da Escola Austríaca. A "bolha de tudo" é um mau investimento clássico — a alocação incorreta da poupança —, que acompanha o dinheiro fácil.

Entre 2010 e 2016, o índice de preços de imóveis residenciais S&P/Case & Shiller para São Francisco (Califórnia) cresceu 68%, de 139 para 234. Relativamente, o mesmo índice para Sydney mostrou aumento de 69%, de 98,9 para 167,6. O índice do Canada Real Residential Housing Price estava comparativamente animado, aumentando de 100,0 em janeiro de 2010 para 143,1 em setembro de 2017, uma subida superior a 43%. Altas semelhantes foram vistas no mercado imobiliário mundo afora, de Melbourne a Miami e de Londres a Los Angeles. Parte disso era uma demanda originária dos bilionários do Vale do Silício, mas diversos ganhos foram fruto da evasão de divisas dos oligarcas russos, príncipes chineses e da elite venezuelana, fugindo de jurisdições instáveis para climas mais seguros.

O mercado de ações também teve momentos em que esteve perto de formar suas próprias bolhas. Em agosto de 2017, a fabricante norte-americana Tesla fez uma capitalização de mercado de mais de US$750 mil por automóvel vendido, comparado aos US$16 mil da Toyota e aos US$5,5 mil da General Motors. O setor automobilístico como um todo foi mantido à tona em um mar de empréstimos. Entre 2010 e 2017, as concessões para compra de carros nos EUA saltaram de US$650 bilhões para US$1,1 trilhão, dos quais US$280 bilhões foram classificados como crédito de risco. No mesmo período, o empréstimo automotivo inadimplente aumentou em US$23 bilhões. O crédito corporativo não estava em melhores condições do que o crédito ao consumidor. Em agosto de 2017, a dívida corporativa dos Estados Unidos era de US$5,9 trilhões, um aumento de 54% em relação a 2010. A dívida denominada em dólares americanos emitida por empresas de mercados emergentes ultrapassou US$9 trilhões em 2017, de acordo com o Banco de Compensações Internacionais (BIS, na sigla em inglês).

Essas bolhas de capital e crédito eram visíveis nos balanços bancários e corporativos. Por trás disso, havia um muro de passivos invisíveis, na forma de derivativos. Os cinco maiores bancos dos Estados Unidos mantinham US$157 trilhões em derivativos medidos pelo valor nocional bruto no final de 2017, um aumento de 12% em relação à quantidade comparável de derivativos imediatamente antes da crise financeira global de 2008. Esse aumento pode parecer modesto, mas é contrário às alegações repetidas pelos reguladores de que o sistema financeiro está mais seguro e menos alavancado, não está. Mesmo o aumento de 12% nos derivativos exposto na última crise não é uma perspectiva completa — ela inclui apenas o que os bancos detêm em posições extrapatrimoniais. Trilhões de dólares dos derivativos foram transferidos dos bancos para câmaras de compensação de terceiros. Essas câmaras se destinam a ser outra válvula de segurança, porque permitem a compensação de diversos derivativos de vários bancos ao mesmo tempo, em vez da simples compensação bilateral que ocorre quando os bancos recorrem à autoajuda contra contrapartes fracassadas em uma crise. Isso é útil quando um banco está falindo e os bancos solventes restantes desejam liquidar posições rapidamente. No entanto, quando vários bancos estão em risco de falência, como em 1998 e 2008, uma câmara de compensação é mais como uma dança das cadeiras, só que sem as cadeiras. Tal qual peças de dominó alinhadas em uma fila, a cada falência de um banco o ônus da liquidez cai em mãos menos fortes, até que essas instituições também quebram. Nesse caso, a própria câmara de compensação está em risco e não é mais capaz de cumprir suas funções. Os bancos membros não registram esse passivo contingente por risco da câmara de compensação em seus balanços. As câmaras de compensação não eliminam o risco; apenas o movem pra lá e pra cá para dificultar sua percepção. No que diz respeito aos derivativos, o sistema financeiro não é menor, nem mais seguro e nem mais sólido.

Conforme essas bolhas cresciam, uma onda de investimentos passivos agia como um multiplicador de forças para os maus investimentos. Os mercados atingiram um ponto em que a indexação em si se tornou uma bolha que alimenta as outras bolhas de ativos individuais.

Wall Street nunca viu uma bolha de que não gostasse se houvesse dinheiro a ganhar fazendo-a inflar. A bolha dos índices não é uma exceção. Investidores em fundos de índices e gestores de passivos começaram a produzir produtos sob medida, fáceis de negociar, que não exigiam uma seleção ativa de ações pelos investidores. Os mais populares eram os fundos negociados em bolsa, em inglês *Exchange-Traded Funds* (ETF) e seus "primos próximos", os derivativos negociados como se fossem ações ou, no inglês, *Exchange-Traded Notes* (ETN). Os ETFs e os ETNs são, tecnicamente, valores mobiliários registrados na comissão de valores mobiliários dos EUA (SEC, em inglês) e negociados como produtos listados na Bolsa de Valores de Nova York e Nasdaq, dentre outras. Cada ETF e ETN é negociado como uma única ação, produzindo uma simples decisão de compra ou venda para um investidor, mas concebido para ter uma cesta subjacente de ações ou notas. Por exemplo, um ETF de mercados emergentes pode incluir ações de empresas na Turquia, Brasil, Indonésia, Malásia e outras economias em desenvolvimento. Um ETF de varejo pode incluir ações de empresas com redes de lojas físicas, como Walmart, Home Depot, Starbucks e similares. As possibilidades não param na variedade de setores de investimento. Os ETFs podem ser alavancados para que um investidor tenha três vezes mais lucros (ou perdas) de cesta subjacente. Por exemplo, um plano duplo de assistência médica ETF retorna o dobro dos ganhos de uma cesta subjacente de ações relacionadas à assistência médica, como o United Health Group, Medtronic e Aetna. Os ativos sob gestão no setor de ETFs de ações alavancadas cresceram de US$5 bilhões no final de 2007, quando o produto foi inventado, para mais de US$30 bilhões no início de 2018. Finalmente, os lucros do ETF podem ser inversos às ações subjacentes. Portanto, se o grupo selecionado aumentar, o ETF diminui. Tal situação deixa o comprador na posição de vendedor de opções de venda, sem a salvaguarda padrão. Vender opções de venda em uma conta de corretagem requer formulários especiais de conta, diligência adicional adicionada pelo corretor, divulgações de risco e requisitos rigorosos de margem. Nada disso é necessário com ETFs inversos; você simplesmente os compra e se arrisca. Sem deixar pedra sobre pedra, Wall Street oferece, naturalmente, ETFs com alavancados inversamente.

O perigo real dos ETFs, especialmente aqueles estruturados com desempenho alavancado e inverso, é a falta de liquidez relativa. Quando um investidor vende sua participação em uma ação individual como a IBM, ele está vendendo para um conjunto relativamente profundo de potenciais investidores da firma. Quando um investidor vende um ETF voltado para a tecnologia, pode incluir ações da IBM junto com outras da mesma área, porém com menor liquidez. O conjunto de compradores deste ETF pode ser bem pequeno, principalmente em um declínio acentuado no mercado, sem falar em pânico. O ETF pode desvalorizar mais rapidamente que alguns de seus componentes, colocando pressão na venda de todos eles, já que revendedores autorizados compram o ETF e vendem as ações subjacentes como uma arbitragem. Qualquer proibição de venda a descoberto, como aconteceu em 2008, elimina a arbitragem e deixa o ETF em queda livre. Esses ciclos de feedback positivo (no sentido de autorreforço, não de desejável) são possíveis de se moldar, teoricamente, como eventos hipersíncronos, mas não podem ser facilmente previstos como acontecimentos do mundo real. Os ciclos de feedback são propriedades emergentes imprevistas de sistemas dinâmicos complexos, o que alguns chamam de "cisnes negros", e que estão em toda parte.

ETFs e ETNs não são as criaturas mais exóticas no zoológico de investimentos passivos. Outra criatura mais cruel atende pelo nome de paridade de risco. Uma estratégia de paridade de risco é um plano de alocação de ativos, que visa maximizar retornos para um nível determinado de volatilidade. Essas alocações de ativos são supostamente uma melhoria em planos mais simples de alocação de ativos, como 60–40, uma mistura de 60% de ações e 40% de títulos. No caso dos planos 401(k) individuais, a tradicional distribuição 60–40 era tipicamente ajustada para aumentar a exposição dos títulos e reduzir a exposição a ações à medida que o indivíduo envelhece, a fim de conter a aversão ao risco. Os títulos têm baixa volatilidade e os investidores mais velhos, menos tempo para recuperar perdas. Portanto, diminuir o risco dos investimentos fazia sentido.

Com a paridade de risco, a composição dos investimentos é otimizada para retornos ajustados ao risco em vez de porcentagens fixas de ações e títulos. As estratégias de paridade de risco alocam os fundos do investidor entre as ações, títulos, commodities e outras classes de ativos com base na ponderação de risco em cada uma em vez do peso em dólares, como o 60–40. Como ações trazem mais risco do que títulos, um investimento com base na paridade de risco pode começar com uma alocação de ações menor do que uma carteira investimento tradicional. Em um caso simples, a ponderação em dólar das ações em uma carteira de paridade de risco pode ser de 33%, em vez de 60%, porque 33% em ações representam quase 60% do risco total da carteira.

Quando a tática de paridade de risco foi introduzida pelo gigante dos fundos especulativos Bridgewater Associates, em 1996, sua performance foi extraordinária. No pânico de 2008, as estratégias de paridade de risco superaram outras estratégias porque tinham alocações de ações proporcionalmente menores, portanto, tiveram perdas menores, uma vez que as perdas de 2008 estavam fortemente concentradas em ações.

Ainda assim, existem falhas fatais na paridade de risco que, agora, surgiram. A primeira é a de que as métricas usadas para otimizar alocações em um portfólio de paridade de risco dependem implicitamente da hipótese eficiente do mercado, como vimos, é uma ciência inútil. Investimentos baseados na EMH obtêm o desempenho esperado na maioria das vezes, porque a sobreposição na distribuição do grau de risco entre a curva de sino (usada na EMH) e a curva de potência (usada nos sistemas dinâmicos complexos) é grande, o que leva o observador a acreditar, erroneamente, que a EMH é uma boa representação da realidade. Quando há eventos fora da distribuição da curva de sino (mas coerentes com a curva de potência), os resultados são catastróficos para as carteiras baseadas na EMH, incluindo a paridade de risco.

A outra falha é o ciclo de feedback positivo entre a volatilidade e a alocação de ativos. Se as ações entrarem em um período de baixa volatilidade, como aconteceu em 2017, computadores e robôs consultores detectam que as ações são menos arriscadas e, portanto, merecem uma maior alocação de dólares sob paridade de risco, o que resulta em mais compra, maiores preços de ações e uma menor volatilidade perceptível, pois o preço delas parece nunca cair. Esse ciclo de feedback entre a menor volatilidade e a alocação e preço maiores de ações foi ampliado por uma estratégia simples de compra e venda, em que cada pequeno levantamento de capital é recebido com uma onda de compras imediatamente, seguindo a teoria de que baixa volatilidade e preços de ações cada vez mais altos são um espaço estatal semipermanente, apoiado por intervenções do banco central.

As estratégias de paridade de risco também contam com uma suposta correlação inversa entre movimentações nos preços das ações e títulos. Em um modelo simples, uma economia em desaceleração produz preços de ações mais baixos e taxas de juros mais baixas, resultando em preços de títulos mais altos. Os ganhos em títulos compensam a perda em ações e ajuda a reduzir a volatilidade geral do portfólio. Esse relacionamento inverso contribuiu para o sucesso da estratégia de paridade de riscos em 2008, assim como a queda nos preços das ações também significa queda nas taxas de juros e enormes ganhos em títulos.

No entanto, de 2 a 8 de fevereiro de 2018, os mercados ficaram chocados quando as ações e os títulos se tornaram altamente correlacionados positivamente, com as ações caindo 11% em uma semana e os títulos caindo em conjunto devido a temores de inflação e taxas de juros mais altas. Com os deficit maiores nos EUA produzindo um receio em espiral da dívida e taxas mais altas, essa correlação entre o preço baixo das ações e dos títulos persiste conjuntamente com a maior volatilidade geral. A falsidade das suposições por trás da paridade de risco está sendo exposta. Agora, não há lugar para os investidores se esconderem.

Outra tendência nesse desfile de investimento passivo é o beta inteligente. Essa estratégia envolve indexação, mas o índice é baseado em regras e não em indexadores disponíveis no mercado, como o S&P 500. Wall Street ama o beta inteligente, porque a estratégia é tão mal definida que quase todas confecções que se relacionam livremente com uma regra de fator de mercado acabam passando. Os índices beta inteligente podem ser baseados em valores contábeis, fluxo de caixa ou fatores mais exóticos, como tendências demográficas e recursos naturais. Isso dá aos bancos e corretores margem de manobra ilimitada para criar produtos.

O beta inteligente é similar à paridade de risco no sentido de que as regras utilizadas para construir um índice prestam mais atenção à volatilidade do que os fatores tradicionais, como capitalização de mercado. Isso significa que o beta inteligente sofre das mesmas falhas da paridade de risco, especificamente um atrator fatal de ponto fixo ou um mapeamento de queda, em que as alocações mais altas produzem menor volatilidade, que traz alocações mais altas e volatilidade ainda mais baixa, e por aí vai, até o sistema não conseguir mais evoluir e entrar em colapso.

A mãe de todas as estratégias passivas é o valor em risco (VaR, no em inglês). Ele era, originalmente, uma medida de gerenciamento de riscos desenvolvida em 1989 por J. P. Morgan como uma ferramente própria e que, depois, tornou-se uma empresa à parte, chamada Risk-Metrics. A ferramenta VaR foi disponibilizada gratuitamente no mercado e foi amplamente adotada.

Em sua forma mais simples (existem variações sofisticadas), o VaR analisa séries históricas de preços em cada título ou decisão em um portfólio. Em seguida, calcula a covariância dos componentes ou até que ponto duas posições tendem a se mover juntas, em direções opostas ou não exibem nenhuma correlação. Isso identifica posições em um portfólio que podem constituir uma cobertura natural, produzindo risco menor do que qualquer decisão tomada isoladamente. Finalmente, o risco agregado do portfólio com base em preços históricos e covariância é calculado em termos de desvio-padrão, ou a probabilidade da ocorrência de que certos eventos extremos de perda. Todo esse processo é, normalmente, resumido em expressões como "nosso portfólio de US$1 bilhão tem menos de 1% de chance de perder mais de US$100 milhões em qualquer trimestre".

Como outras estratégias passivas, o VaR é assombrado pelo espectro do cientificismo. A série histórica de preços usada para calcular o risco geralmente é muito curta. Os matemáticos do mercado financeiro usam um período de 20, 30 ou 50 anos, mas deviam analisar 100 ou 500 (usando preços de aproximação, conforme necessário) para obter a melhor compreensão possível. Mesmo que uma determinada série temporal fosse adequada, a suposição de uma distribuição normal (curva em sino) do risco por trás do conceito de desvio-padrão é contrária às evidências práticas do mercado. O fato de o VaR ser uma metodologia bastante deficiente é duplamente desconcertante, uma vez que métodos semelhantes ao VaR estão ligados a outras estratégias de indexação, como a paridade de risco.

Essas estratégias de indexação passiva — ETFs, ETNs, paridade de risco, compra e venda, beta inteligente, VaR e outras — tornaram-se mais perigosas com a chegada dos robôs consultores e outros sistemas de transação automática. Como essas estratégias são orientadas por dados, faz sentido que computadores possam ser usados para agregar os dados a preços históricos e processar a covariância, ponderações de riscos e desvio-padrão. No entanto, as máquinas foram além da agregação e processamento de dados para os domínios de aprendizado automático e inteligência artificial. O aprendizado automático envolve a habilidade das máquinas de fazer previsões baseadas em correlações ocultas, difíceis de serem detectadas pelos seres humanos, ou novas correlações que elas descobrem por conta própria após trabalharem com dados de treinamento. A inteligência artificial é a recomendação prática feita por uma máquina, que pode ser retransmitida ao homem para que ele a execute ou que é realizada pela própria máquina.

A comercialização do comércio eletrônico, agora amplamente adotado por gestores de patrimônio, fundos especulativos e bancos, remove o último fragmento de intuição humana no processo de investimento. Gestores de investimento ou negociadores que confiam nas estratégias de indexadores passivos procurarão extrair o alfa para serem os primeiros a ajustar suas alocações quantitativas com base em medidas de risco alteradas ou ponderações de fatores. Gestores de ativos são muito mais ansiosos que outros para executar publicamente, pois seus lucros acontecem ou não por conta de informações privilegiadas, timing de mercado e diminuição do impacto no mercado com suas movimentações. A inteligência artificial atende os dois campos com rapidez e discrição; o portfólio está no piloto automático. O fato de que o avião está voando em meio a uma névoa espessa de falsas suposições sobre preços históricos e distribuição de graus parece não incomodar os passageiros.

## Nenhuma Oferta

No dia 19 de outubro de 1987, uma segunda-feira, estava sentado à minha mesa em um pequeno escritório com vista para Greenwich Harbor, em Connecticut. Era diretor de crédito de um dos maiores revendedores de títulos do governo dos EUA no mundo. Naquele dia, testemunhei uma das maiores quedas de ações norte-americanas em uma sessão de negociação na história. O índice Dow Jones caiu 22,6%, 508 pontos na época, ou 5.600 pontos hoje em dia. Em termos percentuais, a queda de 1987 foi quase o dobro da de 28 de outubro de 1929, normalmente citada como início da Grande Depressão.

No entanto, o ocorrido em outubro de 1987 não pressagiou uma depressão, nem sinalizou uma recessão. A longa expansão iniciada em novembro de 1982 continuou por quase mais três anos, até a próxima recessão, em julho de 1990. O colapso de 1987 não nos disse nada sobre os fundamentos econômicos. Mesmo assim, ensinou-nos sobre a operação de complexas dinâmicas de sistemas nos mercados de capitais. Era o aviso de que uma nova era de quebras se aproximava. Tal aviso foi pouco compreendido na época e, desde então, é constantemente ignorado.

Não faltaram explicações posteriores sobre o porquê de as ações terem caído. Em 1987, o crescimento econômico havia diminuído do ritmo tórrido de 1983 a 1986. O enfraquecimento do dólar ameaçou o crescimento dos EUA, apesar dos esforços do secretário do Tesouro, James Baker, de interromper a queda do dólar com o Acordo do Louvre, assinado em 22 de fevereiro de 1987. O mercado de títulos quebrou no início de 1987, seis meses antes da queda no mercado de ações. O preço do petróleo caiu 50% no primeiro semestre de 1986, em meio ao fim da disciplina de preços da Organização dos Países Exportadores de Petróleo (Opep). A "guerra dos navios-tanque" no Golfo Pérsico, que começou com o naufrágio da fragata norte-americana *Stark* por um míssil iraquiano em maio de 1987, intensificou-se nos dias imediatamente anteriores ao colapso do mercado de ações. Mísseis iranianos atingiram dois petroleiros de bandeira norte-americana em 15 e 16 de outubro. Em 19 de outubro, dia da quebra, os EUA atacaram poços de petróleo iranianos no Golfo como retaliação ao ataque aos seus petroleiros.

Historiadores econômicos podem reencenar o *Assassinato no Expresso do Oriente* traçando um perfil para os diversos suspeitos — um dólar em queda, títulos em queda, colapso dos preços do petróleo, desaceleração do crescimento, a guerra fervendo no Oriente Médio — e acusando o "assassino" do mercado. Não há uma resposta definitiva e, de certa forma, não importa. O mercado já estava preparando a queda da mesma forma que uma bola de neve pode se tornar uma avalanche. Um catalisador funciona tão bem quanto outro. O que importa é o que vem depois do catalisador: uma cascata caótica em busca desesperada de um fundo.

Uma vez iniciada a venda de ações em Nova York naquela segunda-feira, uma espécie de negociação passiva, chamada seguro de portfólio foi acionada. Em sua forma fundamental, essa estratégia exigia que investidores institucionais vendessem futuros de índices de ações, à medida que as bolsas de valores caíam. As posições curtas de futuros protegem contra quedas na própria carteira de ações. Quanto mais elas caem, mais os futuros são vendidos para proteger a carteira, um exemplo prematuro de paridade de risco.

Essa abordagem retidamente analítica sofreu com o que Keynes chamou de falácia da composição: o que funciona em um único caso não funcionará no agregado; o todo é diferente da soma de suas partes. Conforme gerentes de investimentos vendiam futuros de índices de ações na bolsa de Chicago, outros participantes teriam de comprá-las. Isso deu aos corretores de futuros de Chicago e aos locais uma longa posição de índices, que eles cobriam com a venda de ações! O risco de um mercado em queda não havia sido coberto no total; apenas foi movido de Nova York a Chicago e de volta. Esse ciclo de feedback foi amplificado pelo fato de os futuros dos índices de ações de Chicago estarem tão pressionados que negociaram abaixo de seu valor equivalente nas ações da Bolsa de Nova York. Isso desencadeou uma atividade de arbitragem, que consiste em comprar futuros "baratos" e vender ações "caras", para captar o spread. A venda de arbitragem aumentou a pressão já acirrada dos preços sobre as ações. A única força que interrompeu o banho de sangue foi o toque do sino de fechamento.

A quebra-relâmpago das ações em 19 de outubro de 1987, refletiu a dinâmica de cada evento como esse desde então e, de forma ameaçadora, as que estão por vir. O termo quebra-relâmpago, hoje, é comum, mas é um fenômeno relativamente novo. Obviamente, os mercados falharão periodicamente enquanto existirem. Os EUA experimentaram algumas quedas notáveis, geralmente acompanhadas de recessões ou depressões, como em 1825, 1837, 1873, 1893 e 1907, entre outros. Exemplos mais antigos na Europa incluem o estouro da bolha na Holanda, conhecido como Febre das Tulipas, em 1637, a bolha do Mississippi, da França, e a da Companhia dos Mares do Sul do Reino Unido, estas duas em 1720.

Todas essas quebras seguiram padrões similares e previsíveis. O status de um ativo específico, como terrenos, ferrovias, favores reais, bitcoin e, estranhamente, bulbos de tulipas, chama a atenção. Promotores destacam as propriedades exclusivas do ativo privilegiado. A mídia examina minuciosamente os repentinos aumentos de preços. A alavancagem é aplicada para amplificar ganhos. De repente, pequenos investidores são sugados pelo turbilhão, pois é impossível resistir à perspectiva de ganhar dinheiro com pouco esforço. Então o preço atinge o pico, o feitiço é quebrado, a realidade se intromete e a quebra começa, com vendas frenéticas daqueles que esperam lucrar sem concorrência à vista. A maioria dos investidores está arruinada, mas alguns ainda conseguem ganhos incríveis se venderem antes do pico. Dependendo de quanta alavancagem foi usada e da saúde dos credores, a queda pode ou não se espalhar para a economia real e causar desaceleração por contágio.

Os padrões de crescimento e queda ainda ocorrem hoje — e o bitcoin vem à mente — mas uma quebra-relâmpago contemporânea é diferente em pelo menos um aspecto. Ela pode incluir elementos tradicionais, como euforia e alavancagem; medo e ganância nunca saem de moda. No entanto, esses elementos não são necessários. Tais quedas surgem, literalmente, do nada e sem nenhum catalisador aparente. A principal diferença entre as quebras-relâmpago atuais e as do passado é a automação. A onipresença da negociação automatizada, a semelhança de algoritmos entre plataformas e a velocidade de execução significam que os mercados quebram instantaneamente, sem esperar por oscilações que separem os operadores. Computadores nunca dormem, tiram férias ou buscam as crianças na escola, como os humanos. Não há atraso.

A infame quebra-relâmpago nos títulos de dez anos do Tesouro dos EUA, em 15 de outubro de 2014, é um exemplo disso. Os rendimentos caíram a partir das 9h33 daquele dia e, com a mesma rapidez, recuperaram às 9h39, cobrindo um rombo de 37 pontos base em 12 minutos. A volatilidade de maior magnitude ocorreu apenas três vezes, entre 1998 e 2004, e cada caso foi resultado de um anúncio surpresa de política. Não houve surpresa em 15 de outubro de 2014. Uma avaliação extensa sobre aquela quebra conduzida pelo Tesouro, Fed e outros reguladores financeiros, publicada em 13 de julho de 2015 (nove meses depois), não encontrou motivo para isso. De fato, não houve razão, exceto que alguns algoritmos começaram a comprar notas do Tesouro, ocasionando mais compras por outros algoritmos, até que o aumento de preços e a queda nos rendimentos saíram de controle em um evento hipersíncrono. Eventualmente, a compra de computadores desencadeou a venda de computadores sob a forma de pedidos limitados no fundo do livro, momento em que o timing da compra se transformou em um centavo. Matt Levine, que escreve para o Bloomberg, resume assim:

> Há uma tolice óbvia nisso: os algoritmos pararam sua orgia de compras não porque obtiveram novos dados econômicos ou porque um novo comprador viu valor e entrou no mercado, mas porque eles viram a própria sombra e se assustaram... Nós — e os reguladores — não sabemos o que desencadeou os algoritmos em suas compras, mas um palpite razoável seria que, fosse o que fosse, era estúpido...

> Mas o que eu gosto nessa quebra-relâmpago do Tesouro é o quão convincente os algoritmos imitavam a loucura humana. Por seis minutos em uma manhã de outubro, alguns computadores

criaram uma bolha. Eles aumentaram os preços dos ativos sem nenhuma razão específica, apenas porque seus amigos de algoritmo também o fizeram, e qual algoritmo gostaria de vender quando todo mundo estava comprando? E então eles viram alguns grandes pedidos de venda que os assustaram e fizeram perceber que estavam no topo. Então, pelos próximos seis minutos, ocuparam-se de estourar a bolha que criaram, vendendo para, mais ou menos, o mesmo lugar de onde haviam começado. Eles fizeram a maior parte do trabalho por conta própria: *algoritmos compraram dos algoritmos logo acima e venderam para os algoritmos logo abaixo* (ênfase adicionada).

Essa quebra-relâmpago em particular veio e se foi sem contaminação ou danos colaterais ao mercado. Esse padrão não é predeterminado. Um programa diferente poderia ter cancelado as ordens de venda da parte de trás do livro antes de a farra das compras atingir aquele nível, deixando os preços subirem e os lucros caírem sem amortecimento, até que danos sérios tivessem atingido revendedores ou bancos.

Outras situações de quebra-relâmpago que merecem destaque nos anos recentes foi a quebra do mercado de ações norte-americanas em 6 de maio de 2010, uma queda de 9% que exterminou US$1 trilhão em riqueza em pouco mais de trinta minutos. Rapidamente, o mercado conseguiu recuperar a maior parte dessa perda. Em 15 de janeiro de 2015, o euro despencou 20% em relação ao franco-suíço em apenas trinta minutos. Em 24 de junho de 2016, a libra esterlina desabou 12% frente ao dólar norte-americano durante um período de algumas horas. O colapso do mercado de ações em 2010 não teve um motivo claro. Em 2015, a queda do euro ocorreu porque o Banco Nacional da Suíça quebrou a paridade monetária inesperadamente. Em 2016, a derrubada da libra esterlina se deu por causa do surpreendente resultado das urnas que decidiu pela saída do Reino Unido da União Europeia, o chamado *Brexit*. O fato é que, com ou sem um catalisador identificável, essas quedas e outras foram muito maiores e mais violentas por causa da negociação automática.

Como resultado desses muitos desenvolvimentos, os mercados encaram agora uma mistura letal de passividade, proliferação de produtos, automação e respostas comportamentais hipersíncronas. Esse acúmulo de fatores de risco é totalmente novo e está fora do alcance de qualquer operador ou análise quantitativa.

No final de 2017, US$11,9 trilhões em ações eram mantidos por entidades que acompanharam passivamente os índices, como ETFs, fundos de índices ou gerentes de índices institucionais. Outros US$17,4 trilhões em ações estavam nas mãos de gestores de ativos, como fundos de cobertura e mutuários. Em 2017, o passivo total dos fundos de ações nos Estados Unidos foi estimado em 37%, quase o dobro dos 19% em 2009. Esse crescimento nas estratégias passivas não mostrou sinais de diminuição. ETFs atraíram mais de US$215 bilhões em novos ativos durante o ano de 2017, enquanto as estratégias de ativos sofreram com mais de US$125 bilhões em resgates.

As estratégias de investimento passivo são mais bem entendidas como parasitas no corpo de alocadores ativos. O gestor de ativo gasta muito tempo e esforços para identificar valor fundamental na maneira de Warren Buffet ou para criar informações privilegiadas no sentido utilizado por Merton. Investidores de ativos comprometem capital e catalisam a descoberta de preços, fazendo lances e ofertas sem a certeza de que seus empreendimentos triunfarão ou falharão.

Os melhores gestores de ativos podem alcançar lucros altos, mas a maioria falha pelas razões que já vimos. Investidores passivos pegam carona na comunidade dos investidores ativos. Eles evitam o viés cognitivo e as inclinações adversas enquanto recolhem lucros criados pelas ideias dos melhores investidores ativos, como Bruce Kovner. Investidores passivos não contribuem em nada para a descoberta de preços, mas colhem frutos ao longo do caminho. Parasitas passivos podem prosperar — até matar o hospedeiro.

O investimento passivo se baseia em outra falácia da composição, embora a composição nesse caso exceda US$1 quadrilhão — a soma total de todas as ações, títulos, moedas e derivativos do mundo. O que funciona no caso individual não funciona em conjunto. O investimento passivo começa como um carona em um caminhão de dezoito rodas, quase imperceptível. Hoje, parece mais um carro de palhaços que você vê no circo, com os ocupantes ameaçando sobrecarregar o veículo em que estão andando de carona.

O risco é que os investidores passivos confiem nos ativos para comprar quando eles realmente querem é vender. Conforme a medida da escala de investimento passivo aumenta, o conjunto de potenciais compradores ativos diminui. Os compradores ativos veem essa dinâmica, enquanto os vendedores passivos são cegados por algoritmos. Eventualmente, isso leva a um mercado onde todo mundo vende e ninguém compra. O mercado fica sem oferta, o que, em negociações, significa que não há preço mínimo.

O investimento passivo e a negociação com algoritmos não estão sozinhos na promoção dessa conjunção instável. A culpa também recai sobre o Federal Reserve, por conceber uma segurança ilusória na forma do nocivo *Fed Put*, jargão para a crença do mercado de que o Fed pode sempre salvar a economia baixando as taxas de juros e vai agir decisivamente para truncar quedas desordenadas no mercado de ações. Uma série de manobras como essa foi feita por diversos presidentes do Fed.

O *Greenspan Put*, em homenagem a Alan Greenspan, ocorreu em setembro e outubro de 1998, quando ele cortou as taxas de juros duas vezes em três semanas, incluindo uma redução emergencial não programada, para controlar os danos causados pelo colapso do fundo de investimentos Long-Term Capital Management.

O *Bernanke Put*, nomeado em homenagem a Ben Bernanke, apareceu em diversas ocasiões, notadamente no lançamento do QE2 em novembro de 2010, após o QE1 não ter conseguido estimular a economia, e em setembro de 2013, quando houve um atraso do Fed no aperto das compras de ativos de longo prazo em reação a um colapso dos mercados emergentes por conta de uma mera redução nas atividades em maio de 2013.

O *Yellen Put*, em homenagem a Janet Yellen, ocorria com certa frequência. Yellen adiou a primeira alta das taxas do Fed em nove anos, entre setembro e dezembro de 2015, para acalmar o mercado após uma impressionante desvalorização da moeda chinesa e o consequente colapso do mercado norte-americano em agosto de 2015. O *Yellen Put* ocorreu novamente em março de 2016, quando o Fed adiou o aumento esperado das taxas até dezembro de 2016, em reação a outra desvalorização da moeda chinesa e a um colapso do mercado norte-americano em janeiro de 2016.

Em suma, há uma longa história do Fed cortando taxas, imprimindo dinheiro, atrasando aumento de taxas ou usando orientações para acalmar mercados nervosos, a fim de aumentar os preços dos ativos em resposta a quedas desordenadas do mercado. O novo presidente, Jerome

Powell (que tomou posse em fevereiro de 2018), não deu motivos para duvidar que um *Powell Put* será adotado conforme necessário, de acordo com as práticas anteriores.

O exemplo mais extremo do *Fed Put* foi na crise financeira global de 2008, quando Ben Bernanke e outros reguladores garantiram todos os fundos do mercado monetário nos EUA, asseguraram 100% dos depósitos bancários no país, independentemente dos limites de seguros da agência reguladora norte-americana (Federal Deposit Insurance Corporation ou FDIC), levaram as taxas de juros a zero, imprimiram dinheiro, adquiriram ativos ruins e projetaram mais de US$10 trilhões em trocas de moeda oculta com o Banco Central Europeu (BCE) e outros bancos centrais. Essas ações do Fed formam um exemplo extremo da filosofia de "custe o que custar" dos banqueiros centrais modernos. A ideia de mercados livres que encontram níveis em que há liberação, e os bancos podres pedem falência, é passado.

De maneiras que os diretores e funcionários do Fed não conseguem compreender, o *Fed Put* aplicou em investimentos passivos e negociação algorítmica, treinando os agentes do mercado para comprar a cada queda. De fato, investidores experientes estão na linha de frente do Fed, comprando no momento de fraqueza (dos investidores) antes que a venda seja ativada. Disso resulta a suavização da volatilidade e a assimetria dos lucros, onde mercados sobem persistentemente e raramente sofrem queda. A diminuição na volatilidade faz com que as estratégias de paridade de risco se voltem às classes de ativos anteriormente arriscadas e as estratégias de índices sigam despreocupadamente. Os gerentes ativos jogam a toalha e se tornam indexadores dentro do armário. Nesse momento, o mercado está preparado para a hipótese de um colapso catastrófico.

Isso completa a análise. Se é provável que as estratégias alfa falhem para todos (com exceção de alguns) e as beta estejam fadadas a seguir os índices quase à extinção, existem processos de investimento que produzem retornos superiores na maioria dos mercados, mas mantenham o patrimônio em momentos de crise? Tais processos são possíveis, mas somente utilizando uma ciência de acordo com o funcionamento do comércio.

Esses novos modelos de alfa começam com a teoria da complexidade, um ramo da física que descreve perfeitamente a dinâmica do mercado de capitais. A teoria da complexidade inclui conceitos como propriedades emergentes ("cisnes negros"), fases de transição (a mudança do medo para a ganância), escalas métricas (como os grandes sistemas produzem poucos lucros antes do colapso), efeitos de rede (contágio) e hipersincronicidade (comportamento de manada).

A próxima contribuição que funciona em um modelo alfa é a psicologia comportamental. Isso é, simplesmente, uma questão de identificar vieses cognitivos para que possam ser desviados dos sistemas de negociação baseados em inteligência artificial.

Um modelo alfa eficaz deve usar a atualização bayesiana para testar uma hipótese inicial de investimento para aumentar ou diminuir a chance de um resultado esperado, baseado na possibilidade de eventos posteriores ocorrerem ou não se o palpite anterior estivesse correto. A regra de Bayes usa um método estatístico rigoroso, que reconhece a inexatidão do comportamento do mundo real em relação aos resultados esperados. Ela também afirma que é melhor estar aproximadamente certo do que exatamente errado.

O elemento final em um modelo alfa eficaz é a história. Isso não é tão levado a sério pelos analistas matemáticos e desenvolvedores que conduzem o modelo de Wall Street porque a narrativa histórica é subjetiva, e não quantitativa — e é aí que eles perdem. Qualquer um que estudasse como o presidente Grant assumiu o controle do preço do ouro em 1869 teria previsto o colapso dos irmãos Hunt no seu monopólio da prata em 1980. Qualquer um que estudasse como J. P. Morgan salvou o sistema bancário em 1907 saberia como administrar um pouso suave para o Long-Term Capital Management em 1998. De fato, não há nenhuma novidade nisso tudo.

Estes elementos — complexidade, psicologia, lei de Bayes e história — podem ser combinados em redes neurais como nós preenchidos com dados de mercado e textos sem formatação lidos com significado por máquinas como o Watson, da IBM, usando técnicas linguísticas cognitivas avançadas. Os nós são vinculados a funções recursivas ponderadas, para produzir análises preditivas de terceira onda acionáveis por inteligência artificial.

Wall Street e os bancos centrais estão longe de adotarem essas técnicas de gerenciamento de risco do século XXI. Enquanto isso, a bolha dos investimentos passivos em índices só cresce. A armadilha alfa está presa. As chances são quase nulas de que os mercados de capitais adotem modelos eficazes antes da próxima crise financeira.

## Segredo de Investimento #4: Busque diversificação fora dos mercados negociados na bolsa investindo em dinheiro, ouro e outras alternativas.

Diante desses riscos estruturais incorporados, as melhores estratégias para investidores são:

Evite ETFs com pouca liquidez e aqueles com recursos exóticos, como desempenho ou alavancagem inversos. Esses produtos não encontrarão compradores prontos em uma crise do mercado.

Mantenha 30% do seu orçamento em dinheiro o tempo todo. Isso reduz a volatilidade geral do seu portfólio e dá a você uma reserva para comprar barganhas após uma quebra.

Guarde uma reserva de 10% em ouro físico. Isso traz bom desempenho na inflação e oferece uma garantia caso algum colapso futuro no mercado resulte em congelamento de contas ou fechamento de câmbio.

Destine 10% dos ativos em que se pode investir para capital privado e capital de risco, apostando em empresas nas quais você conhece os fundadores e operadores pessoalmente. Essas empresas não oferecerão liquidez, mas podem oferecer uma enorme ascensão e baixa correlação com os mercados negociados. Os setores que valem a pena serem explorados são a tecnologia financeira e os recursos naturais.

# CAPÍTULO CINCO
# DINHEIRO GRÁTIS

Porquanto os pobres sempre os tendes convosco e, quando quiserdes, podeis fazer-lhes bem.

—Jesus Cristo, Marcos 14:7

## O problema com a dívida

Em seu poema "Os Homens Ocos", de 1925, T. S. Eliot escreveu: "É assim que o mundo termina / Não com um estrondo, mas com um gemido". Essas linhas, que encerram o poema, são as mais citadas não só em Eliot, mas em toda a poesia inglesa do século XX. "Os Homens Ocos" foi a resposta de Eliot aos horrores da Primeira Guerra Mundial e aos termos do Tratado de Versalhes, que impôs humilhações à Alemanha e precedeu novos conflitos. Sob um primeiro olhar, as linhas contrastam as noções costumeiras do fim do mundo como um apocalipse violento, de um lado, e o escurecimento gradual e a escuridão, do outro. A visão da escuridão, também exposta pelo falecido físico Stephen Hawking, diz que os processos simplesmente terminam sem muito barulho.

No entanto, o final "com estrondo" também foi observado. Em uma entrevista para a revista semanal norte-americana *Saturday Review*, em 1958, Eliot disse que não tinha muita certeza de como o mundo acabaria. Ele exemplificou com o paradoxo de alguém que teve a casa bombardeada. De uma perspectiva externa, certamente houve uma explosão, mas a vítima nunca a ouviu; escuridão e morte vieram antes de o som alcançar seus ouvidos.

Ambiguidades poéticas à parte, aquelas linhas deram muita munição para analistas e escritores criarem suas próprias metáforas no século passado. O próprio Eliot pegou emprestada parte de "O Coração das Trevas", de Joseph Conrad, em sua epígrafe de abertura, "Mistah Kurtz — ele morreu", uma referência ao personagem de Conrad. O cineasta Francis Ford Coppola ampliou a referência em seu épico filme *Apocalypse Now*, que trazia Marlon Brando como Kurtz lendo trechos de Eliot nas cenas finais do filme.

Agora, é a vez de os economistas ampliarem o significado das palavras de Eliot. Os Estados Unidos e o mundo estão muito próximos do que Carmen Reinhart e Ken Rogoff tratam como o "ponto de explosão", o ponto não quantificável e ainda assim real em que um crescente endividamento provoca repulsa aos credores, forçando uma nação devedora à austeridade, inadimplência total ou taxas de juros altíssimas. Parafraseando Eliot, o "ponto de explosão" ocorre quando o mundo do devedor acaba não com um gemido, mas um estrondo.

O ponto de explosão é descrito por outros sob diferentes alcunhas, como limite fiscal, mas o fenômeno é o mesmo. Um país começa com uma relação dívida/PIB administrável, geralmente definida como abaixo de 60%. Em busca do crescimento econômico, talvez para sair de uma recessão ou, simplesmente, comprar votos, os formuladores de políticas iniciam um caminho de aumento de empréstimos e gastos deficitários. Inicialmente, os resultados podem ser positivos. Algum multiplicador keynesiano pode ser aplicado, especialmente se a economia subutilizou a capacidade industrial e da força de trabalho e assumindo que o dinheiro emprestado será usado com sabedoria, de maneira a produzir resultados positivos.

Com o tempo, a relação dívida/PIB se eleva a uma faixa entre 70 e 80%. Os eleitorados políticos se desenvolvem em torno do aumento de gastos. As despesas em si se tornam menos produtivas; gasta-se mais no consumo atual na forma de direitos, benefícios e investimentos menos produtivos em amenidades, organizações comunitárias e sindicatos de funcionários públicos. A lei dos retornos marginais decrescentes começa a se incorporar. O multiplicador keynesiano encolhe para menos de zero.

Até agora, o apetite do público por gastos deficitários e bens públicos é insaciável. Os políticos não têm vontade ou visão para reduzir os gastos, equilibrar orçamentos e restaurar uma relação dívida/patrimônio sustentável. O povo é indiferente e não consegue apreciar a dinâmica em andamento. A relação dívida/PIB acaba superando os 90%.

A seguir, vem o fim do jogo. A pesquisa de Reinhart e Rogoff revela que uma relação dívida/PIB de 90% não é só mais do mesmo, mas o que os físicos chamam de limiar crítico, no qual começa uma fase de transição. O processo de criação de dívidas e o efeito de mais débitos são transformados da mesma forma como a água passa para o estado gasoso quando é aplicado calor. O primeiro efeito é que o multiplicador keynesiano, já no zero, torna-se negativo. Nenhum crescimento é criado pela dívida adicional, enquanto os juros sobre a dívida aumentam, por si só, a relação dívida/PIB. Os credores ficam mais ansiosos enquanto continuam comprando mais títulos de dívida, na vã esperança de que os formuladores de políticas mudem o rumo ou o crescimento surja, do nada, para diminuir a proporção. Isso não acontece. A sociedade é viciada em dívidas e o vício consome o viciado.

Os Estados Unidos são um caso particularmente difícil de entender sob a dicotomia "explosão e gemido" de Eliot. O país possui o melhor crédito do mundo e, por essa simples razão, pode buscar uma dinâmica de dívida não sustentável por mais tempo que outras nações. Os EUA também tomam empréstimos na moeda que eles fabricam. Isso os diferencia de outros países como a Argentina, que fabrica pesos, mas contrai empréstimos em dólares. Nesse caso, é fácil prever um padrão porque é possível observar o declínio nas reservas em moeda forte, já que a fabricação local não desempenha nenhum papel. A única grande economia como os Estados Unidos nesses aspectos é o Japão, que também é altamente digna de crédito e contrai empréstimos em sua própria moeda — o iene. O índice dívida/patrimônio líquido japonês no final de 2017 estava em 253%, mais do que o dobro da proporção dos EUA. O Japão pode ser o indicador precoce de potenciais perigos ou riscos de insolvência das economias desenvolvidas, o que sugere que os norte-americanos estão longe da explosão.

Aqueles que consideram os cenários do final de jogo que levam ao ponto de explosão concordam que tal momento pode não ser iminente, mas isso não significa que esteja tudo bem. A relevância da pesquisa de Reinhart e Rogoff não é o estrondo, mas os gemidos que impedem o crescimento. Um artigo de importância particular para Estados Unidos e Japão se chama *Debt and Growth Revisited* ("Dívida e Crescimento Revisado", em tradução livre). Publicado em 2010, o estudo focou em economias desenvolvidas, em contraste com seu outro trabalho, que incluiu tanto as desenvolvidas como as em desenvolvimento. A conclusão principal é que, para índices dívida/PIB acima de 90%, "as taxas médias de crescimento caem 1% e o crescimento médio cai consideravelmente mais"; é importante ressaltar que Reinhart e Rogoff enfatizam a "importância de não haver linearidade no elo de crescimento da dívida". Para índices dívida/patrimônio líquido abaixo de 90%, "não há relação sistemática entre a dívida e o crescimento". Em outras palavras, a relação entre a dívida e o crescimento não é forte em proporções mais baixas; outros fatores, incluindo políticas tributárias, monetárias e comerciais, orientam o crescimento. Uma vez ultrapassado o limite de 90%, a dívida é o fator dominante. Reinhart e Rogoff não são teóricos da complexidade. Mesmo assim, a emergente propriedade não linear que eles identificaram por meio de estudos empíricos e históricos é imediatamente reconhecida por quem estuda a complexidade. Quando a relação dívida/PIB está acima de 90%, a economia vai para um campo pouco familiar, um novo mundo de retornos marginais negativos sobre a dívida, crescimento lento e uma eventual inadimplência por meio de não pagamento, inflação ou renegociação. Esse ponto de explosão certamente chegará, ainda que precedido de um longo período de crescimento fraco, congelamento de salários, crescente desigualdade de renda e discórdia social — a fase mais lamentável, em que a insatisfação é generalizada e ainda não ocorreu a redução.

A pesquisa em apoio à hipótese do ponto de explosão é extensa e convincente. Em setembro de 2011, o Banco de Compensações Internacionais (BIS, em inglês), às vezes chamado de "banco central dos bancos centrais", publicou uma pesquisa em que concordava com a tese de Reinhart e Rogoff de que uma relação dívida/PIB de 90% é o limite crítico, acima do qual os efeitos negativos no crescimento superam os estímulos (o relatório sugere 85%). Intitulado *The Real Effects of Debt* ("Os Efeitos Reais da Dívida", em tradução livre), o estudo do BIS afirma: "Usada sabiamente e com moderação, (a dívida) claramente melhora o bem-estar. Porém, quando é usada de forma imprudente e em excesso, o resultado pode ser um desastre. Para famílias e empresas individuais, o excesso de empréstimos leva à falência e à ruína financeira. Para um país, muitas dívidas comprometem a capacidade do governo de fornecer serviços essenciais aos cidadãos."

Outro estudo publicado em 2010, mas pelo Banco Central Europeu, chama-se *The Impact of High and Growing Government Debt on Economic Growth* ("O Impacto da Crescente Dívida Pública Governamental no Crescimento da Economia", em tradução livre) e traz o mesmo resultado. O estudo do BCE conclui que uma relação dívida pública/PIB mais alta está associada, em média, às taxas de crescimento de longo prazo mais baixas, em níveis de dívida acima da faixa de 90 a 100% do PIB.

Esses estudos do BIS e do BCE sobre o impacto da dívida pública no crescimento são patrocinados por bancos centrais. Não foi uma pesquisa de instituições secundárias da economia, mas do coração do sistema monetário internacional. Outros estudos renomados chegaram à mesma conclusão; Reinhart e Rogoff podem ter liderado o caminho nesse campo, mas sua teoria não é infundada. Crescem as evidências de que as economias mais desenvolvidas, em particular a dos Estados Unidos, estão em um terreno perigoso e, possivelmente, ultrapassaram um ponto sem retorno.

Os críticos neokeynesianos Brad DeLong e Anatole Kaletsky estão apopléticos com os resultados da tese de Reinhart e Rogoff. Eles se agarram ferozmente à crença de que a dívida é sempre uma boa forma de estimular a demanda agregada quando o setor privado não está gastando o suficiente. Em particular, neokeynesianos ficaram atormentados com as políticas de austeridade aplicadas na Europa após a crise financeira global. Enquanto os líderes do G20 concordaram que a política fiscal poderia desempenhar um papel de protagonismo na recuperação mundial, em novembro de 2008, discordâncias surgiram quase que imediatamente. A chanceler alemã, Angela Merkel, viu a relação dívida/PIB da zona do euro como um todo ultrapassar o nível de 60% especificado no Tratado de Maastricht (que criou o euro). Em alguns casos, especialmente na Itália e Grécia, a proporção era muito maior. Começando em 2011, Merkel pisou no freio e insistiu em cortes nos gastos do governo, nas vendas de ativos públicos e no aumento da arrecadação de impostos como encargos da Alemanha e da União Europeia no socorro ao refinanciamento da dívida soberana existente.

Renomados economistas fizeram ataques ferozes a Reinhart e Rogoff, com destaque para os vencedores do Prêmio Nobel de Economia Paul Krugman, ex-membro da Universidade de Princeton e atualmente na City University de Nova York, e Joseph Stiglitz, membro da Universidade de Columbia. Eles alegaram que o fracasso em usar mais estímulos fiscais — deficit de gastos, de fato — não apenas prejudicaria o crescimento em curto prazo, mas também levaria a perdas em longo, à medida que o desemprego temporário se tornasse estrutural devido à perda de habilidades e da conexão com o local de trabalho.

Outros posicionamentos surgiram. O economista e biógrafo de Keynes, Robert Skidelsky, resumiu claramente as principais linhas de pensamento após a crise financeira:

> Depois que a ameaça imediata de depressão foi evitada, os economistas debateram vigorosamente os méritos de retirar o estímulo tão cedo na recuperação. Seus argumentos, que podem ser divididos em quatro correntes identificáveis, abrem uma janela sobre o papel da teoria macroeconômica na crise. Os partidários da primeira corrente alegam que a austeridade fiscal — ou seja, a redução do deficit — aceleraria a recuperação *em curto prazo*. Os seguidores da segunda corrente contra-argumentam que a austeridade teria *custos* em curto prazo, mas alegam que os benefícios de longo prazo valeriam a pena. A terceira corrente, composta por keynesianos, argumentou sem ambiguidade contra a austeridade. A quarta sustenta que, independentemente de ser correta, a austeridade é inevitável, dada a situação que muitos países criaram para si mesmos.

O primeiro posicionamento sugere que a austeridade produz benefícios de curto prazo por meio de um aumento da confiança — se os cidadãos vissem os governos agindo prudentemente em relação à política fiscal, teriam mais confiança no futuro e começariam a investir, emprestar e gastar mais. Embora atraente, havia pouca evidência prática para apoiar essa visão. Certamente, a experiência na Europa, onde o estímulo fiscal foi reduzido e a contração econômica recomeçou pouco após a crise, tendeu a negar tal hipótese. De qualquer forma, essa visão foi rapidamente abandonada por todos, exceto alguns estudiosos.

A segunda visão é a adotada por Reinhart e Rogoff. Eles não rejeitam a ideia de que os esforços para conter gastos descontrolados possam reduzir levemente o crescimento no curto prazo. Seu ponto é que a falha em reduzir o deficit, fatalmente, criará uma lacuna de riqueza — a diferença entre o crescimento real e potencial — que aumentará de forma irregular, deixará a sociedade substancialmente mais pobre ao longo do tempo e, em casos extremos, levará à hiperinflação, inadimplência, colapsos cambiais e desordem social, entre outros.

O terceiro posicionamento é o do dogma neokeynesiano de Krugman, Stiglitz, Brad DeLong (da UC Berkeley) e da maioria dos economistas mais renomados. Nessa corrente, alega-se que se o crescimento está abaixo do potencial devido à falta de demanda agregada, é obrigação do governo preencher essa lacuna com gastos governamentais. O crescimento resultante, relativo à austeridade, terá efeitos multiplicadores e, eventualmente, fará o país retornar a uma tendência de crescimento. A dívida pública resultante será administrável, porque um aumento do crescimento expande o denominador da relação dívida/PIB. Não significa que o débito cairá, mas que o crescimento será robusto o suficiente para tornar a dívida adicional sustentável.

O quarto posicionamento é mais conclusivo do que analítico. Ele presta mais atenção aos mercados do que à teoria econômica. Se o mercado não refinanciar suas dívidas vencidas, então a austeridade, voluntária ou involuntária, é o único resultado possível. Por essa corrente, é melhor aos países gerenciarem o processo de austeridade de forma voluntária do que tê-la imposta de forma desordenada por seus credores. Essa posição certamente se aplica a casos individuais, em que o mutuário não tem acesso a crédito adicional. No entanto, onde o FMI, a União Europeia ou a casa da moeda de algum banco central estiver de plantão para auxiliar um país insolvente, a austeridade forçada pelos credores pode ser evitada com ou sem austeridade voluntária do devedor. As escolhas e os resultados das regras se tornam mais políticas do que econômicas. Como Skidelsky ressalta, o debate político se resume a Krugman-Stiglitz contra

Reinhart-Rogoff, com seus respectivos colegas e apoiadores torcendo por eles.

Em uma carta aberta a Paul Krugman, datada de 25 de maio de 2013, Reinhart e Rogoff enfrentaram seu crítico mais severo com uma resposta detalhada aos ataques *ad hominem* anteriores de Krugman. A carta começa com uma observação de que a situação da dívida global, hoje, é *sem precedentes na história*. É verdade que a relação dívida/PIB dos EUA no final da Segunda Guerra Mundial era um pouco mais alta que a dos dias atuais. No entanto, o resto do mundo não estava tão endividado; de fato, a destruição causada pela Segunda Guerra Mundial e a eliminação da dívida de potências derrotadas, como a Alemanha nazista e o Japão imperial, criaram amplas possibilidades de investimento produtivo e alto crescimento nos países derrotados.

Além disso, os Estados Unidos tinham uma dívida vinculada, mas não possuíam os enormes passivos contingentes que têm hoje em *Medicare, Medicaid, Social Security*, benefícios a veteranos, crédito agrícola, crédito habitacional e inúmeros programas fora do orçamento formal do Estado que são financiados pelo governo. O país tem uma impressionante dívida previdenciária de US$37 bilhões, sem fundos, a vencer nas próximas décadas. Se esses e outros passivos contingentes forem adicionados à despesa vinculada, a relação dívida/PIB dos EUA pode superar os 1000%, não os 120% do final da Segunda Guerra Mundial.

Reinhart e Rogoff argumentam que quase todas as dívidas norte-americanas ao final da Segunda Guerra Mundial eram devidas aos seus próprios cidadãos e bancos. Hoje, mais de 15% dos deficit do país são devidos a nações estrangeiras, incluindo China, Taiwan e Japão. É provável que esses credores estrangeiros sejam mais agressivos do que os cidadãos e bancos dos EUA ao diversificar a dívida do país, e não rolar o débito vencido se tiverem dúvidas sobre a disposição de pagar ou as perspectivas de inflação. Em resumo, a dívida global e a dos EUA nunca foi tão grande e a estrutura dela, mais instável.

O debate entre as leituras de Krugman-Stiglitz e Reinhart-Rogoff será ferrenho dentro do meio acadêmico por anos. Enquanto isso, no mundo real, os efeitos do excesso de dívidas são impossíveis de serem ignorados. Reinhart e Rogoff apontam para dois possíveis resultados da atual situação insustentável da dívida. Eles correspondem aos caminhos de "estrondo e gemido" de T. S. Eliot.

O ponto de explosão é um colapso rápido da confiança na dívida e na moeda norte-americanas. Na melhor das hipóteses, isso significa taxas de juros mais altas para atrair os dólares dos investidores e continuar financiando o deficit. É claro que taxas de juros maiores significam débitos maiores, piorando a situação da dívida.

O ponto de gemido consiste em mais vinte anos de crescimento lento, austeridade, repressão financeira (em que as taxas de juros são mantidas abaixo da taxa de inflação para extinguir gradualmente o valor real da dívida) e uma lacuna cada vez maior com relação à riqueza. Com efeito, pelas próximas duas décadas, o crescimento dos Estados Unidos pareceria com o das duas décadas passadas no Japão. Não é um colapso, apenas uma estagnação lenta e prolongada.

Eliot foi sincero quando disse ao *Saturday Review* não saber como o mundo acabaria. No entanto, seu maior argumento era o de que isso não importava. Tanto o estrondo quanto o gemido foram trágicos.

## Loucuras Monetárias Modernas

A piada mais velha no meio acadêmico é a de que os debates nas faculdades são tão intensos porque os riscos são pequenos. Essa linha de raciocínio resume o intenso fogo cruzado que existe hoje entre as três escolas do pensamento econômico — os neokeynesianos (NKs), os pós-Keynesianos (PKs) e os teóricos monetários modernos (MMTs, em inglês). Se você conseguir imaginar a sala do corpo docente da faculdade como uma briga de gangues do *West Side Story*, envolvendo Jets, Sharks e a polícia de Nova York, estará no caminho certo.

Os NKs mantêm uma posição superior. Essa é a escola que mais se aproxima dos conceitos originais de John Maynard Keynes, de demanda agregada, rigidez salarial e da importância dos deficit do governo para aumentar a demanda quando os consumidores se encontram em uma armadilha de liquidez, guardando dinheiro e se recusando a gastar. Os NKs surgiram imediatamente após a morte de Keynes, em 1947, sob a liderança de Paul Samuelson no MIT e John Hicks na London School of Economics. Nas últimas décadas, os NKs atualizaram as ideias de Keynes para incorporar o monetarismo, desenvolvido ao longo do século XX, primeiro por Irving Fisher e, depois, por Milton Friedman, da Universidade de Chicago. Essa mistura de ideias neokeynesianas e monetárias é chamada de consenso neokeynesiano (algumas vezes "nova síntese neoclássica"). Essa nova síntese de keynesianos e monetaristas concorda que a queda do mercado é real, mas discorda se a solução da intervenção do governo piora a situação. A vitória política mais importante dos NKs nos últimos anos foi o programa de estímulo de gastos de US$831 bilhões em projetos "prontos para começar", promovido pelo Congresso em fevereiro de 2009 como uma resposta à crise financeira global. Acabou se tornando o mais recente de uma longa linha de falhas de estímulo. Além de Paul Krugman, a lista dos mais destacados NKs de hoje inclui Larry Summers e Brad DeLong. Quando especialistas e políticos se referem à economia convencional, estão se referindo aos NKs.

A principal gangue rival dos NKs são os PKs. Os pós-keynesianos também se pautaram na base lançada por John Maynard Keynes, com diferenças importantes e uma rejeição a alguns princípios keynesianos. Os PKs surgiram de uma ramificação dos NKs em meados da década de 1970, na mesma época em que os keynesianos uniram forças com os monetaristas. Os PKs concordam com os NKs na questão da demanda agregada e da necessidade dos gastos do governo, mas os PKs são mais progressivos e focados na desigualdade de renda e em políticas favoráveis aos trabalhadores. Eles rejeitam a ideia de que a economia é um sistema de equilíbrio com o intuito de promover o pleno emprego, e que a rigidez salarial é o principal impedimento para chegar lá. Em vez disso, pedem um uso agressivo da política monetária, especialmente taxas de juros baixas, para financiar mais gastos do governo como solução para problemas como desemprego, salários baixos e demanda fraca. PKs de destaque incluem Joan Robinson, Paul Davidson e Michal Kalecki.

O mais novo e menor grupo econômico é o dos MMTs. Os teóricos monetários modernos oferecem uma curiosa mistura de progressismo, consistente com a visão dos PKs, mas ressuscitam um conceito pré-keynesiano chamado chartalismo, endossado pelo próprio Keynes. Os MMTs ainda são poucos, mas é uma facção que cresce a cada dia. Estão ganhando a atenção dos principais economistas, políticos e da mídia. A razão para essa crescente atenção não é difícil de entender. Os MMTs oferecem o que o mundo mais quer: dinheiro grátis.

MMTs e PKs são parecidos em suas perspectivas progressivas e ênfase na criação de empregos. Também concordam em seu ponto de divergência com os NKs, que chamam a atenção para os canais de criação de dinheiro. Os MMTs e os PKs apontam para a facilidade com que os problemas sociais podem ser tratados somente com dinheiro fiduciário, e não pelos canais fiscais favorecidos pelos NKs. No entanto, os PKs prestam atenção às restrições políticas e estatutárias nas operações do Banco Central, algo que os MMTs não fazem. No que diz respeito aos MMTs, a prensa de impressão do banco central está ali para ser facilmente controlada. Qualquer questão social que possa ser tratada com dinheiro deve ser resolvida assim, porque a fabricação de dinheiro não impõe restrições aos gastos do governo.

Os PKs reconhecem que o Tesouro dos Estados Unidos tem uma função de emprestar e gastar, enquanto o Fed fabrica o dinheiro e tem como objetivo as taxas de juros. As duas instituições foram criadas separadamente e têm diferentes governanças. O Tesouro e o Fed trabalham juntos de formas variadas. O Tesouro tem uma conta no Fed, o Fed compra a dívida do Tesouro com dinheiro impresso e o Fed envia os lucros ao Tesouro. O Fed age como um agente fiscal do Tesouro em operações no mercado de câmbio. Ainda assim, as instituições têm limites a serem respeitados pelos economistas e formuladores de políticas. O Tesouro não fabrica dinheiro e terá seus gastos limitados se o Congresso não autorizar, ou se o Fed não o alocar com taxas baixas e compra de ativos.

Os MMTs deixam de lado todas essas restrições. Na verdade, eles tratam o Tesouro e o Fed como uma única entidade. As distinções legais apontadas pelos PKs (e pelos NKs, quando pensam sobre isso) são apenas soldas em um complicado sistema de encanamento que flui constantemente de um lado a outro. No modelo moderno da teoria monetária, o Tesouro cria dinheiro gastando. Quando o Tesouro gasta, reduz sua conta bancária no Fed, mas aumenta contas bancárias no setor privado, de cidadãos ou empresas que recebem aqueles gastos. Nesse sentido, a riqueza do setor privado é aumentada pelo gasto do Tesouro. Quanto mais o Tesouro gasta, mas rico fica o setor privado.

Dentro da "canalização" financeira, são efetuados certos lançamentos contábeis, mas eles não têm impacto na premissa básica de que os gastos do Tesouro são iguais à criação de dinheiro e ao aumento do bem-estar privado. As despesas do Tesouro criam a chamada moeda de alta potência (*high-powered money* ou HPM, em inglês), substituindo as notas do Tesouro (uma espécie de moeda de crédito de baixa potência) no balanço do Fed pelo HPM anteriormente depositado na conta bancária do Tesouro. O HPM deste, agora, está depositado nas contas bancárias privadas dos destinatários dos gastos do Tesouro, como contratados, consultores e beneficiários de apólices. Da combinação do Tesouro e do Fed é criado um Deus *ex machina*, no qual os gastos são conduzidos à vontade e monetizados sem igual. Os partidários do MMT perguntam, retoricamente: "De onde viria o dinheiro se o Tesouro não o gastasse?"

O apelo dessa abordagem é óbvio tanto para progressistas quanto para políticos. Os devotos do MMT não são tímidos em suas reivindicações. Um dos principais tratamentos sobre o assunto é *Free Money: Plan for Prosperity* ("Dinheiro Grátis: Plano para a Prosperidade", em tradução livre), de Rodger Malcolm Mitchell publicado em 2005. A mais brilhante defensora do MMT é a professora Stephanie Kelton (sobrenome de solteira Bell), da Stony Brook University. Em 2015, ela foi economista-chefe da equipe minoritária do Comitê de Orçamento do Senado norte-americano, liderada pelo membro mais graduado, o socialista Bernie Sanders, de Vermont. Kelton foi conselheira econômica da campanha presidencial de Sanders em 2016 e, conforme ele se prepara para a corrida presidencial de 2020, é esperado que ela tenha um papel de destaque na formação de seus gastos e plataforma econômica.

No MMT sob a ótica de Kelton e Sanders, uma infraestrutura em ruínas pode ser corrigida imediatamente gastando dinheiro em melhorias. A montanha de US$1,6 trilhão de dívidas em empréstimos estudantis, que impede a formação de famílias e transforma os *millennials* em escravos das dívidas é remediada com o seu perdão. O desemprego e o subemprego podem ser curados com a garantia de uma renda básica, na forma de um cheque mensal enviado a cada norte-americano, sem requisitos de trabalho ou outras restrições. Esses e outros programas governamentais podem ser financiados por gastos do Tesouro e monetização da dívida. O bem-estar privado será aprimorado dólar a dólar, ou mais ainda, à medida que os beneficiários dos gastos do governo se espalharem para o setor privado.

Kelton também é o portal para o "lado negro" do MMT — o monopólio do governo sobre a violência e o desejo de usá-la contra os cidadãos que se opõem à dança do dólar fiduciário. A proposta do MMT é a de ser uma nova abordagem, do século XXI, aos problemas das finanças do governo e do crescimento econômico. Na verdade, isso é o mesmo que colocar vinho velho em uma garrafa nova. Os defensores do MMT admitem isso ao abraçarem os princípios do chartalismo. Georg Friedrich Knapp é considerado o pai do chartalismo, baseado em seu trabalho *The State Theory of Money* ("A Teoria Estatal do Dinheiro", em tradução livre), publicado em 1924. No entanto, Kelton e outros acadêmicos traçaram a ideia de trabalhos muito mais antigos, de *A Riqueza das Nações* (Adam Smith, 1776) até Platão, ou seja, do velho vinho mesmo. Não há melhor guia para a definição de chartalismo do que a própria Kelton.

Em um artigo claro chamado *The Role of the State and the Hierarchy of Money*, ("O Papel do Estado e a Hierarquia do Dinheiro", em tradução livre) de 2001, a professora Kelton traz uma história concisa do chartalismo e uma visão geral de sua aplicação por economistas como Adam Smith, John Maynard Keynes e Hyman Minsky. O chartalismo afirma que uma forma de dinheiro tem valor se o Estado proclama essa forma aceitável como pagamento de impostos. Uma vez que os impostos são compulsórios, reforçados por multas e prisão por não pagamento, qualquer forma de dinheiro aceita pelo Estado como imposto deve ser obtida pelas pessoas, para que elas possam pagar suas obrigações. É esse status de "aceitável para impostos", e não as leis de moeda corrente ou valor intrínseco, que torna uma forma de dinheiro valiosa. Nas palavras de Kelton, o dinheiro é uma "criatura do Estado". Ela escreveu:

> O que torna uma moeda válida como dinheiro é uma *proclamação*, pelo Estado, de que aquilo será aceito em suas repartições de pagamentos. O que o torna aceitável para os cidadãos é a sua utilidade na liquidação de passivos... [Georg] Knapp explicou o processo pelo qual um "tíquete" ou "ficha" se torna um dinheiro "Chartal":

Quando deixamos nossos casacos no bengaleiro de um cinema ou teatro, recebemos um disco de estanho de um determinado tamanho, com uma placa ou talvez um número. Não há mais nada ali, mas aquele tíquete ou marca tem um significado legal. É a prova de que tenho o direito de exigir de volta o meu casaco. Quando enviamos uma carta, afixamos um carimbo ou bilhete (selo) que comprova que, com o pagamento da postagem, obtivemos o direito de que nossa carta será levada (Knapp 1924, p. 31).

A característica definitiva de um meio de pagamento Chartal, "seja ele moedas ou garantias", é que são "fichas de pagamento ou tíquetes usados como meio de pagamento"... a ficha na sala de casacos ou o selo, como dinheiro do Estado, ganham sua validade em virtude da proclamação.

De acordo com Kelton, o seu dinheiro é como o tíquete do casaco porque o Estado diz isso.

A partir desse raciocínio, Kelton e seus pares se expandem em todas as direções. Se dinheiro é o que o Estado diz que é, então qualquer coisa pode ser dinheiro, incluindo o ouro. Antes do final do século XX, a maior parte do dinheiro do estado era ouro. Kelton afirma que o ouro era o dinheiro não por sua escassez ou utilidade, mas porque o Estado assim proclamava. Era mais questão de costume do que necessidade. Quando o papel se tornou objeto de proclamação, ele virou dinheiro, e o ouro foi deixado de lado. Hoje, a proclamação diz respeito ao dólar digital, que serve tão bem quanto a moeda física ou ouro.

Kelton também explica a contabilidade de dupla entrada por trás do dinheiro Chartal. Essa moeda é sempre, ao mesmo tempo, um ativo e um passivo. O dinheiro é um passivo do banco central (que o cria) e um ativo do cidadão (que o detém). Uma vez que surge uma obrigação tributária, passa a ser um passivo do cidadão e um ativo do Estado. Daí, o cidadão oferece o seu ativo (o dinheiro) para extinguir o seu passivo (a nota fiscal). Da perspectiva do Estado, tanto o passivo quanto o ativo são extintos conjuntamente quando o imposto é pago. Como explica Kelton, "na verdade, o Estado só aceita seu próprio passivo em pagamento a si próprio". Isso pode evocar a imagem da cobra engolindo o próprio rabo, mas é somente um simples exercício contábil.

Kelton traz outros dois pontos ao estabelecer as bases para o MMT. O primeiro é o de que a dívida e o crédito são a mesma coisa, mas vistos de pontos diferentes. Se o Estado emite dólares na forma de transferências aos cidadãos, ele é o devedor porque o dinheiro é o passivo do banco central, enquanto os cidadãos são os credores porque aceitam e mantêm a dívida. Para o MMT, dinheiro é débito. Isso não é verdade se o Estado proclamar o ouro como dinheiro, já que ele tem valor de mercadoria independentemente do estado. Porém, Kelton encobre isso porque o ouro não é proclamado como dinheiro hoje.

Essa identidade conceitual "dinheiro-igual-dívida" permite que Kelton crie o que ela chama de "hierarquia do dinheiro". Essa é uma ontologia da dívida monetária classificada em ordem decrescente de aceitabilidade, com base na liquidez e na conversibilidade de uma forma para outra. No topo da pirâmide estão a moeda do banco central e os títulos do Tesouro, porque são emitidos pelo Estado. A seguir vêm os depósitos bancários, porque são praticamente indistinguíveis do dinheiro do banco central devido à licença dos bancos para criar crédito na conta dos cidadãos. Na base da pirâmide estão as dívidas das corporações e das famílias. Embora sejam denominadas em dólares, essas dívidas não são equivalentes a passivos bancários, devido ao risco de crédito e falta de liquidez. A importância dessa ontologia é que ela demonstra, ao menos para a satisfação dos seguidores do MMT, que o conceito de dinheiro é altamente elástico. Literalmente, qualquer um pode criar dinheiro de alguma forma, emitindo um documento informal de reconhecimento de dívida. É como se o Fed expandisse suas definições de oferta monetária de M0, M1 e M2 para incluir M4, M5 e M6, e assim por diante. Tudo é dinheiro, tudo é crédito e tudo é débito ao mesmo tempo.

Kelton é honesta sobre a coerção do Estado necessária para fazer esse sistema funcionar. Ela disse: "Somente o Estado, por meio do poder de criar e aplicar leis tributárias, pode emitir promessas que seus cidadãos devem aceitar para evitar multas". Ela não diz, explicitamente, que as sanções incluem confisco de propriedades e prisão, mas seu significado é claro. O poder do Estado é a raiz do seu dinheiro.

A confusão feita pelos MMTs sobre as funções do Tesouro e do banco central leva à conclusão heterodoxa de que altas taxas de impostos podem controlar a inflação. A lógica é a de que, se o dinheiro tem valor porque é aceito para o pagamento de impostos, então as taxas mais altas tornam o dinheiro mais valioso porque os cidadãos precisarão de mais para evitar a prisão. Quando a moeda ganha valor, o efeito sobre os preços é deflacionário. Kelton traz o exemplo da Guerra Civil Americana, em que a Confederação tinha impostos iguais a 5% dos gastos com 2.800% de inflação, enquanto a União tinha impostos iguais a 21% dos gastos com apenas 100% de inflação, mostrando que altas taxas de impostos contribuem para baixar a inflação. As notícias vindas de Gettysburg e Vicksburg podem ter um maior poder explicativo para comparar a inflação na Guerra Civil. Kelton reconhece contraexemplos à sua tese, mas mantém seu argumento.

A teoria do MMT não é meramente abstrata; é um meio para um fim. Uma vez que o dinheiro é visto como um exercício de contabilidade de dupla entrada, iniciado pelos gastos do Tesouro e apoiado pelo poder do Estado, não há limite para a quantidade de dinheiro que o Estado pode emitir. Isso significa que não há um limite de quanto o Tesouro pode gastar. Se isso for verdade, não há problema social, da pobreza à infraestrutura, passando pela educação, que não seja resolvido com mais gastos. O país não fica mais pobre quando o Tesouro toma emprestado e gasta, e sim mais rico, porque seus gastos vêm para enriquecer os beneficiários.

Muitos princípios do MMT são verdadeiros, não obstante a confusão sobre o papel do Tesouro e do Fed, e se esquivam da verdade inoportuna de que o ouro é uma forma de dinheiro que não é, simultaneamente, um débito. É verdade que o poder estatal pode proclamar o tipo de dinheiro aceito como pagamento de impostos. É verdade que os cidadãos podem utilizar a forma declarada de dinheiro para pagar seus impostos e evitar a prisão. É verdade que o banco central e o Tesouro podem funcionar conjuntamente não como o MMT descreve, mas na forma como o ex-membro do Conselho de Governadores do Fed, Frederick Mishkin, chama de "domínio fiscal", para monetizar a dívida pública ilimitada e apoiar os gastos ilimitados do governo. Por fim, é verdade que as despesas do governo vão para o bolso de alguém e enriquecem essa pessoa ou empresa por esse montante, ao menos temporariamente. Tudo isso é verdade, até óbvio.

A análise do MMT se baseia no fato de o balanço do Fed não ter limite legal. De 1934 a 1945, o Fed poderia expandir a base monetária para um nível que não excedesse 250% da reserva de ouro dos EUA. Esse teto foi revogado por etapas, entre 1945 e 1963, em parte para facilitar os gastos deficitários do presidente Truman durante a Guerra da Coreia e do presidente Johnson durante a guerra do Vietnã. O último vestígio do padrão-ouro foi totalmente abandonado pelo presidente Nixon em 1971. Na ausência dele, não há limite para o montante da dívida do governo que o Fed pode monetizar. O Banco Central norte-americano também não está sujeito à contabilização do valor de mercado. Se o Fed comprar dívida do governo e as taxas de juros subirem depois, ele não precisa registrar o declínio no valor de mercado de seus títulos em suas demonstrações financeiras. O Fed não está sujeito aos requisitos mínimos de capital, nem existe uma proibição de patrimônio líquido negativo no seu balanço. Em uma conversa privada com uma ex-integrante do conselho de administração do Fed em um jantar em Vail, Colorado, afirmei que a instituição era insolvente. Ela me respondeu, sem rodeios: "bancos centrais não precisam de capital". O Fed, realmente, tem uma capacidade ilimitada de monetizar a dívida, como os partidários do MMT afirmam. Isso significa que o Tesouro tem uma capacidade ilimitada para gastar.

O problema com o chartalismo e o MMT não é que a teoria esteja tão errada quanto se diz, mas sim que não vai longe o suficiente. O MMT falha não pelo que diz, mas pelo que ignora. A questão não é se existe um limite legal para a criação de dinheiro, mas um psicológico.

A verdadeira fonte do status do dinheiro não é o poder estatal, e sim a confiança. Se duas partes em um negócio confiam que seu meio de troca é o dinheiro e outros consideram o mesmo, então assim será. Em épocas passadas e em vários lugares, dinheiro vinha na forma de ouro, prata, miçangas, penas, fichas de papel e diversos emblemas de confiança. No auge da hiperinflação do Zimbábue, em 2009, minutos pré-pagos de telefones celulares eram um popular meio de troca lá. As principais formas de dinheiro entre os presos no sistema penitenciário norte-americano, hoje, incluem selos postais (um meio chartalista, conforme Knapp) e pacotes fechados a vácuo de cavala, uma espécie de peixe, popularmente conhecidos como *macks*. No câmbio atual, três pacotes de *mack* compram uma tigela grande de pudim de banana, feita pelos presos com bananas roubadas do refeitório da prisão. O Estado não apoia a taxa de troca *mack*/banana; é a confiança que o faz.

A dificuldade com a confiança é que ela é frágil, facilmente perdida e impossível de ser recuperada. A grande falha dos NKs, PKs e MMTs é que eles tomam a confiança como garantia. Os motivos para ignorá-la variam desde o seu excesso em modelos quantitativos (no caso dos NKs) ou no excesso no poder estatal (no caso dos PKs e MMTs). Quanto ao primeiro, ignorar a psicologia porque ela não se encaixa perfeitamente nos modelos de equilíbrio quantitativo é nada menos que ignorância intencional. Quando ao último, é preciso considerar apenas a longa história de Estados falidos, dentre os quais se destacam Venezuela, Somália, Síria, Iêmen e Coreia do Norte. Exemplos famosos do passado incluem a Rússia (1999), a Alemanha Nazista (1945), as vítimas da Alemanha Nazista (1939–45), a Espanha (1936–39) e os Estados Unidos (1861–65). Uma revisão histórica abrangente produziria mais Estados falidos do que os ainda bem-sucedidos. O poder estatal não é absoluto e, definitivamente, não é permanente. Conforme uma forma de dinheiro confiável para os cidadãos coincide com o reconhecimento dela pelo Estado, a relação é conveniente, não casual.

Em que momento os cidadãos comuns perderão a confiança no Fed e, por consequência, no dólar? Qual é o limite invisível no qual a falha intelectual do MMT se torna clara?

Entre 2008 e 2014, o Fed imprimiu US$3,5 trilhões para lidar com a crise financeira global. No processo, seu balanço aumentou de US$800 bilhões para mais de US$4,5 trilhões. Defensores do MMT, como Kelton, alegam que a percepção do cidadão não importa, porque eles são obrigados a aceitar dólares para pagar seus impostos. Eles dizem, ainda, que os políticos não controlarão o Fed porque foram eles que votaram pelos deficit e gastos em primeiro lugar. A história mostra o contrário. Enquanto a democracia estiver funcionando, cidadãos descontentes podem votar em políticos com um plano viável para assumir o controle do Fed e interromper a monetização da dívida. Isso implica uma forma extrema de austeridade, mas pode ser muito preferível em relação à outra opção, da ruína completa.

Por outro lado, se o Congresso continuar com deficit e o Fed continuar a monetizá-los, historicamente os cidadãos recorrerão à autoajuda, com formas de pagamento alternativas como ouro, prata e escambo. Talvez não exista registro histórico de uma economia feita totalmente à base de permuta, mas exemplos de serviços de troca por dentistas e paisagistas são muitos. Logicamente, as partes podem se recusar a pagar impostos sobre transações em espécie, negando a capacidade do Estado de proclamar dinheiro.

O outro ponto cego na teoria do MMT, além da confiança, é a velocidade ou a rotatividade do dinheiro. A velocidade é pouco discutida na literatura do MMT. Tal omissão pode ser um legado da suposição incorreta de Milton Friedman de que a velocidade é constante. Somente ignorando a velocidade, Friedman pôde supor que o crescimento real máximo foi alcançado controlando a quantidade de dinheiro. Somente ignorando a velocidade que os partidários do MMT puderam desejar afastar a hiperinflação, à medida que a confiança no dinheiro estatal diminui. A reação à perda de confiança em uma forma de dinheiro é gastá-lo o mais rápido possível, ou adquirir outro meio. Essa adaptação comportamental é a causa real da inflação, não a impressão de dinheiro. Confiança e velocidade são inversamente correlatas e, juntas, formam o calcanhar de Aquiles do MMT.

O MMT faz um apelo superficial aos desinformados porque pretende oferecer uma maneira indolor da estagnação estrutural de crescimento lento e dívida alta que, agora, afeta os Estados Unidos, o Japão e a Europa. Você não ouvirá os defensores do MMT falarem muito sobre poder estatal, política tributária ou hiperinflação. Em vez disso, vozes do MMT como Paul McCulley (ex-chefão da empresa global de gerenciamento de investimentos PIMCO), falam sobre os benefícios para a sociedade se o Fed simplesmente trocar a sua dívida em dólares pela do Tesouro.

Uma voz que discorda do MMT é a do próprio Fed. Embora o Banco Central norte-americano possa não ter restrições legais quanto à sua capacidade de monetizar dívidas, ele mesmo reconhece restrições políticas e psicológicas. O atual presidente do Fed, Jerome Powell, expressou essa preocupação em seu discurso durante a reunião do Comitê Federal de Mercado Aberto de 23 de outubro de 2012. Na época, ele era membro do Conselho Administrativo. As minutas daquela reunião expressaram sua visão sobre a impressão ilimitada de dinheiro:

> Tenho preocupações com mais compras. Por que parar em US$4 trilhões? Na maioria dos casos, o mercado nos incentiva a fazer mais... Segundo, acho que estamos realmente em um ponto de estimular a tomada de risco, e isso deve nos dar uma pausa. Investidores realmente entendem agora que estaremos lá para evitar perdas sérias... Enquanto isso, parece que estamos lançando uma bolha longa de renda fixa em todo o âmbito do crédito, que resul-

tará em grandes perdas quando as taxas surgirem no futuro... Minha terceira preocupação... é o problema de sair de um balanço de quase US$4 trilhões... Parecemos estar confiantes demais de que isso pode ser administrado sem problemas. Os mercados podem ser muito mais dinâmicos do que parecemos pensar.

Powell está certo quando diz que os mercados são muito mais dinâmicos do que os economistas acreditam. Esse reconhecimento dele, que será presidente do Fed pelo menos até 2022, sugere que os presságios destrutivos do MMT podem ser bem compreendidos por aqueles que mais importam na política monetária. No entanto, o alarme de Powell não significa que está tudo bem. Ainda nos resta a desagradável escolha entre o "estrondo" ou o "gemido" de Eliot, como explicado por Reinhart e Rogoff — ou um colapso da confiança no dólar ou décadas de estagnação econômica.

Isso representa um dilema para os investidores. Caso haja um colapso da confiança, ele virá na forma de uma inflação mais alta, à medida que os investidores despejam dólares em ativos tangíveis e a velocidade da moeda dispara. Por outro lado, se o futuro trouxer décadas de crescimento estagnado, teremos um período deflacionário semelhante ao vivido pelo Japão desde 1990, após colapso no valor das ações e propriedades depois da bolha alimentada por dívidas nos anos 1980.

No entanto, os conjuradores do dinheiro grátis têm outro truque na manga. Mesmo quando o MMT é contestado, seus defensores oferecem o fascínio de uma renda básica garantida.

## Mais Dinheiro Grátis

Para economistas do MMT como Kelton, o dinheiro grátis não é um fim em si; ele serve a um propósito político, com objetivos que incluem gastos com infraestrutura, assistência médica e educação. O principal objetivo proposto pelos defensores do MMT é a erradicação do desemprego e do subemprego. Está além do alcance desse volume descrever o escopo completo da crise de emprego nos Estados Unidos hoje e oferecer um tratamento abrangente das propostas de remediação. O foco deste livro é o sistema monetário internacional, especialmente o futuro da superestrutura do sistema baseado em dólar. Conforme a moeda norte-americana avança, também progride o valor real dos investimentos baseados no dólar em ações, títulos e ativos tangíveis. No entanto, o alcance da crise de emprego nos EUA é tão grande, e as soluções, tão radicais (no sentido de buscar a raiz do problema, não no extremismo de esquerda ou direita), que um forte impacto na política fiscal e monetária do país é inevitável.

Os salários reais serão a questão de política doméstica dominante nas eleições de 2020. Uma série de problemas, incluindo corte de impostos, batalhas orçamentárias e debates sobre o teto da dívida, serão vistos como são — meras batalhas em uma guerra maior para criar empregos mais bem remunerados. Em uma crise anterior, às vésperas de uma guerra no Oriente Médio em novembro de 1990, o Secretário de Estado norte-americano, James Baker, ficou exasperado com a incapacidade da imprensa de entender a política do país. Em uma coletiva de imprensa *ad hoc*, ele deixou escapar: "Para reduzi-lo ao nível do norte-americano médio, deixe-me dizer que isso significa empregos. Se você quer resumir em uma palavra: empregos". A mensagem de Baker é tão relevante hoje, em meio a guerras cambiais e comerciais, como era há quase trinta anos, antes da Guerra do Golfo. São os empregos. Os investidores que não entenderem a importância disso serão surpreendidos pelas soluções oferecidas pelos políticos e, finalmente, adotadas pelos eleitores.

O maior engano oficial propagado pelo governo dos EUA hoje é o de que a economia está quase no pleno emprego. Obviamente, o governo norte-americano negaria isso e insistiria na precisão de seus relatórios. A diferença de visão tem a ver com definições. O relatório do Departamento de Estatística do Trabalho dos Estados Unidos (BLS, em inglês) de 2 de novembro de 2018 mostrou que a taxa oficial de desemprego no país em outubro do mesmo ano era de 3,7% no geral, sendo separadamente 3,5% para homens adultos e de 3,4% para mulheres adultas. A taxa de desemprego de 3,7% é baseada na força de trabalho total de 160 milhões de pessoas, das quais 153 milhões estão empregadas e 6,1 milhões, desempregadas. Essa porcentagem é a mais baixa desde 1969. A taxa média do desemprego no país, de 1948 a 2018, está em 5,78%. Por essas medidas superficiais, o desemprego é de fato baixo e a economia está no pleno emprego. Ainda assim, essas estatísticas não contam a história toda. Dos 153 milhões de empregados, 4,6 milhões estão trabalhando em meio período, involuntariamente. Eles preferem o emprego em tempo integral, mas não conseguem encontrar ou tiveram suas horas reduzidas pelos empregadores atuais. Outros 1,4 milhão de trabalhadores afastados buscaram emprego no ano anterior, mas não foram incluídos na força de trabalho porque não haviam procurado nas quatro semanas anteriores. Se entrassem na estatística, a taxa de desemprego seria de 5%.

No entanto, a taxa real de desemprego é muito pior. Ela é calculada usando uma definição restrita da força de trabalho, limitada àqueles com emprego ou buscando-o ativamente. Mas milhões de homens e mulheres saudáveis, com idades entre 25 e 54 anos, não estão incluídos na força de trabalho. Eles não são aposentados ou adolescentes, mas adultos em seus primeiros anos de trabalho. Na verdade eles são, "trabalhadores desaparecidos", cuja estatística não é incluída nos registros oficiais do desemprego, mas medidos pela Taxa de Participação na Força de Trabalho (*Labor Force Participation Rate*, ou LFPR, em inglês). O LFPR mede o número total de trabalhadores dividido pelo número total de potenciais trabalhadores, independentemente de esses trabalhadores em potencial estarem procurando emprego ou não. O LFPR caiu de 67,3% em janeiro de 2000 para 62,9% em outubro de 2018, uma queda de 4,4 pontos percentuais. Se esses trabalhadores potenciais fossem adicionados à força de trabalho, a taxa de desemprego seria de 10%.

É claro que há limitações à participação da força laboral. Alguns trabalhadores em potencial sofrem de dores crônicas ou outras deficiências, alguns são aposentados ou estudantes e outros estão em casa, cuidando dos filhos. Essas são as razões pelas quais o LFPR nunca ultrapassou os 67% desde que os dados foram registrados. Ainda assim, a queda para 62,9% no nono ano de uma expansão econômica é impressionante. Os EUA têm um problema de trabalhadores desaparecidos que explica em grande parte o crescimento lento, inflação baixa persistente, salários estagnados, velocidade em declínio da moeda e insatisfação social que caracterizam a economia dos Estados Unidos desde o final da última recessão, em junho de 2009. Os mercados de trabalho norte-americanos não são restritos. Os EUA não estão nem perto do pleno emprego, mas sim em uma depressão.

O que chama a atenção nessas condições deprimentes do mercado de trabalho é a unanimidade de opiniões da esquerda e da direita sobre a gravidade do problema do desemprego e o que precisa ser feito. Compare a seguinte descrição de Nicholas Eberstadt, um estudioso do conservador American Enterprise Institute, com a de Pavlina R. Tcherneva, do progressivo Levy Economics Institute, do Bard College. É revelador ver que ambos adotaram a linguagem da doença para descrever a crise do desemprego americano. Isso é apropriado em dois aspectos. O primeiro são as consequências diretas à saúde sofridas pelos desempregados e suas famílias em termos de depressão, alcoolismo, incapacidade, suicídio, uso de opioides e outros distúrbios menos nocivos, mas ainda graves. O segundo, explorado longamente por Tcherneva, é o sentido em que o desemprego se espalha como uma doença contagiosa em cada cidade e condado em todo o país.

Primeiro, o conservador Eberstadt:

> Economicamente, o declínio do LFPR e a queda nas taxas de trabalho contribuíram para um crescimento econômico mais lento, maiores disparidades de renda e riqueza, maior pressão orçamentária e maiores deficit e dívida nacional. Da mesma forma, eles aumentaram o risco de pobreza nos Estados Unidos, principalmente para os filhos cujos pais se encontram em nosso imenso exército de homens sem emprego... Os norte-americanos podem ser as pessoas mais trabalhadoras de qualquer sociedade abastada no mundo de hoje, contudo, nenhuma outra nação desenvolvida flutua simultaneamente em uma larga proporção de seus homens na faixa etária mais produtiva totalmente fora da força de trabalho — nem trabalhando, nem procurando trabalho, nem fazendo qualquer outra coisa... A coesão social é uma vítima direta desse desenvolvimento. E a confiança social dificilmente poderia ajudar, mas também seria degradada por ela.

Agora, a progressiva Tcherneva:

> Embora a taxa nacional de desemprego, hoje, tenha atingido o seu nível pré-crise, esse "sucesso" se deve em grande parte a um êxodo em massa de pessoas do mercado de trabalho após a Grande Recessão. Após corrigir as taxas de participação da força de trabalho antes e depois da crise, os estudiosos estimam que, hoje, ainda existam 20 milhões de empregos ausentes...

Os desempregados estão mais doentes e gastam mais com assistência médica. Eles sofrem com o aumento das taxas de alcoolismo, doenças físicas, depressão e ansiedade; vão mais ao médico e tomam mais remédios... Esses efeitos multifacetados para a saúde criam um círculo vicioso, que impede os desempregados de retornarem ao mercado de trabalho... Além disso, o desemprego tem efeitos negativos duradouros e significativos na participação social dos indivíduos... O isolamento causado pelo desemprego causa desgaste na rede social de que uma pessoa, geralmente, necessita para o reemprego.

Se uma grande loja ou fábrica é fechada, deixando centenas de pessoas sem trabalho, é comum que os trabalhadores deslocados saiam de comunidades adjacentes. Eles gastam menos em suas cidades de origem, espalhando os efeitos do desemprego do local fechado para os distritos vizinhos, como ondas em um lago quando uma pedra é jogada. Com o tempo, a comunidade afetada sofre o seu próprio desemprego, espalhando ainda mais esse vírus.

É uma espécie de negligência analítica para funcionários do governo e economistas de Wall Street repetirem frases sobre pleno emprego e condições restritas do mercado de trabalho quando a realidade do mercado de trabalho se parece mais com a Grande Depressão. Mesmo assim, muitos estudiosos não são tão cegos. Se o consenso entre estudiosos conservadores e progressivos no diagnóstico da crise do emprego surpreende, ainda mais surpreendente é a concordância sobre o que deve ser feito. Embora os detalhes sejam diferentes, há um consenso de esquerda e direita de que chegou a hora de uma renda básica garantida (*Guaranteed Basic Income* ou GBI, em inglês), ou emprego de serviço público (*Public Service Employment* ou PSE, no original) para todos os norte-americanos. O movimento GBI/PSE é, potencialmente, a maior revolução em políticas públicas desde a *Great Society*, de Lyndon Johnson (1965), e o *New Deal*, de Franklin Roosevelt (1933). As implicações dessa revolução às políticas fiscal e monetária e às carteiras de investidores não podem ser exageradas.

O GBI, também conhecido como renda básica universal (*Universal Basic Income* ou UBI, em inglês) ou simplesmente renda básica, é uma antiga ideia oferecida como um novo remédio para uma economia que produz muito poucos empregos com salários decentes. A ideia é surpreendentemente simples. O governo pagará a cada cidadão uma renda básica, com recursos públicos. Ela é suficiente para fornecer um padrão de vida razoável, se não luxuoso. É paga sem qualquer exigência com relação a trabalho e independentemente de qualquer outra renda. Qualquer cidadão na sociedade a receberá incondicionalmente.

A ideia do GBI tem raízes explícitas na obra *Utopia*, de Thomas More (1516), em que é discutida uma maneira de evitar o roubo. É claro que o bem-estar público de vários tipos existe desde a criação da doação de grãos na República Romana, em meados do século II antes de Cristo. O conceito original da doação de grãos, instituído por Tibério Graco e seu irmão mais novo, Caio, consistia na venda de trigo barato a cidadãos por ordem de chegada. Enquanto essa política era considerada temporária, um candidato posterior, Cláudio, venceu a eleição oferecendo trigo grátis. Quando Júlio César se tornou cônsul na República Romana em 59 antes de Cristo, encontrou 320 mil romanos recebendo a doação de grãos. Durante a maior parte da Idade Média, a Igreja Católica prestou pouca ajuda. A assistência pública, depois conhecida como Lei dos Pobres, foi instituída na Inglaterra em 1531, no reinado de Henrique VIII. Outros esforços governamentais de ajuda surgiram posteriormente, como a lei de seguros sociais, de Bismarck (1883), e o *Social Security Act*, de Roosevelt (1935). Mais recentemente, economistas como Milton Friedman e políticos como Richard Nixon endossaram variações do GBI, incluindo o imposto de renda negativo e o crédito de imposto de renda ganho.

O que distingue a forma pura do GBI desses esquemas citados é a ausência do chamado teste de meios (analisando sua renda para determinar a elegibilidade) e a condicionalidade. Você não precisa ser pobre para receber o GBI, nem ter um emprego. Ele é dado pelo governo a todos os cidadãos, rico ou pobre, jovem ou idoso, como uma questão de direito.

A explicação mais completa dessa visão do GBI do século XXI, incluindo argumentos a favor e contra, é apresentada por Philippe Van Parijs e Yannick Vanderborght em seu livro *Renda Básica — Uma Proposta Radical para uma Sociedade Livre e Economia Sã* (primeira edição em português publicada em 2018). A proposta deles é a de que os países ao redor do mundo fixem o pagamento de seu GBI em 25% do seu PIB per capita. Obviamente, países ricos poderiam pagar um GBI mais alto. Usando dados de 2015, eles estimam o pagamento do GBI em "US$1.163

por mês nos EUA, US$1.670 na Suíça, US$910 na Inglaterra [e] US$180 no Brasil". Usando os dados deles e convertendo para dólares de 2018, o pagamento proposto pelo GBI aos norte-americanos hoje equivale a US$15 mil por ano, por pessoa, irrestritamente.

Van Parijs e Vanderborght têm uma das mais extremas, mas também simplificadas, versões do GBI. Para eles, o valor seria pago a todos os membros de uma família, independentemente de tamanho. Os pagamentos seriam incondicionais. Assim, não haveria redução no GBI se o beneficiário conseguisse um emprego ou recebesse um aumento. A redução da assistência governamental quando o beneficiário obtém um emprego é uma das principais críticas aos programas de assistência social hoje em dia. Isso cria uma armadilha do bem-estar, na qual o beneficiário nunca procura emprego por medo de perder benefícios. Esse problema desaparece sob o GBI, porque não há teste de meios e nenhuma condicionalidade.

Embora sejam estudiosos europeus, Van Parijs e Vanderborght trazem uma perspectiva globalista para a questão. Eles defendem o GBI principalmente por motivos de autonomia e dignidade humana, definidos em parte como liberdade de escolha. Os beneficiários do GBI podem escolher trabalhar ou não. Eles podem, também, recusar o que os autores chamam de "empregos ruins e mal remunerados". Os dois não esperam que esses empregos desapareçam, mas esperam que os salários e as condições de trabalho melhorem à medida que os empregadores competem com o próprio GBI pelos trabalhadores.

Na visão deles, a dignidade humana não é o único argumento a favor do GBI. Eles também baseiam sua defesa na "nova onda de automação, que já está a caminho e se espera que continue aumentando nos próximos anos: robotização, veículos autônomos e substituição maciça de trabalhadores e do cérebro humano por computadores. Isso permite que a riqueza e o poder aquisitivo de alguns — aqueles que projetam, controlam e estão na melhor posição para explorar as novas tecnologias — alcancem novos patamares, enquanto o da maioria despenca". Eles explicam que leis de salário-mínimo não vão proteger os mais vulneráveis. Ao aumentar os custos de mão de obra, as leis de salário-mínimo aceleram a substituição de trabalhadores por robôs.

Van Parijs e Vanderborght não estão sozinhos. Na Cúpula Mundial de Governos, realizada em fevereiro de 2017 em Dubai, o CEO da Tesla, Elon Musk, disse: "Acho que, em última análise, teremos que ter algum tipo de renda básica universal, acho que não teremos escolha". O *San Francisco Chronicle* reportou em 19 de julho de 2017 que "O cofundador do Facebook, Chris Hughes, o investidor em capital de risco Marc Andreessen e o presidente da Y Combinator, Sam Altman, disseram que vale a pena explorar o GBI". Em um discurso de formatura na Universidade de Harvard, em 25 de maio de 2017, o fundador do Facebook, Mark Zuckerberg, disse: "Toda geração amplia sua definição de igualdade... Agora é a hora de definir um novo contrato social para a nossa geração. Deveríamos ter uma sociedade que medisse o progresso não apenas por métricas econômicas, como o PIB, mas por quantos de nós temos um papel que consideramos significativo. Devemos explorar ideias como a renda básica universal, para garantir que todos tenham um amortecedor para experimentar coisas novas". Em 29 de janeiro de 2018, o prefeito da cidade de Stockton, na Califórnia, anunciou planos de começar um programa piloto de renda básica, para pagar US$500 por mês a mil famílias abaixo da linha da pobreza. Baseado nos resultados, o programa poderia se expandir para 75 mil pessoas em uma cidade com 300 mil habitantes.

A ideia de um UBI ou GBI também conta com amplo e crescente apoio popular. Uma pesquisa encomendada pelo *Huffington Post* em janeiro de 2014 relatou que apenas 35% dos norte-americanos apoiava o GBI. Esse apoio subiu para 48% em fevereiro de 2018 de acordo com uma pesquisa do Instituto Gallup. Essa alta de 37% no apoio dos norte-americanos ao GBI em apenas quatro anos e durante uma expansão econômica com estabilidade de empregos, mostra que o apelo do GBI independe de recessão ou desaceleração no ciclo de negócios. Essas pesquisas refletem um aumento no apoio ao GBI pelos *millennials*, agora chegando à idade de entrarem no mercado de trabalho. Se essas tendências se mantiverem, o que é provável, o GBI terá o apoio da maioria dos adultos norte-americanos às vésperas da eleição presidencial de 2020.

Aplicar a fórmula de Van Parijs e Vanderborght aos Estados Unidos, para um GBI que consiste em 25% do PIB distribuído em uma base per capita, equivale a um novo direito do governo dos Estados Unidos que custa US$4,8 trilhões por ano, em um momento no qual o país já se depara com US$1 trilhão e maiores deficit orçamentários anuais nos próximos anos, enquanto a relação dívida/PIB da nação é a maior em mais de setenta anos, sem incluir passivos contingentes por direitos existentes. Mesmo um único ano de programa desse tipo aumentaria a relação dívida/PIB para 125%; dois anos elevaria para 140%, maior que qualquer economia no mundo, exceto Grécia, Líbano e Japão. A viabilidade política de tal programa, dados os direitos e encargos existentes, é quase nula, apesar do crescente apoio popular.

Em resposta a esses obstáculos, políticos e intelectuais públicos de esquerda e direita estão propondo modificações à forma pura do GBI, para torná-lo politicamente palatável. De direita, Charles Murray propõe um GBI de US$13 mil por ano, com US$3 mil destinados diretamente à aquisição de seguro-saúde e os US$10 mil restantes para o uso que o beneficiário quiser. No entanto, seria pago somente aos adultos — não a todos os norte-americanos — e substituiria quase todos os direitos existentes, incluindo o *Social Security, Medicare, Medicaid*, assistência social, subsídios agrícolas e benefícios fiscais corporativos. Ao eliminar todos esses programas de governo e as ineficientes burocracias que os administram, o plano de Murray custa menos que o sistema de segurança de renda existente e reduz ligeiramente o deficit orçamentário dos Estados Unidos. Murray argumenta de forma semelhante a Van Parijs e Vanderborght, de que sua proposta é baseada na liberdade e na dignidade humana e capacita os indivíduos a fazerem escolhas pessoais em vez de viver vidas confinadas pelos limites estreitos dos programas de direitos existentes. Ele também dá exemplos específicos de como os indivíduos com emprego, que podem guardar o dinheiro recebido pelo GBI e investir a taxas de mercado com retornos compostos, podem financiar uma renda de aposentadoria superior aos benefícios existentes no *Social Security*. O resumo sucinto da proposta de Murray é: "Aqui está o dinheiro. Use-o como achar melhor. Sua vida está em suas mãos".

Apesar dos atrativos financeiros e filosóficos da proposta de Murray, ela também é uma ideia política sem chances de sucesso ou eficácia. Os políticos não podem sequer discutir, muito menos chegar a um acordo sobre ajustes modestos nos direitos existentes que reduziriam a carga antecipada dos EUA em dívidas insustentáveis. É inconcebível que se descarte esses direitos inteiramente, mesmo que substituídos pelo GBI. Murray merece elogios por avançar no debate e mostrar que é possível. Ainda assim, sua proposta é suscetível de apoio político.

A esquerda norte-americana, em contraste com a europeia, adotou uma abordagem pragmática à questão. A oposição ao GBI é potente e previsível. Movimentos conservadores, *talk radio* e a mídia alternativa à direita vão à luta para denunciar o GBI como um programa para aqueles que têm preguiça de trabalhar e um passeio grátis a um número cada vez menor de trabalhadores. O ataque ao GBI incluirá alegações que, longe de fornecer uma base estável a partir da qual buscar emprego, destrói os incentivos ao trabalho. Embora o movimento do GBI tenha recebido avisos e comentários de grupos de reflexão e intelectuais públicos, ele passou amplamente despercebido pela base eleitoral de direita justamente por causa do afastamento assumido de sua realização. No instante em que o GBI avança para um lugar de destaque na agenda política progressista, a direita se mobilizará para destruir as suas chances. E a esquerda sabe disso.

Em vez de uma renda básica garantida, a esquerda propõe o emprego garantido pelo governo — a face aceitável da segurança universal da renda. Depois que a garantia do emprego estiver em vigor, as escalas de pagamento e os benefícios podem ser calibrados para garantir uma renda básica. O trabalho em si pode ser nominal em substância e escasso em produtividade; isso não importa. Ele é apenas a interface entre o gasto público e a renda garantida. No entanto, a presença de um requisito de trabalho separa esse programa das propostas de renda básica mais radicais de Van Parijs e Vanderborght, que insistem em que o GBI seja incondicional. O requisito "trabalho" favorece objeções baseadas em passeio grátis e preguiça. Conforme o debate se afasta dos sentimentos de "adesivo de para-choque de carro" sobre preguiça para fatores mais técnicos, como produtividade do trabalho, o público perde o interesse e os defensores vencem.

As únicas objeções politicamente potentes a um emprego garantido pelo governo são os custos contínuos e o impacto deles no deficit e na relação dívida/PIB. É justamente esse o ponto do debate no qual as facções progressistas do MMT se manifestam em defesa de empregos garantidos pelo governo. Se os balanços do banco central, a dívida do governo e a oferta de moeda são infinitamente elásticos, como afirma o MMT, então o custo do emprego garantido pelo governo é um engano, e os defensores progressistas tiram sua oposição conservadora do conselho.

Em abril de 2018, as mentes mais brilhantes do MMT — Kelton, Tcherneva, L. Randall Wray, Scott Fullwiler e Flavia Dantas — foram coautores de um manifesto intitulado *Public Service Employment: A Path to Full Employment* ("Emprego no Serviço Público: um Caminho para o Pleno Emprego", em tradução livre). O momento do lançamento da publicação, durante as eleições de meio de mandato de 2018 e a campanha presidencial de 2020, iniciada na manhã seguinte às primeiras, não foi coincidência. O plano de emprego do serviço público foi claramente concebido como um padrão reconhecido por todos os candidatos progressivos a cargos públicos, de Bernie Sanders em diante. Obama venceu ao oferecer "esperança e mudança" aos norte-americanos, Trump, "tornar a América grande novamente", Bernie Sanders e seus apoiadores podem ganhar em 2020 oferecendo aos norte-americanos a única coisa com a qual eles mais se importam: um trabalho decente, com salários decentes. Com isso, uma série de questões sociais, da coesão familiar ao crédito estudantil, começa a se autorreparar.

Kelton, Tcherneva e outros coautores do manifesto começam refutando os números oficiais do emprego, seguindo as linhas descritas anteriormente. Então, mudam para a descrição sucinta do programa do PSE:

> Nós propomos a criação de um programa de Serviço Público de Emprego (PSE), que ofereceria um trabalho com salário digno a todos que estiverem prontos e dispostos a trabalhar. Esse é um programa de "garantia de emprego", que fornece emprego a todos que precisam de trabalho, retirando-se do conjunto de desempregados durante as recessões e diminuindo à medida que o emprego no setor privado se recupera. Com financiamento federal, mas com administração descentralizada, o programa PSE pagaria US$15 por hora, para cargos de período integral e meio período e ofereceria benefícios, que incluem seguro de saúde e assistência infantil. Além de garantir o acesso ao trabalho em projetos que servem a um público, o programa estabelece padrões mínimos efetivos para salários e benefícios.

O apelo político do PSE, comparado ao GBI, é óbvio. O PSE, efetivamente, define um salário-mínimo nacional de US$15 por hora (que, provavelmente, seria ajustado pela inflação por meio da legislação autorizando o PSE). Tecnicamente, patrões poderiam pagar menos sob a legislação de salário-mínimo existente, mas perderiam seus empregados para trabalhos do PSE, pois os indivíduos buscariam os salários mais altos oferecidos. Isso forçaria os empregadores privados a corresponder à taxa de US$15 por hora, colocando efetivamente um piso abaixo dos salários. O mesmo vale para os benefícios.

A objeção mais clara ao PSE é a despesa. Até os proponentes do PSE admitem que o impacto no deficit do orçamento norte-americano seria superior a 1,5% do PIB nos primeiros anos (2018 a 2022) e acima de 1% do PIB nos últimos anos (2023 a 2027). Usando os níveis atuais do PIB, o PSE aumentaria o deficit em US$300 bilhões por ano, no ano fiscal de 2019, e valores mais altos posteriormente. Esse impacto seria superior aos débitos projetados superiores a US$1 trilhão por ano, mesmo sem o PSE.

É aqui que o MMT se encaixa. Não é coincidência que Kelton, Tcherneva e os outros coautores também são os principais economistas da escola MMT. Um programa como o PSE é exatamente o que o MMT prega — melhorar o bem-estar público e não se preocupar com deficit. Os defensores do PSE apontam para uma série de benefícios que atenuam o dano causado pelo deficit, incluindo "efeitos multiplicadores" místicos, bem como melhorias nas finanças dos governos estaduais e locais, uma vez que seriam capazes de tributar os pagamentos dos beneficiários do PSE. Eles também citam custos sociais baixos, relacionados à assistência médica, crime e dependência de drogas como benefícios do PSE, em comparação com a alternativa de não trabalhar para milhões de adultos. Os empregos do PSE seriam focados em "projetos que atendam a um objetivo público", presumivelmente melhorias na infraestrutura e no bem-estar público.

Mesmo permitindo que alguns desses benefícios sejam reais, é provável que a maioria deles seja ilusória e os custos, maiores do que o previsto. O fato é que hoje existem empregos em abundância, mesmo sem o PSE. O problema do emprego enfrentado pelos milhões de "trabalhadores desaparecidos" é resultado de uma incompatibilidade de habilidades, disfunção familiar, vício em drogas, motivação e a armadilha do bem-estar de programas de benefício existentes. O GBI pode resolver alguns desses problemas, mas o PSE não. Mais precisamente, a pesquisa de Reinhart e Rogoff mostra que a economia dos EUA ultrapassou o ponto sem retorno quando se trata de efeitos multiplicadores. Quando a relação dívida/PIB excede os 90%, os gastos adicionais impedem o crescimento em vez de estimulá-lo. Ao adicionar mais US$300 bilhões por ano à dívida nacional, o PSE faz o secular problema da estagnação ficar pior. O PSE oferece emprego àqueles interessados, mas estes já podem encontrar trabalho. O PSE não é uma solução para funcionários desmotivados. É uma forma politicamente atraente de aumentar o salário mínimo e melhorar benefícios pela porta dos fundos. Apesar dessa crítica, não é aconselhável descartar o PSE como apenas mais uma fantasia progressiva — ele detém o apoio de quase a maioria sem uma campanha em seu nome. Após o início da corrida presidencial de 2020, as campanhas de Sanders, Cory Booker, Elizabeth Warren e outros proeminentes democratas se tornará uma plataforma em tempo integral para promover os aspectos positivos do PSE. O apoio majoritário, então, surgirá. Até o instável Trump pode se tornar um defensor porque ele não está vinculado às convenções dos movimentos conservadores ou aos republicanos convencionais. O PSE pode se posicionar ao lado do *New Deal* de Roosevelt como o auge da política progressista nos últimos cem anos.

No entanto, há um perigo oculto no PSE ou GBI que até os críticos conservadores e que condenam a dívida, como Reinhart e Rogoff, têm evitado: a inflação. Dados os ventos contrários ao crescimento identificados pela tese de Reinhart e Rogoff, a persistente estagnação secular destacada por Larry Summers e os milhões de trabalhadores desaparecidos descritos por Eberstadt, a perspectiva de inflação parece remota. O Fed tem tentado criá-la por dez anos, sem sucesso. O Banco do Japão tenta fazer o mesmo há trinta anos, também sem sucesso. Esses casos deveriam estabelecer um mantra dos banqueiros centrais de que a inflação é causada por aumento de oferta de moeda, mas não é. O dinheiro é uma condição necessária à inflação, mas não é o suficiente; ela é um fenômeno psicológico, impulsionado pelo comportamento e expectativas do consumidor. O resultado do colapso das pontocom em 2000 e das hipotecas em 2007, além do pânico financeiro de 2008, traumatizaram uma geração de poupadores e investidores. Os efeitos desse trauma podem durar trinta anos ou mais, assim como aconteceu com a Crise de 1929 e a Grande Depressão que veio em seguida. É necessário um poderoso catalisador para superar o trauma do investidor e transformar as expectativas em relação à inflação. O PSE ou o GBI podem ser esse catalisador.

A razão tem a ver com o conceito de propensão marginal a consumir (MPC, em inglês), cujo conceito é simples. Se você der US$1 mil a um bilionário, ele provavelmente não gastará nada, porque já tem tudo o que quer e não necessita gastar em mais nada. Se você der a mesma quantia a alguém abaixo da linha da pobreza, ele provavelmente gastará tudo com comida, aluguel, reparos, gasolina e outras necessidades da vida. Em termos técnicos, o MPC do bilionário é 0% (não gasta nada), enquanto o MPC da pessoa abaixo da linha da pobreza é 100% (tudo). É o ato de gastar e o aumento resultante na velocidade ou rotatividade do dinheiro que causa um choque na inflação.

O aumento na velocidade do dinheiro resultante do programa do PSE ou GBI baterá de frente com as restrições de crescimento real teorizadas por Reinhart e Rogoff. Maior velocidade monetária aumenta o PIB nominal, enquanto o crescimento do PIB real é limitado pela dívida. Se o PIB nominal aumentar mais rápido do que o real, a diferença é a inflação, pura e simples. Políticos progressistas podem obter nos próximos dois anos o que os bancos centrais não foram capazes nas últimas duas décadas: inflação mais alta. As instituições que esperam a inflação devem ter cuidado com o que desejam. Eles podem conseguir, nas palavras de H. L. Mencken, algo "bom e complicado".

## Segredo de Investimento #5: Baixa produtividade pode significar inflação... ou deflação.

Como um investidor se prepara para um mundo que pode ser inflacionário ou deflacionário?

A solução é a chamada Estratégia Barbell (ou "barra"). Em um lado da barra, você tem proteção contra a inflação, composta por ouro, prata, terras e outros ativos concretos (físicos). Do outro, previne-se contra a deflação com títulos do Tesouro de dez anos, ações de serviços públicos e empresas de tecnologia que reduzem continuamente os seus custos. Juntando os dois lados da barra está um aporte de dinheiro, que reduz a volatilidade geral da carteira de investimentos e oferece a opção de girar em direção à proteção contra a inflação ou deflação se uma delas se tornar dominante.

Hoje, a armadilha da dívida e crescimento é a continuação da crise que começou em 2007. É a fase lenta da crise em andamento, mas pode se transformar em um ponto de explosão a qualquer momento. Também poderia levar a um gemido, que consiste em décadas de crescimento lento.

Independentemente do resultado, os investidores não estão desamparados. A Estratégia Barbell oferece uma forma de preservar a riqueza em todos os Estados do mundo.

# CAPÍTULO SEIS
# O ACORDO DE MAR-A-LAGO

> Com que frequência ouvimos referências à noção de que vivemos em um sistema global de comércio baseado em regras?... Em janeiro de 2017, a primeira-ministra britânica, Theresa May, exaltou o liberalismo, o livre comércio e a globalização como "as forças que sustentam o sistema internacional baseado em regras"... O presidente chinês, Xi Jinping, também exaltou as virtudes de uma ordem econômica mundial em Davos... Mas alguém poderia explicar: quais são exatamente essas regras?
>
> —Judy Shelton, "The Case for a New International Monetary System" (2018)

## Colaboração ou Caos?

Já faz mais de trinta anos desde a última grande conferência monetária internacional, no museu do Louvre, em Paris, no dia 22 de fevereiro de

1987. A conferência contou com ministros da economia e presidentes dos bancos centrais de Estados Unidos, Reino Unido, França, Alemanha Ocidental, Canadá e Japão. Uma nova conferência monetária internacional será necessária em breve, para restabelecer a ordem em um sistema incoerente. Uma conferência poderia produzir outra "reforma e evolução" monetária, na concepção clássica do estudioso Kenneth W. Dam, ou uma "redefinição monetária global", segundo a mais nova concepção de analistas casuais. Por mais de um século, o slogan da elite para o funcionamento monetário do mundo tem sido "as regras do jogo". Seja qual for sua frase, um novo regime está chegando. O que não se sabe é se essa conferência será lançada organizadamente por um poder de convocação ou em meio ao caos, em resposta a uma nova crise financeira. O primeiro é preferível; o último, mais provável.

Conferências monetárias internacionais eram raras antes da década de 1920. O sistema monetário internacional existente antes da Primeira Guerra Mundial era fruto da evolução, não de um projeto. O ouro era a principal forma de dinheiro há tempos. Os bancos centrais surgiram somente em 1668, com a criação do Sveriges Riksbank, na Suécia, e em 1694, com o Banco da Inglaterra. Estes e outros bancos centrais emitiram notas lastreadas em ouro, embora o resgate nessa forma tenha sido suspenso ocasionalmente em tempos de guerra.

Quando duas moedas são atreladas ao ouro, elas também são atreladas uma à outra pela lei transitiva. À medida que os padrões nacionais de ouro individuais se espalhavam no século XIX, um sistema global de taxas de câmbio fixas emergiu espontaneamente. Por exemplo, de 1900 a 1914, o preço oficial do ouro no Reino Unido era de £4,25 por onça, enquanto nos Estados Unidos era de US$20,67 por onça. O uso da medida de onça para o ouro como denominador comum significava que a libra esterlina expressa em dólares valia US$4,87. Não havia tratado ou acordo entre o Reino Unido e os EUA para indexar essa taxa de câmbio; era simplesmente o resultado matemático de cada nação fixando sua própria moeda em ouro. Um animado comércio físico de ouro entre bancos privados em Londres e Nova York, liderado pela House of Morgan no lado norte-americano, manteve a paridade de US$4,87 para uma libra esterlina por meio de arbitragem, levando em consideração o custo de transporte e seguro, taxas de juros relativas e o valor temporal do dinheiro. Esses fatores não baseados no ouro eram chamados de *gold points* ("pontos de ouro", em português). Quando essa espécie de taxa fazia o ouro ficar "barato" de um lado do oceano, um banco comprava o ouro, enviava para outro centro financeiro e venderia em moeda local, embolsando um lucro quase sem risco. Essas transações eram conduzidas usando a nova tecnologia telefônica. Não havia mecanismo de execução descendente ou centralizado; isso foi a prática de mercado livre na sua melhor forma.

Entre 1870 e 1914, a ampla adoção de padrões nacionais de ouro individuais levou ao surgimento de um sistema internacional de taxas de câmbio fixas, apesar da ausência de um tratado ou de uma instituição semelhante ao Fundo Monetário Internacional. Os EUA foram um dos últimos principais países comerciantes a formalmente adotar o padrão-ouro por conta da lei de mesmo nome de 1900, embora a Lei da Cunhagem de 1873 tenha permitido o resgate de cédulas bancárias por ouro a uma taxa fixa, a critério do detentor das notas. Um padrão global de ouro e um sistema de taxas de câmbio fixas surgiram simplesmente de comum acordo, sem orientação ou tratado.

O padrão-ouro clássico sofreu uma queda catastrófica em agosto de 1914, com a chegada da Primeira Guerra Mundial. As nações envolvidas no conflito suspenderam o resgate em ouro por notas bancárias por parte de seus cidadãos, tanto de fato como de direito. Os Estados Unidos, neutros até 1917, permaneceram no padrão-ouro e se tornaram um ímã para grande parte do ouro oficial do mundo, à medida que o país exportava armas e produtos agrícolas para parceiros comerciais com problemas, principalmente Reino Unido e França, e liquidou o excedente resultante da balança de pagamentos em ouro.

A dificuldade após a Primeira Guerra era como e quando recomeçar um padrão-ouro. Sanções de guerra impostas à Alemanha pelo Tratado de Versalhes, combinadas com dívidas de guerra contraídas por Reino Unido, França e Bélgica, entre outras nações, deixaram essas economias desenvolvidas inundadas em débitos impagáveis após a guerra. As remessas de ouro para os EUA em troca de material de guerra deixaram pouco do metal na Europa para reconstituir o sistema anterior à guerra. Os adversários haviam expandido bastante suas reservas de moeda para financiar o esforço de guerra. Dívidas excessivas, dinheiro impresso em demasia e uma forte escassez de ouro fizeram com que o retorno a um verdadeiro padrão-ouro fosse, no mínimo, problemático. A questão estava pronta para uma solução multilateral. Nasceu a era da conferência monetária internacional.

A primeira reunião formal foi uma conferência econômica e financeira em 1922. Trinta e quatro nações participaram do encontro, realizado no Palazzo di San Giorgio em Gênova, na Itália. A agenda foi bem mais ampla do que apenas o padrão-ouro, incluindo temas como a reconstrução econômica na Europa, o status das reparações e as relações com o relativamente novo regime da União Soviética, que substituiu o Império Russo. Um objetivo de retomar o padrão-ouro foi manifestado, com a implementação a cargo da soberania de cada país participante individualmente. A escassez do metal foi tratada em parte com planos para economizar a quantidade de ouro necessária para apoiar o suprimento de dinheiro. As medidas incluíam tirar moedas de ouro de circulação, derretê-las e reformá-las em barras de 400 onças, mantidas em cofres. Isso tornou impraticável a troca física do ouro e fez com que os cidadãos se acostumassem ao papel-moeda, com uma crença vaga, porém equivocada, de que havia ouro suficiente por trás do papel. Os participantes também concordaram em aceitar moedas importantes, como os francos franceses e as libras esterlinas, na liquidação de sua balança de pagamentos. Isso significava que as divisas eram mantidas como reservas, além do ouro físico.

Esse padrão de troca de ouro exibiu sinais de falha quase desde o início. O Reino Unido, a França e a Bélgica voltaram ao metal ao longo de 1925 até 1926. França e Bélgica tiveram novamente taxas muito desvalorizadas em comparação com a paridade pré-guerra. Liderado pelo então chanceler do Tesouro Winston Churchill, o Reino Unido tomou o caminho oposto e retornou à paridade de £4,25 por onça para o ouro de antes do conflito. Isso exigiu uma redução drástica na oferta de moeda para manter a antiga paridade, o que provou ser deflacionário e mergulhou o país na depressão muitos anos antes de o mundo ser afetado, em 1928 e 1929. O sistema então quebrou completamente, com sucessivas desvalorizações pelo Reino Unido (1931), Estados Unidos (1933) e Reino Unido e França juntos (1936), antes de as remessas e conversões do ouro serem novamente suspensas com o início da Segunda Guerra Mundial, em 1939.

A próxima grande conferência monetária internacional foi a mais significativa — a Conferência Monetária e Financeira das Nações Unidas, em julho de 1944, com 44 países presentes, realizada no Mount Washington Hotel, em Bretton Woods, no estado norte-americano de

New Hampshire. Bretton Woods apresentou um confronto entre dois grandes projetos. John Maynard Keynes, representando o Reino Unido, apresentou um plano para estabelecer uma forma de moeda mundial lastreada em ouro, denominada Bancor, como a principal moeda de reserva a ser emitida por um fundo monetário internacional e usada para liquidar a balança de pagamentos entre as nações. Já a proposta de Harry Dexter White, representante dos EUA, visava poder estabilizar o dólar americano em 1/35 de uma onça de ouro, como moeda reserva primária. Outras moedas ficariam atreladas ao dólar e, indiretamente, ao ouro. A desvalorização de outros dinheiros frente ao dólar seria possível por procedimentos acordados, enquanto o dólar ficaria firmemente fixo ao ouro. Dada a dominação norte-americana em geopolítica, comércio e finanças nos últimos dias da Segunda Guerra Mundial, não foi surpresa ver o plano norte-americano avançar, apesar dos melhores esforços de Keynes. Ironicamente, Harry Dexter White era um agente stalinista dentro do Tesouro norte-americano cuja agenda oculta era acelerar o fim do Império Britânico marginalizando a libra esterlina e destacando a escassez de ouro no Reino Unido. O plano de White teve um resultado brilhante, como mostra amplamente a descolonização britânica, de 1947 a 1964.

A decisão do presidente Nixon, em 15 de agosto de 1971, de suspender "temporariamente" o resgate de dólares por barras de ouro por parceiros comerciais dos Estados Unidos não buscava, na época, o fim do sistema de Bretton Woods. Era uma espécie de intervalo, durante o qual uma nova conferência monetária internacional seria convocada para desvalorizar o dólar em relação ao ouro, realinhar as taxas de câmbio fixas e relançar o antigo sistema com as novas avaliações. A conferência convocada para implementar essas mudanças aconteceu no Instituto Smithsonian em Washington, DC, em dezembro de 1971, foi a terceira maior conferência internacional monetária do século XX. O chamado Grupo das Dez Nações (G10), composto por EUA, Reino Unido, França, Alemanha Ocidental, Suécia, Itália, Holanda, Bélgica, Canadá e Japão, assinou o *Smithsonian Agreement*, que desvalorizou o dólar ao aumentar o preço do ouro de US$35 por onça para US$38 e reavaliou as taxas de câmbio em relação às moedas de cada um dos outros signatários de 7,5% para 17% cada. O acordo fracassou ainda mais rápido do que o padrão de troca de ouro estabelecido em Gênova. O dólar desvalorizou em 10% adicionais em 14 de fevereiro de 1973, antes de finalmente chegar ao valor oficial atual, de US$42,22 por onça de ouro. Uma a uma, as principais nações foram largando tanto o padrão-ouro quanto as taxas fixas de câmbio, adotando taxas flutuantes determinadas pelo mercado. O ouro ainda existia nos cofres dos bancos centrais, mas deixou de ter seu papel na efetivação do valor das moedas.

As taxas de câmbio flutuantes eram favorecidas pelos economistas acadêmicos da época — sendo Milton Friedman o mais famoso —, porque permitiam às nações ajustar de forma suave e contínua os custos unitários do trabalho e manter condições de comércio favoráveis sem as desvalorizações abruptas e as crises cambiais que caracterizaram os últimos anos do sistema Bretton Woods. Como de costume, as teorias favoritas dos acadêmicos ignoraram os custos ocultos das taxas de câmbio flutuantes, incluindo maior incerteza em relação ao futuro do investimento direto estrangeiro, custos de hedge, limites irrealistas, manipulação de mercado e guerras cambiais. Essas falhas vieram à tona nos anos voláteis que se seguiram após o fim do sistema Bretton Woods e o abandono do *Smithsonian Agreement*, em 1973.

O *Smithsonian Agreement* não foi a última conferência monetária internacional de referência. Apesar do crescimento das taxas de câmbio flutuantes após 1973, ainda era possível tentar determinar, se não precisamente, taxas de câmbio cruzadas por meio de intervenções de mercado combinadas pelas principais potências comerciais. Para esse fim, uma reunião dos ministros das finanças do G5, com representantes dos Estados Unidos, Reino Unido, França, Alemanha Ocidental e Japão, foi convocada no Plaza Hotel, em Nova York, em setembro de 1985. O dólar tinha valorizado 50% entre 1980 e 1985 devido às políticas de altas taxas de juros do presidente do Fed, Paul Volcker, e ao estímulo fiscal do presidente Ronald Reagan. Exportadores dos setores agrícola e de manufatura dos EUA sofriam com a política *"King Dollar"* (algo como "Dólar Soberano" em português) de Volcker e Reagan. Em vez de agir de forma unilateral ou confrontando os demais países, os Estados Unidos, liderados pelo então secretário do Tesouro, James Baker, convocaram a reunião no Plaza Hotel para chegarem a um consenso sobre a desvalorização do dólar, imposto por meio de intervenções em moeda coordenadas pelos bancos centrais e ministérios das finanças dos países do G5.

O resultado final foi o *Plaza Accord*, assinado em 22 de setembro de 1985, este foi muito bem-sucedido. A desejada desvalorização do dólar se iniciou quase que imediatamente e, no início de 1987, começou a ficar desordenada. Uma nova conferência monetária internacional foi convocada em Paris, em fevereiro de 1987, para se chegar a um acordo sobre medidas para deter o declínio da moeda norte-americana e estabilizar as taxas de câmbio em níveis mutuamente acordados. O grupo de Paris foi formado pelo G5 do *Plaza Accord* mais o Canadá. Esse novo G6 assinou o Acordo do Louvre em Paris, em 22 de fevereiro de 1987, estabilizando o dólar em relação às moedas dos principais parceiros comerciais dos EUA. Essa estabilidade durou até a crise financeira global de 2008 e o início de uma nova guerra cambial, em 2010.

O período de 105 anos desde a queda do padrão-ouro clássico, em 1914, testemunhou cinco grandes conferências monetárias internacionais: Gênova (1922), Bretton Woods (1944), Washington (1971), Nova York (1985) e Paris (1987). É uma média de uma conferência a cada 21 anos, embora não seja uma cronologia uniformemente espaçada — a última ocorreu há 32 anos. Entretanto, importantes reuniões multilaterais para tratar de questões monetárias internacionais aconteceram nesse meio tempo. No entanto, nenhuma delas trouxe mudanças fundamentais nas regras do jogo, como visto nas cinco grandes conferências. No papel, o mundo estava mais que atrasado para realizar uma nova conferência monetária e implementar uma verdadeira redefinição monetária global. A questão mais urgente para as elites monetárias é se uma conferência será convocada proativamente, com o objetivo de criar um sistema coerente, ou de forma reativa, em meio a uma nova crise financeira global, que provavelmente produzirá uma resposta bem rigorosa. Um momento crucial na história monetária chegou. Uma abertura única foi oferecida ao presidente Donald J. Trump.

O ex-presidente do Fed, Alan Greenspan, fez essas observações, comparando o atual sistema não fixado com os benefícios do antigo padrão-ouro, em entrevista à revista *Gold Investor* em fevereiro de 2017:

> Eu vejo o ouro como a principal moeda global. É a única moeda, ao lado da prata, que não requer uma assinatura da contraparte. O ouro, no entanto, sempre foi muito mais valioso por onça do que a prata. Ninguém recusa o ouro como pagamento para cumprir uma obrigação. Os instrumentos de crédito e a moeda fiduciária dependem da capacidade de crédito da contraparte. O ouro, junta-

mente com a prata, é uma das únicas moedas que tem valor intrínseco. Sempre foi assim. Ninguém questiona o seu valor e sempre foi uma mercadoria valiosa, cunhada pela primeira vez na Ásia Menor, em 600 antes de Cristo. Hoje, voltar ao padrão-ouro seria percebido como um ato de desespero. Mas, se o padrão-ouro estivesse em vigor hoje, não teríamos chegado à situação em que nos encontramos agora. Não podemos nos dar ao luxo de gastar em infraestrutura da maneira que deveríamos... Jamais teríamos chegado a essa posição de endividamento extremo se estivéssemos no padrão-ouro, porque ele é uma maneira de garantir que a política fiscal nunca saia da linha.

Christine Lagarde, atual diretora-gerente do Fundo Monetário Internacional, deu o seguinte aviso na Reunião da Primavera de 2018 do organismo, em 21 de abril daquele ano:

A dívida global está no nível mais alto de todos os tempos. Ela é de US$164 trilhões, que representa 225% do PIB... A dívida pública nas economias avançadas está em níveis não vistos desde a Segunda Guerra Mundial. E, nos países de baixa renda, se as recentes tendências continuarem, muitos, mas nem todos, enfrentarão cargas insustentáveis de dívidas... As vulnerabilidades financeiras cresceram devido ao alto endividamento, ao aumento da volatilidade do mercado financeiro e ao aumento dos preços dos ativos. Um aperto repentino das condições financeiras pode levar a correções de mercado, dívida insustentável e reversões do fluxo de capital.

As advertências feitas não são de críticos sem importância ou de incessantes entusiastas do ouro. Greenspan e Lagarde são pilares da elite monetária internacional. Eles estão avisando que o sistema não é sustentável, que um reajuste está por vir, com o ouro possivelmente sendo uma parte da discussão nesse sentido — mesmo parecendo improvável que ele seja a primeira escolha da elite. A convocação para uma nova conferência monetária internacional também foi ressaltada pela ilustre economista Judy Shelton, em seu artigo *The Case for a New International Monetary System* ("A Situação para um Novo Sistema Monetário Internacional", em tradução livre), de 2018, no qual ela escreveu: "Hoje, existem razões convincentes — políticas, econômicas e estratégicas — para Trump iniciar o estabelecimento de um novo sistema monetário internacional". Novamente, a única questão é se um poder de convocação proativo, possivelmente Trump, assume a liderança ou se uma nova histeria surge e força as mãos da elite sob condições altamente adversas.

Se Trump tomasse a iniciativa de convocar uma nova conferência monetária internacional, o local já está mais que definido: o resort de Mar-a-Lago em Palm Beach, na Flórida, construído por Marjorie Merriweather Post em 1927, agora, um marco histórico nacional dos EUA de propriedade de Trump. Haveria alguma ironia na escolha de Mar-a-Lago, já que o Mount Washington Hotel em New Hampshire, local da Conferência de Bretton Woods de 1944, também era um marco histórico nacional e, na época, propriedade do senador Charles Tobey, de New Hampshire e amigo pessoal de Franklin Roosevelt. Antes de Bretton Woods, John Maynard Keynes implorou a seu colega norte-americano, Harry Dexter White, que a conferência não fosse em Washington, porque Keynes tinha problemas cardíacos e, em uma época anterior ao ar-condicionado, o calor em Washington no verão era insuportável. O pedido de Keynes foi atendido com a escolha de um lugar mais frio, nas Montanhas Brancas de New Hampshire. Se ele fosse vivo, com certeza aprovaria a brisa fresca do mar de Mar-a-Lago. Seus salões ornamentados e dourados também têm uma leve semelhança com o Palazzo di San Giorgio da Itália, do século XIII, local da conferência de Gênova de 1922.

## Visões das Elites Monetárias

Argumentar que nenhuma redefinição monetária global está no horizonte é alegar que as elites globais alcançaram um estado permanente de nirvana monetário. Isso é falso. O sistema monetário internacional, hoje, é uma colcha de retalhos de taxas de câmbio flutuantes, câmbios fixos rígidos, flutuações sujas, guerras cambiais e contas de capital aberto e fechado, com o dinheiro mundial aguardando em suspenso. Isso não é seguro, é incoerente.

"Incoerente" foi a palavra exata usada tanto pelo ex-presidente do Fed, Ben Bernanke, quanto pelo ex-diretor-gerente do FMI, John Lipsky, em conversas separadas comigo. Falei com Bernanke em Seul, Coreia do Sul, em 27 de maio de 2015, e com Lipsky apenas alguns meses depois, em Nova York. Cada um usou aquele termo para descrever o sistema monetário internacional, mas nunca ouvi nenhum deles mencioná-lo publicamente. Também tenho certeza de que a palavra não foi ensaiada, nem uma coincidência. O fato de duas pessoas da elite monetária usarem o mesmo termo nesse contexto mostra que essa visão é um tópico ativo de discussão nos círculos da elite.

Por incoerência, tanto Bernanke quanto Lipsky queriam dizer que não havia âncora para o sistema, nem ponto de referência ou métrica universal acordada para determinar os valores monetários. Você pode avaliar *todas* as moedas em relação a outra, mas não há como estimar *qualquer uma* delas por meio de um padrão objetivo, de acordo com as regras atuais.

O problema de uma base ou modelo objetivo para avaliar moedas foi resolvido séculos atrás, pelo padrão-ouro. Antes do século XVII, ouro e prata eram dinheiro e não havia necessidade de fazer referência a moedas de papel (exceto para os antigos regimes chineses de papel-moeda, que falharam catastroficamente). A partir do século XVII, o papel-moeda lastreado em ouro e moedas de ouro circulavam lado a lado. Eventualmente, o suporte de ouro foi retirado. Como vimos, isso aconteceu em estágios, entre 1914 e 1971, de forma que os cidadãos comuns mal notavam. O ouro privado se tornou ilegal para os cidadãos nos EUA em 1933 e os bancos comerciais foram obrigados por lei a entregar o seu ouro ao banco central em 1934. No entanto, o país manteve um padrão-ouro com seus parceiros comerciais estrangeiros, e o Fed foi obrigado a apoiar a moeda com ao menos 40% de ouro. Tal apoio, chamado de "cobertura", foi reduzido para 25% em 1945. Em 1965, ele foi completamente eliminado para os depósitos do Fed e, em 1968, reduzido para zero nos títulos do Banco Central Americano. Por fim, em 1971, Nixon acabou com a conversibilidade em ouro de dólares para parceiros comerciais estrangeiros.

Lipsky e Bernanke não são favoráveis à volta do padrão-ouro. Na verdade, dificilmente há algum economista convencional no mundo atual que seja favorável a tal volta. Isso traz uma questão: se você não está usando ouro, mas deseja uma âncora para as principais moedas de reserva, qual você propõe? É aqui que a discussão começa. Os que criticam a incoerência não têm uma resposta ao dilema de como inventar uma âncora adequada ao sistema monetário internacional.

Em 15 de fevereiro de 2017, tive um encontro privado com o ex-secretário do Tesouro, Tim Geithner, em uma pequena reunião em Nova York. Perguntei a ele diretamente sobre o plano de jogo para a próxima crise monetária, incluindo aspectos de um possível reinício monetário global. Sugeri que o Fed havia feito pouco para reduzir o seu balanço após a última crise de 2008; o balanço patrimonial no início de 2017 ainda estava próximo do nível de US$4,2 trilhões alcançado no final de 2014. Expressei minhas dúvidas sobre se o Fed estaria apto a quadruplicar seu balanço diante de uma nova crise, como feito na de 2008. Perguntei a Geithner à queima-roupa se ele acreditava que o FMI imprimiria trilhões de direitos de saque especiais, ou DSE (*Special Drawing Rights* ou SDR em inglês), para trazer novamente a liquidez do sistema monetário global, caso necessário. Para isso, seria preciso o consenso dos principais membros do FMI, um processo que configuraria uma espécie de conferência monetária internacional.

Para minha surpresa, Geithner jogou um balde de água fria na ideia de o FMI salvar o mundo. Ele disse: "Tentamos isso após 2008 e não funcionou muito bem". Geithner estava certo. Em agosto e setembro de 2009, quase um ano após a fase mais aguda da crise de 2008, o FMI emitiu 182 bilhões em DSE (equivalente a US$255 bilhões na taxa de câmbio DSE/USD). A maioria dos participantes do mercado mal notou a emissão e pouco fez para estimular o crescimento econômico mundial. Parte do problema foi que a emissão ocorreu muito depois de o pânico diminuir, e mesmo após o início da recuperação nos EUA. Além disso, as quantias envolvidas foram pequenas em relação aos US$10 trilhões de trocas cambiais entre o Fed, o Banco Central Europeu e outros bancos centrais, e o US$1 trilhão em impressão de dinheiro que o Fed iniciou no QE1 e, depois, no QE2. Ainda assim, isso não significava que os DSEs não pudessem ser eficazes, apenas que o momento já havia passado e os montantes insuficientes.

Pressionei Geithner ainda mais, perguntando: "Bom, se o Fed não pode expandir seu balanço patrimonial e a emissão de DSEs pelo FMI é ineficiente, como o Fed e os outros bancos centrais lidarão com uma nova crise global de liquidez?". Geithner fez uma pausa, olhou para mim e disse: "Garantias". Em outras palavras, Geithner esperava que, em uma nova crise, o Tesouro e o Fed conseguissem impedir uma corrida aos bancos e aos fundos do mercado financeiro com a garantia de depósitos e saldos em contas-correntes.

Geithner estava sendo muito solícito, mas me mostrava altamente cético em relação à sua proposta. Garantias funcionaram em 2008 porque houve uma corrida ao crédito *privado* e o governo estava apto a usar o crédito *público* e as garantias para cobrir o crédito privado. A próxima crise será diferente. O público investidor e os participantes do mercado dão como certo hoje que o governo socorrerá os bancos (mesmo que isso signifique usar novas regras de "resgate interno" para converter os depósitos em patrimônio líquido). Mas quem auxiliará o governo? A próxima recessão trará uma perda de confiança no próprio governo, bancos centrais e moedas fiduciárias. Como pode o governo se garantir quando o seu próprio crédito é questionado?

Finalmente, em 31 de maio de 2018, desfrutei de uma conversa individual de uma hora em Hong Kong com John Lipsky, o único norte-americano a presidir o FMI. Foi meu terceiro encontro com ele após um papo em Nova York, em 2015, e outro posteriormente em Washington, D.C. Foi de longe a nossa conversa mais profunda. Lipsky não é tão conhecido como Geithner, mas ele era indiscutivelmente mais poderoso porque durante algum tempo controlou a impressão mundial de dinheiro do FMI, que produz os DSEs.

Lipsky possui Doutorado em Economia pela Universidade Stanford. Ele começou sua carreira no FMI em 1974 e passou dez anos lá, onde se tornou o principal especialista na fiscalização da taxa de câmbio dentro do organismo. Em 1984, ele se transferiu para a Salomon Brothers (que hoje é parte do Citigroup), onde trabalhou com o lendário Henry Kaufman, conhecido como "Dr. Destino", eventualmente se tornando economista-chefe. Em 1997, deixou o Salomon para ser economista-chefe no J. P. Morgan. Em 2006, retornou ao FMI para cumprir um mandato de cinco anos como primeiro vice-diretor-gerente.

O papel de primeiro vice-diretor-gerente é resultado de um acordo não escrito de compartilhamento de poder entre a Europa e os EUA firmado durante a convenção de Bretton Woods, em 1944. As instituições e acordos de Bretton Woods, incluindo o FMI e o Banco Mundial, foram estruturados de acordo com as formas desejadas pelos Estados Unidos. A crença era a de que os norte-americanos tinham muito poder econômico e precisavam compartilhá-lo com a Europa. O acerto informal era que um norte-americano dirigiria o Banco Mundial, mas *nunca* seria presidente do FMI. O cargo principal do FMI, de diretor administrativo, seria reservado aos europeus. A posição de segundo em comando, primeiro vice-diretor--gerente, foi criada para pertencer a um norte-americano. Na verdade, o primeiro vice era os olhos e ouvidos da América no FMI, enquanto o principal cargo era de um europeu. No cargo, Lipsky foi parte importante na emissão de 182,7 bilhões de DSEs em dinheiro mundial em 2009.

Esse acordo permaneceu até o então diretor-geral do FMI Dominique Strauss-Kahn ser preso pela polícia de Nova York, em 14 de maio de 2011, por acusação de assédio sexual e estupro. Strauss-Kahn renunciou ao cargo alguns dias depois, em 18 de maio. Como a saída de Strauss--Kahn foi tão abrupta, o Comitê Executivo do FMI não teve tempo hábil para pensar em um sucessor. Em vez disso, John Lipsky foi promovido de primeiro vice-diretor-gerente para diretor-geral, tornando-se o primeiro e único norte-americano a presidir o FMI. Lipsky se aposentou do FMI no final de agosto de 2011 e continuou sua carreira no meio acadêmico.

Minha conversa de maio de 2018 com Lipsky, em Hong Kong, foi fascinante. Ninguém no mundo sabia mais sobre o trabalho interno do FMI e o uso dos DSEs para garantir liquidez numa redefinição monetária global. Estava recebendo o manual do reinício direto da fonte.

Antes de 2009, o FMI não emitia DSEs desde 1981, apesar das graves crises nos mercados emergentes em 1982, 1994 e 1997. Um cínico poderia sugerir que o FMI nunca lançou DSEs para salvar mercados emergentes, ainda que tenha emitido-os para livrar os mercados desenvolvidos em 2009. Lipsky enfatizou a dificuldade de chegar a um consenso dentro do FMI em questões relacionadas aos DSEs. A emissão do DSE como parte de uma redefinição monetária global era improvável, exceto em uma crise. Em outras palavras, o FMI não pressionaria *proativamente* para uma redefinição, em uma nova conferência monetária, mas poderia orquestrá-la *reativamente* em meio a um novo pânico.

Perguntei a Lipsky sobre a crítica de Geithner à emissão de DSEs em 2009 e sua descrença na capacidade do FMI de ser útil em uma crise. John praticamente gritou: "Você já leu o livro dele?", Lipsky acrescentou: "Geithner estava no FMI entre seu período no Tesouro e quando se mudou para o Fed. Não estou certo do que aconteceu, mas ele teve uma experiência ruim e não tem nada de bom a dizer sobre o FMI."

Geithner foi presidente do Federal Reserve Bank de Nova York de 2003 a 2009, e se tornou secretário do Tesouro em 26 de janeiro de 2009.

Ele atuou anteriormente no organismo como subsecretário de Relações Internacionais, entre 1998 e 2001, e esteve no FMI de 2001 a 2003, período sobre o qual Lipsky se referiu.

Lipsky estava certo. O livro de Geithner *Stress Test*, de 2014, inclui este trecho:

> O FMI era um lugar mais formal e menos divertido para se trabalhar do que o Tesouro. As reuniões eram intermináveis, com uma burocracia esmagadora, um conselho executivo intrusivo e conturbado, uma quantidade assustadora de papel e muitos conflitos entre facções de vários feudos... O ritmo era muito mais lento do que estava acostumado... O FMI era cheio de pessoas dedicadas e inteligentes, mas poucas haviam experimentado o ônus de tomar decisões políticas como funcionários do governo. Havia muito papel, burocracia e conversa.

Essa é apenas uma pequena amostra das críticas contundentes de Geithner sobre o FMI, que remontam à crise das economias emergentes de 1997 e 1998, durante sua época no Tesouro.

Nunca é demais estudar os documentos e teorizar o futuro dos DSEs. Ao conversar individualmente com formuladores de política como Ben Bernanke, Tim Geithner e John Lipsky, o retrato que eles pintam em particular é inquietante em suas implicações para a evolução da redefinição monetária global. Dado o autoproclamado nacionalista Trump, com visões de "América primeiro", é improvável que ele tenha uma opinião melhor sobre o FMI do que Geithner; ele quase certamente tem uma opinião mais baixa e não estaria disposto a fornecer financiamento de emergência ao FMI em uma crise de liquidez, ou se tornar parceiro dele em um colapso financeiro global. Se Trump convocar uma nova conferência monetária internacional, parece mais provável que ele apele diretamente aos líderes mundiais em vez de trabalhar através de canais institucionais do FMI. Essa abordagem está mais de acordo com o estilo pessoal ad hoc de Trump, que condena a burocracia e eleva o pessoal sobre o processual.

O que minhas conversas com a elite monetária global revelaram é que instituições como o Tesouro, Fed e o FMI são poderosas no papel, mas disfuncionais e lentas na prática. Nenhum dos líderes com quem falei prevê uma redefinição monetária global chegando. No auge de uma nova crise financeira mundial, ninguém estará no comando. As soluções que surgem nesse ambiente têm mais probabilidade de serem ad hoc do que ponderadas.

O resultado ideal seria uma conferência monetária em Mar-a-Lago, convocada por Trump e com a participação das dez maiores economias (Estados Unidos, China, Japão, Alemanha, Reino Unido, França, Índia, Itália, Brasil e Canadá), que representam 80% do PIB global e cerca de metade da população mundial. Assentos adicionais estariam disponíveis para potências do ouro e do petróleo como Rússia, México, Nigéria, Indonésia, Holanda e Arábia Saudita; países que adicionariam outros 700 milhões de pessoas ao número já mencionado. Um grupo maior de nações poderia ser convidado, mas o diálogo seria controlado pela "Gangue dos Dezesseis" descrita. A agenda seria estabelecer uma âncora para o sistema monetário global diferente de uma moeda única ou grupo de moedas. Poderia ser ouro, DSEs atrelados a este metal ou uma nova moeda mundial, definida pela cesta de commodities (o "neobancor"). Reservas ainda poderiam ser mantidas nas principais moedas, mas as obrigações do comércio mundial e da balança de pagamentos seriam calculadas e liquidadas em unidades âncoras, removendo os incentivos à desvalorização e às guerras cambiais. O petróleo seria fixado em unidades âncoras, acabando com o acordo do petrodólar e a hegemonia do dólar de forma mais ampla. Inúmeras questões técnicas teriam que ser abordadas, o que pode envolver vários anos de pesquisa antes da data efetiva de um plano final. Este hiato de pesquisa daria às nações participantes tempo para se adaptarem a uma "âncora de sombra" antes da implementação.

As chances de tal conferência são reduzidas diante do atual ambiente de guerras comerciais e cambiais. Paradoxalmente, a futilidade delas poderia ser o catalisador de uma conferência. Ainda assim, o resultado mais provável é o caos contínuo até que surja uma crise aguda. No entanto, uma conferência monetária formal não é o único caminho para redefinir o sistema. As alternativas incluem um padrão-ouro digital, DSEs atrelados ao ouro e uma moeda ligada ao ouro, mas sem usá-lo. O que torna essas e outras alternativas intrigantes é que elas podem ser buscadas unilateral e secretamente, ao menos nos estágios iniciais. Elas são estudadas abaixo.

## Cripto-ouro

Os dois países no mundo que têm sido mais explícitos sobre o desejo de derrubar a regra do dólar são os mesmos que adquiriam mais ouro que os demais nos últimos dez anos: Rússia e China. Agora, o plano de enterrar a moeda norte-americana passou do desejo para medidas ativas.

A abordagem deles é direta. Rússia e China estão desenvolvendo suas criptomoedas em um livro fiscal com permissão e fortemente criptografado. Eles sabem que nem o rublo ou o iuane têm elementos necessários para o status de moeda reserva, incluindo mercados de títulos com liquidez profunda e bom Estado de direito. Mas esses obstáculos podem ser contornados com a criação de uma nova moeda. O plano das duas nações funcionaria da seguinte maneira:

Rússia e China reunirão seu ouro oficial (aproximadamente 5 mil toneladas ou algo em torno de 15% do ouro no mundo), depositando-o em um cofre não bancário em um banco suíço regido pelas leis locais. Convidarão outros participantes do esquema a fazer o mesmo. Ao mesmo tempo, Rússia e China lançarão uma nova moeda digital em sua contabilidade distribuída. Essa nova moeda (chamada de "Putin-coin" ou "Xi-coin", por exemplo), será atrelada a uma taxa de câmbio de 1 moeda = 1 DSE. As unidades desse dinheiro poderiam ser expandidas com base em novos depósitos de ouro ou na criação voluntária de crédito denominado na nova moeda. Um conselho diretor da contabilidade distribuída determinaria a participação, os depósitos de ouro e o suprimento de dinheiro.

A negociação de bens e serviços começará entre os membros desse pool. Como membros, a Coreia do Norte poderia vender armas para o Irã, a China venderia infraestrutura para a Rússia, o Irã e a Rússia venderiam petróleo para a China, os chineses tirariam férias na Turquia e por aí vai. Essas transações poderiam ser realizadas localmente e com qualquer moeda, mas seriam convertidas pelos bancos centrais dos participantes na nova moeda digital, para fins de balança de pagamento. Os saldos digitais de moedas seriam compensados e liquidados periodicamente. Já os saldos líquidos seriam liquidados com o peso do ouro físico, a preços de mercado convertidos dos DSEs, usando as avaliações diárias do FMI. O ouro pode ser transportado para o detentor do saldo ou transferido para o cofre suíço, sem transferência física. Esse sistema combinaria a forma mais antiga de dinheiro (ouro) com a mais nova (moeda eletrônica em um livro fiscal de distribuição). É importante ressaltar que, na perspectiva dos russos, chineses e outros participantes, o dólar não está envolvido.

É provável que esse sistema monetário de contabilidade distribuída cresça rapidamente à medida que grandes potências econômicas, como Índia e Brasil, sejam atraídas pela facilidade de uso e ausência de dólares. A China e a Rússia podem impulsionar a adoção, exigindo que parceiros comerciais menores usem o novo sistema. A pressão poderia ser feita aos principais exportadores de commodities, como Arábia Saudita e Austrália, para faturar na nova moeda digital. Os saldos comerciais líquidos poderiam facilmente ser convertidos em dólares por meio da venda dos saldos físicos em ouro, se desejado. Dessa forma, o novo sistema digital poderia interagir com o sistema existente baseado em dólar, por meio do ouro.

Rússia e China não estão sozinhas na busca por criptomoedas em contabilidade distribuída. Uma nova classe de criptomoedas globais em contabilidade distribuída controlada pelo FMI e pelos bancos centrais também está em desenvolvimento. Veja o trecho de um relatório do FMI de junho de 2018, chamado *Monetary Policy in the Digital Age* ("Política Monetária na Era Digital", em tradução livre):

> A diretora-geral do FMI, Christine Lagarde, ressaltou, em um discurso no Banco da Inglaterra ano passado, que 'a melhor resposta dos bancos centrais é... estarem abertos a novas ideias e demandas, conforme a economia evolui'... As autoridades governamentais devem regular o uso de criptoativos para evitar a arbitragem regulatória e qualquer vantagem competitiva injusta que eles possam trazer por conta de regras mais leves. Isso significa... tributando, efetivamente, criptotransações... Os bancos centrais deveriam continuar a tornar seu dinheiro atraente como instrumento de liquidação. Por exemplo, poderiam tornar o dinheiro do banco central fácil de usar no mundo digital, emitindo tokens digitais próprios para complementar reservas físicas de dinheiro e bancos. Essa moeda digital poderia ser trocada, ponto a ponto, de maneira descentralizada, como é feito com os criptoativos.

O relatório do FMI deve ser entendido como uma declaração de guerra contra criptomoedas não governamentais e um manifesto pedindo criptomoedas controladas pelo governo. Um resultado provável seria a criação de um e-DSE administrado pelo FMI, que facilitaria as trocas e negociações no mercado secundário entre membros do FMI que possuem DSEs. No caso de uma nova e massiva emissão de DSEs para aliviar uma crise financeira global, o e-DSE deve acelerar a difusão e as transferências para as partes afetadas, da mesma forma que carros de bombeiro de uma cidade irão para outra se um incêndio estiver fora de controle.

Enquanto as moedas digitais russas, chinesas e as patrocinadas pelo FMI estão em desenvolvimento, outros movimentos mais curiosos avançam na esfera do dinheiro mundial.

## O DSE e o Ouro

Uma redefinição global monetária já aconteceu?

Fui alertado sobre essa possibilidade por um relatório de pesquisa enviado a mim por um correspondente chamado D. H. Bauer, da Suíça. Uma explicação da pesquisa de Bauer começa com o preço do ouro em dólares: US$1,260 por onça na data do relatório. Seguindo o preço em dólar do ouro, consideramos que, em um determinado dia, o ouro está "alto" ou "baixo", digamos US$10 por onça. Quando fazemos essa observação, citamos efetivamente uma taxa cruzada entre a moeda norte-americana (USD) e uma onça de ouro (GOLD), ou USD/GOLD. A seguir, observamos o valor do DSE em dólares. Essa taxa cruzada DSE/USD é calculada e publicada diariamente pelo FMI. No momento em que escrevo, um DSE equivalia a US$1,406570. Essa taxa muda diariamente, como qualquer taxa de câmbio flutuante. Bauer pegou as taxas conhecidas de USD/GOLD e DSE/USD e aplicou a lei transitiva para calcular o DSE/GOLD, uma tabela que não é ativamente acompanhada nas telas de negociação. Ele então representou graficamente a série temporal de ambos os preços, com linhas de tendência de 31 de dezembro de 2014 a 31 de março de 2018. O gráfico inclui uma linha vertical preta, correspondente a 1 de outubro de 2016, quando o iuane chinês foi incluído na cesta DSE das principais moedas. As outras são a libra esterlina, iene, o euro e o dólar. Dados e gráfico mostram que, antes de a China entrar no DSE, o preço do ouro em dólar e o do DSE em ouro eram voláteis e altamente correlatos. Após a China entrar no DSE, o preço do ouro em dólar permaneceu volátil, enquanto o valor do DSE exibiu uma volatilidade bem menor.

Sobretudo, a linha de tendência de DSE/GOLD é uma linha quase horizontal. O ouro denominado em DSE tem sido negociado em uma faixa estreita de DSE850 a DSE950, uma faixa de 11%, com flutuações de 5,5% acima e abaixo da tendência central de DSE900. O preço exibe uma reversão média. Quando o ouro chega a DSE950, ele rapidamente volta para algo em torno de DSE900. Da mesma forma, quando o ouro cai para DSE850, ele volta a DSE900. Nenhum preço aparece fora da faixa desde 1 de outubro de 2016. Esse intervalo de preço diminuiu no início de 2017 e estava entre DSE875 e DSE925, em um total de 5,5%, ou seja, 2,75% em ambos os lados da meta. Essa faixa mais estreita é um indício de câmbio fixo. Uma primeira aproximação sugere que o DSE foi atrelado ao ouro a uma taxa de DSE900 = 1 onça de ouro. Isso implica em um novo padrão-ouro usando não dólares, mas o dinheiro mundial do FMI. Uma redefinição monetária global pode ter ocorrido sem uma conferência ou declaração formal. A nova referência monetária é DSE900 = 1 onça de ouro puro.

O advento de baixa volatilidade em DSE/GOLD (contra a alta volatilidade anterior) ocorreu em 1 de outubro de 2016. A tendência quase linear do DSE/GOLD após o iuane chinês ingressar no DSE é praticamente impossível sem um fator ou manipulação interveniente. A probabilidade disso ocorrer aleatoriamente é ínfima. A linha de tendência horizontal DSE/GOLD após 1 de outubro de 2016 é um exemplo de regressão automática, que aparece apenas se houver uma função recursiva (um ciclo de feedback) ou manipulação. No caso do DSE/GOLD, pode-se descartar uma função recursiva, já que o ouro é negociado em um mercado relativamente livre, determinado pela oferta e demanda. Também, pode-se descartar a aleatoriedade como altamente improvável estatisticamente. Isso deixa a manipulação como a única explicação para a linha de tendência plana do DSE/GOLD.

Se o preço do DSE em ouro cair abaixo de DSE900 (indicando um DSE forte e um preço fraco do ouro), o manipulador compra ouro, vende dólares e compra as moedas que não sejam dólar atrás do DSE. Se o preço do DSE em ouro ficar acima do DSE900 (indicando um DSE fraco e um preço do ouro alto), o manipulador vende ouro, compra dólares e vende as moedas que não sejam dólar atrás do DSE. Ao monitorar os mercados e intervir continuamente nas operações de mercado aberto em ouro e moedas, o manipulador pode manter a indexação. Existem apenas quatro organismos mundiais com recursos para conduzir essa manipulação de maneira impactante: o Tesouro dos Estados Unidos, o Banco Central Europeu (BCE), a Administração Estatal de Câmbio da China (Safe, na sigla original) e o FMI. São as únicas entidades com reservas suficientes de ouro e moeda forte (ou DSE) para conduzir as operações de mercado aberto em larga escala necessárias para determinar o preço.

Poderíamos eliminar o Tesouro norte-americano e o BCE como suspeitos. Ambos são relativamente transparentes sobre suas reservas totais de ouro, reservas cambiais e componentes do DSE de suas reservas (com relação ao BCE, olhamos para os membros principais, como Alemanha e França, para obter esses dados). Se o Tesouro ou o BCE estivessem conduzindo operações de mercado aberto desse tipo, as mudanças nas retenções de moedas de ouro e de componentes do DSE apareceriam em relatórios oficiais. Nenhuma flutuação, seja qual fosse a sua magnitude, apareceria. Sobram o Safe e o FMI, e ambos não são transparentes. A China tem algo em torno de 2 mil toneladas de ouro, provavelmente mais — eles não divulgam o excesso. O país também adquire DSEs no mercado secundário, além das alocações oficiais fornecidas pelo FMI a seus membros. O FMI detém 2.841,1 toneladas de ouro e pode imprimir DSEs em quantidades ilimitadas, sujeitas à aprovação do conselho executivo. O FMI concede empréstimos e recebe capital e juros em DSEs que são negociadas entre os membros do FMI por meio de uma mesa de operações secreta. O ouro é negociado clandestinamente pelos principais bancos centrais, por meio do Bank of International Settlements (que também negociou ouro nazista na Segunda Guerra Mundial). O BIS é furtivo e controlado principalmente pelas mesmas nações à frente do FMI. A China também pode realizar compra e venda de ouro por iuane ou dólares no mercado aberto em Xangai ou Londres, e comprar ou vender separadamente DSEs por dólares ou iuanes via FMI. A China pode comprar ou vender as moedas da cesta DSE separadamente, por meio de mesas de operações bancárias de câmbio.

O preço-alvo de DSE900 por onça de ouro é intrigante, com implicações sombrias para o futuro do dólar americano. Atualmente, um total de

204,2 bilhões em DSE é emitido e mantido por membros do FMI. O organismo possui 2.814,1 toneladas de ouro, o equivalente a 90,475,284.87 onças troy. Se o FMI desejasse tornar os DSE a única moeda de reserva global lastreada em ouro na proporção de 40%, a mesma cobertura de ouro que o dólar americano de 1913 a 1945, então o preço implícito de ouro em DSE seria igual à quantidade de 0,40 (204,200,000,000/90,475,284.87), representando o total de DSEs dividido pelo total do ouro do FMI em onças troy vezes 40%. *O valor é de DSE902,8 por onça, quase o preço fixado de DSR900 por onça.*

Não há provas de que o FMI esteja implementando uma indexação DSE/GOLD. As participações em ouro do FMI permanecem constantes desde 2010 e é improvável que a permissão para iniciar a operação de ouro indexado tenha sido concedida pelos Estados Unidos ou pela Alemanha. Pelo contrário, há fortes evidências que indicam que a China está por trás dessa indexação. Isso é irônico, pois quando o DSE foi criado, em 1969, era originalmente atrelado ao ouro e definido por meio do seu peso (1 DSE = 0,88867 grama de ouro). Essa ligação logo foi descartada, assim como o dólar atrelado ao ouro (US$1 = 0,02857 onça de ouro) também foi. Agora, o DSE/GOLD voltou, embora a um preço muito mais alto para o metal.

Uma vez que o DSE atrelado ao ouro é informal e sem aviso prévio, pode ser abandonado à vontade. A associação provavelmente será abandonada mais cedo ou mais tarde, porque seus patrocinadores chineses ignoraram as lições de 1925, quando o Reino Unido fez a libra esterlina voltar ao padrão-ouro em um nível que supervalorizou a moeda. O resultado foi uma deflação catastrófica no Reino Unido, que precedeu a Grande Depressão. Da mesma forma, a vinculação chinesa de DSE900 por onça de ouro é muito barata para se sustentar, dada a escassa oferta de ouro e a crescente oferta de DSEs. Indo direto ao ponto, o FMI imprimirá trilhões de DSEs na próxima crise financeira global, que se mostrará altamente inflacionária a menos que o FMI condicione a distribuição do DSE no recebimento de ouro. A China teria que vender preciosas reservas de ouro para manter o preço em DSE900. Isso seria uma reprise do esgotamento das reservas de ouro dos Estados Unidos, em 11 mil toneladas, de 1950 a 1970, para manter a indexação do ouro de Bretton Woods em um dólar supervalorizado. Ainda assim, esse é um desenvolvimento histórico. Mesmo que a vinculação não se sustente em longo prazo, em curto prazo é um claro sinal de que a China está apostando no DSE e no ouro, não no iuane ou no dólar. Um importante pilar da redefinição monetária global parece já estar em andamento.

## O Padrão-ouro Sem Ouro

Uma conferência monetária internacional, com ou sem o envolvimento do FMI, ou uma indexação DSE/GOLD, não são os únicos caminhos para uma redefinição monetária global. A ação unilateral de nações que buscam estabilidade pode criar efeitos de rede que resultarão no surgimento de um regime monetário global não muito diferente do padrão-ouro clássico, que prevaleceu de 1870 a 1914. Será possível uma única moeda nacional aderir a um padrão-ouro quando o emissor dela possui pouco ou nenhum ouro? Curiosamente, a resposta é sim, desde que a moeda seja diferente do dólar americano.

Uma nação que deseja se vincular ao ouro precisa somente denominar sua moeda pelo peso do metal e permitir que a taxa cruzada desse dinheiro com relação ao dólar flutue livremente. Um detentor dessa moeda que quiser converter o ouro à taxa vinculada poderá vendê-la ao banco central do emissor por dólares, a uma taxa cruzada calculada para produzir uma quantia em dólares que permitiria a compra de ouro a taxas de mercado iguais as do peso especificado pela indexação. Existem custos de transação e atritos nesse processo de duas etapas, em comparação com uma simples conversão da moeda local em ouro. Ainda assim, esses atritos poderiam ser reduzidos, por acordo prévio, com uma troca física de ouro que ofereça descontos por volume, processamento direto e entrega rápida de cofres não bancários para a conta do vendedor da moeda. A intermediação entre a moeda local e o ouro não precisa ser realizada em dólares; isso poderia ser feito com qualquer moeda aceita em um mercado líquido de ouro. A Bolsa de Ouro de Xangai poderia oferecer essa facilidade. Por meio de um acordo, o detentor da moeda lastreada em ouro poderia vendê-la em iuane ao banco central do emissor, a uma taxa cruzada calculada para produzir uma quantia no câmbio chinês necessária para comprar ouro em taxas de mercado iguais ao peso do ouro especificado pela indexação. A Bolsa de Ouro de Xangai receberia com satisfação esse acordo, pois promove a internacionalização do iuane e gera mais liquidez na própria bolsa. Esse acordo também daria ao banco central do emissor da moeda local uma alternativa atraente aos dólares (ou euros) para suas posições de reserva, desde que exista um mercado líquido de iuane/ouro.

Chamo esse padrão-ouro de fato para países que não emitem dólares de Plano Malásia, em referência a Mahathir bin Mohamad, que exerceu dois mandatos como primeiro-ministro daquele país. Mahathir foi o defensor original da moeda, tendo enfrentado vigorosamente George Soros e os banqueiros internacionais na reunião anual do FMI em Hong Kong, em setembro de 1997. Esse confronto de alto nível ocorreu no auge da crise financeira asiática, que começou no mês de junho anterior. Colapsos em série, no estilo "corram para os bancos", ocorreram na Tailândia, Indonésia, Malásia e Coreia do Sul, seguidos posteriormente por crises semelhantes na Rússia e no Brasil. Na época, Mahathir (que é médico, não economista) perguntou a seus conselheiros mais próximos se as condições fundamentais haviam mudado na economia da Malásia. Mahathir fechou a conta de capital da nação para impedir que seu câmbio fosse esgotado por banqueiros em pânico em Londres e Nova York, depois de ser avisado de que as condições econômicas permaneciam inalteradas. Por isso, ele foi acusado de ser uma "ameaça" por Soros e menosprezado pelo setor privado, tanto por funcionários do FMI quanto por ministros das finanças de economias desenvolvidas. Mesmo assim, Mahathir defendeu com sucesso a frágil posição da reserva cambial da Malásia e sua conta de capital acabou sendo reaberta. Uma década depois de ele desafiar a sabedoria convencional das elites monetárias internacionais, o FMI inverteu o rumo e disse que havia circunstâncias, como as enfrentadas pelo ex-premier malaio, em que o fechamento da conta de capital é uma solução adequada para a debandada de dinheiro quente. Ele estava anos à frente do seu tempo em 1997; suas ações foram totalmente justificadas neste período.

Mahathir encerrou seu mandato inicial como primeiro-ministro em 2003, o mais longo da história da Malásia. Comemorei seu aniversário de 90 anos com ele e um pequeno grupo de amigos íntimos em um jantar privado em Kuala Lumpur, capital do país, em julho de 2015. Seu interesse à época era encontrar a melhor forma de levar a Malásia adiante em um mundo no qual não seria possível ditar o sistema monetário internacional e ainda pudesse ser vitimado por ele. O evento foi parte de um diálogo a portas fechadas de três dias. Fui convidado para discutir tópicos como guerra monetária, o FMI e riscos sistêmicos.

Usando a Malásia como um caso ilustrado, a mecânica do Plano Malásia funcionaria da seguinte forma:

No momento em que este livro foi escrito, a taxa de câmbio entre o dólar americano (USD) e o ringgit malaio (MYR) estava em 4,0200. O preço do ouro em dólar é de US$1,268 por onça. Isso rende um preço de ouro em ringgit de MYR5,100 por onça. Suponha que o governo malaio anuncie uma política de vinculação do ringgit ao ouro com um preço fixo de MYR5,100 por onça. Neste ponto, a Malásia estaria no padrão-ouro a uma taxa fixa de câmbio.

Agora, suponha que o preço do ouro em dólar suba para US$1,350 por onça e uma pessoa com ringgit queira trocá-lo por ouro a uma taxa fixa de MYR5,100 por onça. Nesse cenário, o banco central deve trocar ringgits por dólares na taxa USD/MYR de 3,7800 (contra a taxa original de MYR4,0200, quando a indexação foi definida). Essa nova taxa fornece dólares suficientes para comprar uma onça de ouro pelo preço mais alto do metal na moeda norte-americana, preservando assim o valor fixo do ringgit de MYR5,100 por onça. O banco central não precisa de ouro para preservar a indexação; ele apenas necessita de dólares suficientes para permitir o câmbio para comprar uma onça de ouro a cada MYR5,100 trocado.

As objeções das elites monetárias convencionais a esse novo padrão-ouro são apresentadas facilmente. Qualquer taxa fixa de câmbio, seja ouro, dólar ou outra, dificulta a habilidade dos bancos centrais de roubar de seus cidadãos por meio da inflação e desvalorização. O paradigma do roubo pela inflação é crítico para os esforços da elite em transferir riqueza para si e para o aparato estatal deles, em busca de uma agenda política globalista. As elites também alegam que uma taxa fixa de câmbio convida a uma drenagem das reservas de moeda forte de um emissor quando a taxa fixa é vista como desalinhada com os preços de mercado. Uma taxa de câmbio fixa, sem dúvida, elimina uma parte do triângulo de Mundell-Fleming, que diz que não é sustentável ter taxas de câmbio fixas, política monetária independente e uma conta de capital aberta ao mesmo tempo. Isso reduz a flexibilidade política e força o emissor da moeda local a abandonar a política monetária independente ou fechar a conta de capital para apoiar o ajuste. Finalmente, a indexação ao ouro introduz volatilidade na taxa de câmbio da moeda local em relação ao dólar, o que poderia prejudicar os exportadores locais. No exemplo citado, o USD/MYR mudou de 4,0200 para 3,7800 em apoio ao MYR5,100 por onça de ouro indexada, pois o preço do ouro em dólar mudou de US$1,268 para US$1,350 por onça. Essa mudança corresponde a um fortalecimento do valor cambial do ringgit.

Essas objeções são facilmente refutadas. A inabilidade das elites de roubar dos cidadãos pela inflação e desvalorização é o encanto do plano, não uma falha. Longe de convidar à drenagem do câmbio, a estabilidade que resulta da indexação ao ouro o atrai, pois os investidores globais veem uma oportunidade de investir em economias em potencial crescimento acelerado, como a Malásia, enquanto preservam a riqueza por meio do ajuste com o ouro. Os investidores que não comprarem o metal diretamente porque ele não rende muito ou devido a outras restrições institucionais, podem receber indiretamente seus benefícios investindo em uma economia com uma moeda vinculada ao ouro. Considere isso como um seguro de desvalorização clandestino. A objeção de Mundell-Fleming é uma distração; esse modelo não se aplica ao ouro porque não existe um banco central para o metal e nenhuma política de taxa de juros por dinheiro quente a ser arbitrado. A moeda local (em nosso exemplo, o ringgit) continua flutuando ante o dólar; portanto, uma política monetária independente diante do Fed e uma conta de capital aberta são inteiramente viáveis sob Mundell-Fleming. A volatilidade na taxa cruzada entre a moeda atrelada ao ouro e o dólar, provavelmente, será mais resultado da política errática do Fed do que as mudanças no valor subjetivo do ouro ou da moeda local em questão. Finalmente, a indexação ao ouro indica o rumo para um caminho direcionado ao crescimento pelos investimentos, em vez das exportações, nas economias emergentes. Um valor estável de uma moeda vinculada ao ouro atrai investimentos estrangeiros diretos e facilita a saída da armadilha da renda média em que as economias asiáticas estão presas há décadas (com as notáveis exceções de Taiwan, Singapura, Coreia do Sul e, antes, o Japão). As exportações de baixo valor agregado são um beco sem saída econômico, uma vez que a economia se afasta da pobreza para o status de renda média. O progresso extra exige a produção de bens e serviços de alto valor agregado que são fruto de investimento, não de moedas baratas. Em resumo, a crítica da elite ignora os benefícios de segunda ordem de uma moeda estável, enquanto eleva os benefícios alegados, mas ilusórios, da inflação e da desvalorização como substitutos do crescimento sustentável.

O banco central de um país que adotar o Plano Malásia pode mitigar a volatilidade na taxa de câmbio da moeda local ao dólar conduzindo operações de mercado aberto em ouro. Usando o exemplo malaio, se o preço do ouro em dólar cair repentinamente para, digamos, US$1.200 por onça, resultando em um enfraquecimento do ringgit frente ao dólar (USD/MYR de 4,2500, levando em consideração o preço do ouro em US$1.200 e em MYR5.100 por onça), o banco central pode comprar ouro com as suas reservas até o metal voltar ao patamar de US$1.268 por onça, da época em que a indexação foi estabelecida. Essas reservas extras, então, podem ser vendidas por dólares quando o preço do ouro passar do nível de US$1.268 por onça. Essas operações de mercado aberto em ouro parecem contraintuitivas (envolvem gastar reservas de dólar enquanto a moeda local está fraca), ainda buscando consistentemente um acréscimo de reservas de dólares que daria resultados à medida que os lucros da negociação de ouro fossem realizados. Essas reservas adicionais poderiam, então, ser usadas em defesa da indexação do ringgit ao ouro, conforme necessário. Por outro lado, se o preço do ouro em dólar subir drasticamente, as operações de mercado aberto seriam desnecessárias porque a indexação ao ouro é justificada, pois o ringgit (ou outra moeda) permanece forte (frente ao dólar), enquanto o próprio dólar é rebaixado (frente ao ouro e moedas vinculadas ao ouro).

Um benefício importante aos países que adotarem o Plano Malásia é que quando duas nações se vinculam ao ouro, suas moedas serão atreladas uma à outra por uma propriedade transitiva simples. No exemplo, o ringgit malaio é ligado ao ouro a MYR5.100 por onça. Se a Indonésia tomar a mesma medida e atrelar sua moeda, a rúpia (IDR), ao ouro, ficando em IDR17,9 milhões por onça (usando as taxas de câmbio da época em que este livro foi escrito, com o IDR/USD a 0,000071 e US$1.268 por onça de ouro), então a taxa de câmbio MYR/IDR também seria fixada em 0,000285 ringgits por rúpia. Essa taxa atrelada de fato entre ringgits e rúpias evitaria guerras cambiais, reduziria custos de transação e facilitaria o comércio e o investimento transnacional entre essas duas importantes economias emergentes. Se essa prática se espalhar para um grupo de trinta ou quarenta países, surgiria algo como o padrão-ouro pré-1914, com duas diferenças importantes. Quase nenhum ouro é necessário para os próprios participantes; em vez disso, o mercado fornece esse metal para os acordos intermediados por transações dólar-ouro. Os Estados Unidos não participariam. De fato, o mundo voltaria a um padrão-ouro andando livremente em mercados profundos, líquidos e denominados em dólar, usando esses mercados para intermediar a cotação da moeda local em ouro. O mundo estaria apostando que os EUA seriam incapazes de manter por muito tempo um dólar forte (medido em ouro), com altas taxas de juros reais, dado o crescimento fraco, a razão entre PIB e dívida perto de um nível recorde e a demografia adversa. Essa é uma boa aposta. O sucesso do Plano Malásia seria autorrealizável, pois os investidores institucionais alocaram seus ativos para economias que usavam moedas vinculadas ao ouro e ficando longe daquelas que precisam, necessariamente, criar inflação para aliviar encargos não sustentáveis de dívida. As moedas dos participantes do plano constituiriam uma reserva de dinheiro mundial sintético; sua fixação entre si os torna interoperáveis e alivia os temores de desvalorização e guerras cambiais.

O Plano Malásia é um modelo de autoajuda de baixo para cima, que não depende de reserva de moeda de bancos centrais ou do FMI para a sua implementação. É uma forma de as economias emergentes se livrarem da repressão do FMI e da hegemonia do dólar, oferecendo ao mesmo tempo um ambiente de investimento atraente para instituições. A medida transfere o ônus do ajuste de preços dos pobres para os ricos (através do câmbio dólar-ouro) e protege os menos favorecidos do confisco por meio da desvalorização.

Este capítulo identificou várias formas pelas quais uma redefinição monetária global poderia ocorrer. Isso inclui uma nova conferência monetária internacional (seja cooperativa ou caótica), DSEs de criptografia, ouro atrelado aos DSEs e moedas locais atreladas ao ouro. Há outras formas de uma redefinição ocorrer, incluindo DSEs fiduciárias ou um resultado autárquico sem nenhuma referência de reserva global. A redefinição monetária global está chegando. O que falta é liderança e previsão.

## Segredo de Investimento #6: Prepare-se para moedas lastreadas em ativos com ouro fixo.

John Pierpont Morgan foi convocado a testemunhar perante o Congresso em 1912, após a crise de 1907, sobre as manipulações de Wall Street e o que foi então chamado de "money trust", ou monopólio bancário, da J. P. Morgan & Co.

Durante seu depoimento, Morgan fez uma das observações mais profundas e duradouras da história das finanças. Em resposta às perguntas do advogado do comitê do Congresso, Samuel Untermyer, ocorreu o seguinte diálogo:

> **Untermyer:** Quero lhe fazer algumas perguntas sobre o assunto que abordou esta manhã, sobre o controle do dinheiro. O controle do crédito envolve o controle do dinheiro, certo?
>
> **Morgan:** Um controle do crédito? Não.
>
> **Untermyer:** Mas a base bancária é o crédito, não é?
>
> **Morgan:** Nem sempre. Isso é uma evidência do setor bancário, mas não é o dinheiro em si. Dinheiro é ouro e nada mais.

A observação de Morgan de que "dinheiro é ouro e nada mais" estava correta em dois aspectos. O primeiro e mais óbvio é o de que o ouro é uma forma de dinheiro. O segundo e mais sutil, revelado pelo "e nada mais", é que outros instrumentos que pretendiam ser dinheiro eram realmente formas de dívida, a menos que fossem resgatáveis em ouro físico.

A previsão em médio prazo é a de que o ouro atinja US$10 mil por onça no curso da atual tendência de mercado em alta, iniciada em dezembro de 2015. Os investidores devem manter 10% de seus ativos em ouro físico, com um espaço de sobra em suas carteiras para o "ouro de papel", na forma de ETFs e ações de mineradoras, se desejarem.

O primeiro passo é determinar os ativos investíveis. Isso não é o mesmo que patrimônio líquido. Os investidores devem excluir o valor do mercado doméstico, ações patrimoniais e outros bens não líquidos e intangíveis que constituem seu meio de subsistência. Não corra riscos no mercado de ações com sua fonte primária de renda ou com o teto sobre a sua cabeça. Depois de remover esses bens, o que resta são os ativos investíveis. Você deve então alocar 10% desse total para o ouro físico. Ele não deve ficar guardado em um cofre no banco. Existe uma alta correlação entre o tempo em que você mais deseja o seu ouro e o tempo em que os bancos são fechados por ordem do governo. Mantenha seu ouro em um local seguro, sem ligação com o sistema bancário.

O próximo passo diz respeito à previsão de US$10 mil por onça para o preço do ouro em dólares. Esse é direto. A excessiva impressão de dinheiro feita pelo Fed entre 2008 e 2015, combinada com os deficit projetados pelo governo norte-americano após 2018, de US$1 trilhão por ano para o futuro previsível e uma taxa de dívida/deficit norte-americana de 105%, subindo para acima de 110% em alguns anos, deixa o dólar vulnerável a um colapso de confiança por parte dos investidores estrangeiros e cidadãos norte-americanos. Isso não vai acontecer em um vácuo e sim coincidir com uma perda de confiança geral em todas as principais moedas de reserva. Essa perda de confiança será exacerbada por esforços maliciosos de Rússia, China, Turquia, Irã e outros países para abandonar completamente o dólar e evitar o sistema de pagamentos na moeda norte-americana. A evolução do preço do petróleo de dólares para DSEs do FMI será o último prego no caixão do dólar.

Nesse momento, com os EUA agindo por conta própria ou por meio de uma conferência global semelhante a um novo Bretton Woods, o país se voltara ao ouro para restaurar a confiança. Uma vez definido esse caminho, o fator crítico será estabelecer um preço não deflacionário para o metal que restaure a confiança, mas não leve a uma nova depressão. Os Estados Unidos, a China, o Japão e a Zona do Euro têm um suprimento monetário combinado de M1 de US$24 trilhões. Esses mesmos países têm, aproximadamente, 33 mil toneladas de ouro oficial. Como visto, um padrão-ouro de sucesso, historicamente, requer 40% do ouro como apoio para manter a confiança. Um total de 40% de US$24 trilhões equivale a US$9,6 trilhões necessários para apoiar o suprimento de dinheiro. Pegar as 33 mil toneladas de ouro e dividi-las em US$9,6 trilhões dá um preço de pouco mais de US$9 mil por onça de ouro. Levando em conta que o suporte global de dinheiro M1 continua crescendo mais rápido que a quantidade de ouro oficial, esse preço implícito aumentará com o tempo;

o valor de US$10 mil por onça é uma estimativa razoável de uma relação equilibrada entre o ouro e o dinheiro do banco central. A recomendação da carteira de investimentos é colocar 10% dos ativos investíveis em ouro físico, como uma alocação diversificada de ativos e como seguro da carteira. O exemplo a seguir demonstra esse aspecto do seguro.

Para fins de simplificação, considere que a carteira total tenha 10% de ouro, 30% de dinheiro e 60% de ações. Obviamente, essas porcentagens podem variar, e a parcela do patrimônio líquido incluir patrimônio privado e outros investimentos alternativos. Veja como a alocação de 10% de ouro funciona para preservar a riqueza:

Se o ouro cai 20%, o impacto geral na sua carteira será de 2% de queda (20% x 10%). Isso não é altamente prejudicial e é compensado pelo desempenho superior do patrimônio. Por outro lado, se os preços do ouro chegarem a US$10 mil por onça, isso representa um ganho de 650% em relação aos níveis atuais. Esse aumento de preço oferece um ganho de 65% em seu investimento geral (650% x 10%). Há uma correlação condicional entre um estado em que o ouro sobe 650% e onde as ações, títulos e outros ativos estão em declínio. Para esse fim, considere um cenário semelhante à pior época da Grande Depressão de 1929 a 1932, quando as ações caíram 85%. Tal queda nas ações que compõem 60% da sua carteira produzem uma perda de pouco mais de 50% nos seus investimentos.

Nesse cenário, os ganhos com o ouro (650% separadamente e 65% na sua carteira de investimentos) mais que preservarão sua riqueza diante de uma queda de 85% nas ações que representam 60% do seu investimento total (85% separadamente e 50% em seu investimento total). A alocação de 30% em dinheiro preserva a riqueza constante.

Se 60% da sua carteira caem 85% (igual à queda do mercado de ações na Grande Depressão) e 10% do seu investimento subir em 650% (a performance esperada para o ouro na redefinição monetária), você perderá 50% em ações, mas ganha 65% do portfólio em ouro. Sua riqueza total será preservada e até aumentará um pouco. O desempenho total da carteira nesse novo cenário de depressão é um ganho de 15%. Esse é o aspecto da segurança em ação. Investidores que não alocarem parte em ouro serão gravemente prejudicados. E aqueles com 10% investidos sobreviverão à tempestade com sua riqueza intacta.

# CAPÍTULO SETE
# GODZILLA

Uma singularidade de tempo finito significa, simplesmente, que a solução matemática para a equação de crescimento... *torna-se infinitamente grande em algum momento finito...* Isso é obviamente impossível, e é por isso que alguma coisa precisa mudar.

—Geoffrey West, *Scale* (2017)

## J. P. Morgan versus Godzilla

Sou fã de Godzilla desde a primeira vez que vi seu filme de 1954 na televisão, quando era criança. Godzilla era um monstro marinho pré-histórico despertado pela radiação nuclear após a Segunda Guerra Mundial. Inicialmente, ele destrói vários barcos pesqueiros japoneses no mar. Depois, é visto em terra por moradores de uma ilha remota. A Marinha japonesa envia fragatas e usa cargas de profundidade para destruir Godzilla. Ainda assim, ele sobrevive. Finalmente, o monstro chega à terra perto de Tóquio, usando seu tamanho e sua "respiração atômica" para causar estragos na cidade antes de voltar à baía de Tóquio. Os cientistas japoneses usam um avançado dispositivo de privação de oxigênio para matar Godzilla no mar. Ainda assim, eles temem que a radiação dos contínuos testes nucleares possam causar o surgimento de um novo Godzilla.

O sucesso comercial de Godzilla levou a uma longa linha de produções em estúdios japoneses e norte-americanos, incluindo "Godzilla Ataca Novamente" (1955) e o clássico "King Kong vs. Godzilla" (1962). King Kong, um gorila gigante, surgiu no filme em preto e branco de mesmo nome, em 1933. Ambos os monstros têm popularidade duradoura. No total, foram produzidos 39 filmes de Godzilla e nove de King Kong.

Qual era a altura do Godzilla? A resposta depende do filme que você usa como referência. No original, de 1954, ele tinha quase 50 metros, crescendo para 60 no remake de 1998. O maior de todos, no entanto, ainda é o supermonstro do filme de 2016 *Godzilla: Resurgence*, com 118 metros.

Qual era a altura do King Kong? Também nesse caso, a resposta depende de qual filme você usa como referência. O original tinha pouco mais de 7 metros quando estava em Nova York e, curiosamente, somente 5,5 metros na Skull Island, seu lar original. Na época do remake de Dino De Laurentiis, *King Kong*, de 1976, o gorila cresceu para quase 17 metros. O maior King Kong de todos os tempos foi o do filme contra Godzilla, que tinha 45 metros. Parece que os produtores precisavam que o King Kong crescesse um pouquinho, para poder enfrentar um Godzilla que era muito maior.

Por trás dessas versões de filmes com lagartos e gorilas gigantes, há uma questão intrigante de física e biologia. Poderia uma versão real do King Kong ou do Godzilla emergir na Terra? O maior animal terrestre é a girafa, que pode alcançar 6 metros de altura, sendo 4,5 metros mais comum. Das criaturas marinhas, a baleia-azul é o maior animal já visto, com mais de 30 metros de comprimento. Dos animais extintos, o brontossauro tinha 22 metros de comprimento e o tiranossauro tinha 12 metros da cabeça até a ponta da cauda, e pouco mais de 3,5 metros de altura nos quadris. Se essas criaturas são todas reais, por que não poderia existir um King Kong de 45 metros ou um Godzilla de 118 metros?

Acontece que criaturas com mais de seis metros de altura ou 30 de comprimento são fisicamente impossíveis de existir; sistemas cardiovasculares não podem funcionar além dessa escala. A baleia-azul é a maior criatura que já vimos ou jamais veremos. Uma análise da ciência de escala por trás dessa conclusão leva a questões sobre a escala do mercado de capitais. As respostas podem nos salvar da ruína se agirmos rápido.

Vamos começar com a restrição de tamanho. A matemática e a análise são diretas. Criaturas terrestres grandes se sustentam em duas ou quatro pernas, que são apoiadas por ossos. Quanto peso esses ossos podem suportar?

Para facilitar a análise, veremos uma simples construção de madeira, como uma casa, embora isso se aplique a todas as estruturas, desde arranha-céus de aço a corpos humanos. A força do suporte estrutural em uma viga de madeira aumenta pelo *quadrado* de um aumento no comprimento dos lados de uma área de seção transversal, independentemente do comprimento da viga. Por exemplo, se você dobrar os lados de uma viga de 2 por 4 polegadas, sua força é aumentada pelo fator de 4. Esse aumento de força é calculado pelo quadrado do aumento em seu tamanho, ou $2^2=4$.

Aumentos de volume são regidos por uma função diferente. Quando uma estrutura aumenta em tamanho, a expansão envolve três dimensões: altura, largura e comprimento. Da mesma forma, quando uma criatura cresce em tamanho, seu corpo se expande em três dimensões de altura, largura e comprimento, ou seja, o volume total aumenta. Se você dobrar o tamanho de um objeto, o volume total será medido pelo aumento ao *cubo*, ou $2^3=8$.

Baseado nessas relações, o problema é óbvio. Quando um objeto dobra de tamanho, a força cresce em uma razão de $2^2$, enquanto o volume, a uma de $2^3$. Se o volume cresce mais rápido que a força, é apenas uma questão de tempo até um prédio ou um animal sucumbir com seu próprio peso. Duas funções superlineares crescendo sob diferentes exponentes determinam o tamanho e a altura máximos de objetos naturais ou artificiais.

O renomado físico Geoffrey West faz esse comentário em seu livro *Scale*:

> Considere aumentar a altura de uma construção ou árvore por um fator de 10, mantendo a mesma forma; então, o peso necessário a ser suportado aumenta *mil* vezes ($10^3$), enquanto a força do pilar

ou tronco que sustenta a estrutura aumenta em apenas *cem* vezes ($10^2$). Assim, a capacidade de suportar com segurança o peso adicional é apenas um décimo do que havia sido anteriormente. Com efeito, se o tamanho da estrutura, seja qual for ela, for aumentado arbitrariamente, acabará desabando por causa do próprio peso. Há limites para tamanho e crescimento.

É por isso que os arranha-céus mais altos diminuem perto do topo. A diminuição reduz um pouco o aumento de volume em relação ao aumento de altura, permitindo que a estrutura suporte maior altura, com um aumento exponencial menor de volume. Ainda assim, o aumento do volume cúbico é maior do que o aumento quadrado da seção transversal da viga, de modo que os limites de escala com base na força e no volume sejam eventualmente alcançados.

Qual o comprimento da maior criatura? As baleias têm ossos, mas elas não suportam o peso da mesma forma que uma criatura terrestre. A flutuabilidade de uma baleia na água contribui muito para aguentar o peso. Ainda assim, há limites para o crescimento. Por que uma baleia não pode ter 61 metros ou 91 metros?

Para essa resposta, os físicos introduzem a ideia de "unidade terminal", que é a relação entre os maiores órgãos biológicos (ou a estrutura do edifício) e as unidades de energia entregues em menor escala. Para uma criatura viva, como uma baleia-azul ou um ser humano, a unidade terminal é a célula sanguínea. É no nível das células sanguíneas individuais que a energia na forma de oxigênio é transferida para os músculos e os resíduos são removidos. Uma baleia-azul pode pesar 2 mil vezes mais do que um ser humano comum, mas as células sanguíneas de ambos têm o mesmo tamanho. A despeito do tamanho de um organismo, a unidade terminal (a célula sanguínea) é do mesmo tamanho. Essa regra também se aplica a construções. A unidade terminal é a tomada de parede padrão, na qual as lâmpadas, computadores, carregadores e impressoras estão conectados. Não importa se é uma casa de um andar ou um arranha-céu de cem, a unidade terminal (a tomada) é do mesmo tamanho. Arranha-céus não têm tomadas gigantes; elas são do mesmo tamanho que as do seu apartamento.

Embora a unidade terminal possa ser a mesma, a distância da fonte de energia até a unidade terminal não é. Em estruturas ou criaturas maiores, há mais tubos, cabos, artérias ou canais por meio dos quais a energia flui da fonte central até o local onde é necessária. A passagem por esses canais, principalmente pelas ramificações, consome energia. À medida que a criatura se expande, a quantidade de energia usada para levar o sangue a todas as partes do corpo (as unidades terminais) excede a energia disponível. Nesse ponto, a criatura morre por falta de oxigênio em todos os seus tecidos. A evolução resolve esse problema garantindo, para começar, que as criaturas não cresçam muito, pois não conseguirão sobreviver. Esse ciclo de feedback evolutivo é outro limite para o crescimento.

Isso pode ser ilustrado pelo sistema circulatório da baleia-azul. O coração é a bomba central. Quando o sangue deixa o coração, ele flui rápida e suavemente por meio de grandes vasos sanguíneos, como a aorta. No entanto, os vasos sanguíneos devem encolher eventualmente para o tamanho dos capilares, que podem atingir as unidades terminais de tecido que recebem o oxigênio do sangue. Todas as partes do corpo devem receber essas células sanguíneas ou elas morrem pelo esgotamento de oxigênio. Quanto maior a criatura, mais junções ou divisões são necessárias, pois o sangue flui da aorta para uma ampla rede de capilares. Em cada junção, há uma resistência ou impedimento ao fluxo (de fato, o coração bombeia contra ele mesmo) e mais energia é necessária. A maior rede de artérias e capilares também causa atrito, colocando mais estresse no coração e consumindo mais energia. Como a energia necessária para bombear o sangue excede a disponível nele, a baleia começa a morrer de hipoxia. Cientistas estimam que, dada a distância e a perda de energia do coração para os capilares, o volume máximo de um mamífero é de 113 mil quilos, aproximadamente o tamanho de uma típica baleia-azul. Em termos simples, a baleia-azul é a maior criatura já vista porque é a maior que pode existir devido às restrições de produção de energia, insumos e hipoxia. Novamente, há limites ao crescimento.

E o que essas ideias biológicas e estruturais têm a ver com finanças? As criaturas e estruturas estudadas por Geoffrey West e seus colegas são exemplos de sistemas dinâmicos complexos. Tais sistemas incluem animais, florestas, negócios, cidades e o cosmos. O mercado de capitais é um dos melhores exemplos de um sistema dinâmico complexo. O mercado de capitais exibe os comportamentos e restrições de outros sistemas biológicos e complexos criados pelo homem. Limites ao tamanho, tal qual o caso da baleia-azul, também se aplicam a navios, construções, amizades, natureza e finanças. A neve se acumula na encosta da montanha o suficiente antes de se desestabilizar e cair por meio de uma avalanche. Uma embarcação só pode ter um determinado tamanho, ou vai virar e afundar. Um balanço de um banco só pode ser aproveitado até que a confiança se perca e a instituição vá à falência. West e outros identificaram métricas de escala e limites de crescimento em diversos sistemas. Quais são os limites para o crescimento em finanças?

Embora sistemas complexos tenham características únicas (um manto de neve é diferente de um tufo de musgo, que é diferente da corrente sanguínea de uma baleia), todos têm certas dinâmicas em comum. Eles exibem diversidade, comunicação e interação entre as partes, além de comportamento adaptativo. Eles exibem propriedades emergentes; surge um comportamento que não pode ser inferido a partir do perfeito conhecimento dos componentes do sistema. Eles exibem invariância em escala; as subunidades são quase réplicas perfeitas de unidades maiores, como um córrego e um rio, ou um galho e um tronco. As entradas de energia ocorrem mais rápido que a saída, de modo que novas fontes de energia (ou eficiência) são constantemente necessárias. Mais importante, o risco de comportamento extremo ou colapso do sistema é uma função superlinear da escala.

Essas dinâmicas complexas de sistemas foram expressas teoricamente e mostradas empiricamente em uma infinidade de sistemas. West e seus colegas mostraram como o número de postos de gasolina de uma cidade aumenta em relação à sua população. A inclinação da curva de potência logarítmica que compara o tamanho da população com o número de postos de gasolina é 0,85. Isso significa que quando você dobra o tamanho da população, aumenta o número de postos de gasolina em 85%. Isso representa uma redução de 15% em comparação à duplicação do número de postos de gasolina — um exemplo de economia de escala. Cada posto de gasolina lida com mais clientes. O escopo do expoente 0,85 é ilustrado pelo fato de ele se aplicar a todas as cidades em todos os países, independentemente do tamanho. Se você der a West o nome e o tamanho de uma cidade qualquer, ele pode te dizer quantos postos de gasolina aquele local possui com alto grau de precisão, baseado somente na inclinação da curva de potência. Há inúmeros exemplos similares em sistemas naturais e artificiais.

No caso do posto de gasolina, cientistas têm uma escala métrica (tamanho da população da cidade) e uma inclinação de curva de potência específica (0,85, com base em pesquisas empíricas). E se você não tivesse nenhum desses dados? E se tivesse um sistema complexo dinâmico baseado em composição e comportamento, mas nenhuma métrica de escala acordada e nenhuma pesquisa empírica sobre a frequência de comportamentos extremos? Essa é, aproximadamente, a situação enfrentada pela gestão de riscos financeiros hoje. Os mercados capitais são, certamente, sistemas dinâmicos complexos; eles exibem todas as condições de complexidade, incluindo diversidade, comunicação, interação e comportamento adaptativo nas proporções médias corretas. Os mercados de capitais podem ser escalados para cima ou para baixo, como vimos de 2007 a 2009, e são propensos a crises graves, como vimos em 1987, 1994, 1998, 2000 e 2008. O que é desconhecido é a melhor maneira de medir escala e o exponente da inclinação da curva de potência que liga a escala ao colapso.

Os candidatos para medir a escala do mercado de capitais incluem o tamanho dos ativos bancários, valor nocional bruto dos derivativos, a concentração de ativos em menos bancos, passivos contingentes (câmara de compensação de crédito, garantias, opções etc.), credores não bancários, volume de negociações, tráfego de mensagens SWIFT e outras métricas brutas. Uma mistura ponderada de vários fatores pode ser melhor. Os fatores de risco que podem desencadear um colapso do mercado incluem índices de alavancagem, índice dívida/PIB do governo, índice deficit/PIB do governo, taxas de juros reais, crescimento real, crescimento nominal, contágio, guerras comerciais, guerras cambiais, spread de crédito, e choques geopolíticos. Um analista que use a ciência analítica preditiva procura um estado crítico medido por escala, combinado com um catalisador de dois ou mais gatilhos que atuem como multiplicadores de força em um ciclo de feedback (como alavancagem excessiva e valores de ativos em declínio). A dificuldade é que, embora a maioria desses fatores seja rastreada individualmente por especialistas, não há esforço para sintetizar os fatores em um mosaico que reúna emergências inesperadas, amplificação, feedback e contágio. A dinâmica mais desafiadora é a medida em que o mercado de capitais interage consigo mesmo.

Isso nos traz de volta ao Godzilla. Em estudos de limites de escala baseados em expoentes variáveis de volume versus força e ramificações necessárias para alcançar unidades terminais, West sempre teve o cuidado de explicar que as limitações de escala fossem aplicadas "desde que, logicamente, os materiais de que são feitos não sejam alterados, de modo que suas densidades permaneçam as mesmas". Em outras palavras, um Godzilla de 30,5 metros pode ser comparado com um de 91 metros (o primeiro é quase impossível; o segundo é impossível) somente se as mesmas partes orgânicas do corpo estiverem envolvidas. Se o Godzilla de 91 metros é um robô feito de titânio e fios de cobre, então é necessária uma análise diferente dos fatores. Ou, talvez, o Godzilla de 91 metros possa ficar de pé amarrado a um andaime de aço.

Existem andaimes escondidos nas finanças?

Uma grande instituição financeira, como o J. P. Morgan, é uma entidade complexa, como é o mercado de capitais de uma forma mais ampla. Possui marcadores de diversidade, comunicação, interação e comportamento adaptativo. Ele exibe propriedades emergentes, como o surgimento repentino de US$6 bilhões em perdas comerciais em maio de 2012, atribuído a ações de um negociador, Bruno Iksil, conhecido como *London Whale* ("Baleia de Londres", em português). As negociações de Iksil em derivativos de crédito se expandiram por mais de um ano, com pouca supervisão, antes de as perdas surgirem inesperadamente — um comportamento típico de sistemas complexos.

Assim como a baleia-azul tem uma unidade terminal, a célula sanguínea, um banco também tem a sua, que é o cliente. Podem ser transações de US$100 no caixa eletrônico ou US$100 bilhões em um acordo corporativo, mas em cada caso a instituição se depara com um cliente. O sangue de um banco é o dinheiro. Tal qual o sangue flui por meio de artérias e capilares, o dinheiro também faz o mesmo, por sistemas de pagamento, até os caixas automáticos. O sangue transporta energia na forma de oxigênio e nutrição, removendo os resíduos. Da mesma forma, o dinheiro é energia armazenada. Você gasta energia como mão de obra ou capital, para ganhar dinheiro, usando-o para liberar energia contratando trabalhadores ou investindo em instalações e equipamentos. Dinheiro é a energia acumulada que alimenta uma economia capitalista. Os bancos fornecem o sistema cardiovascular para movimentar o dinheiro.

O Godzilla não pode existir porque sucumbiria ante seu próprio peso. Nenhuma criatura maior do que a baleia-azul pode existir porque a energia necessária para fazer circular o sangue é maior do que a disponível.

Arranha-céus têm equações de altura e volume diferentes das do Godzilla porque substituem o osso pelo aço. Ainda assim, eles também têm limitações em altura e volume absolutos. Quais são essas limitações para um banco? Como um banco pode falir devido à escala excessiva, da mesma forma que um mamífero de grandes dimensões pode colapsar com seu próprio peso ou sofrer hipoxia e morrer?

Não temos métricas exatas em escala excessiva nos bancos porque os fatores de escala não foram especificados, e os testes empíricos não foram realizados. Os chamados testes de estresse impostos aos bancos pelo Tesouro são, principalmente, só aparência e envolvem adequação estática de capital, o que nunca é suficiente em situações de estresse extremo. O fato de os bancos falirem devido ao tamanho excessivo foi demonstrado repetidamente. Em 2008, Bear Stearns, Fannie Mae, Freddie Mac e Lehman Brothers faliram sucessivamente, entre 18 de março de 2008 e 15 de setembro do mesmo ano, devido à superalavancagem, contágio e spreads de crédito — três das nossas métricas de escala. Após a falência do Lehman Brothers, o Morgan Stanley estava a dias da falência, com o Goldman Sachs e outros grandes bancos como próximos da fila. Isso prova que bancos individuais — e o sistema como um todo — estavam sofrendo o equivalente institucional da hipoxia. Eles estavam sem oxigênio e morrendo. Somente uma intervenção do governo com depósito de garantias, proteção do mercado financeiro, facilidades de empréstimo a prazo e trilhões de dólares em swaps cambiais sustentaram o que restou do sistema bancário. Pense nos grandes bancos como Godzillas em colapso e o governo federal como um andaime de aço criado para sustentar os bancos inchados.

Uma vez colocados para segurar os bancos no lugar, os andaimes não podem ser removidos, a não ser que as instituições encolham ou o risco do colapso seja aceito. O Fed não consegue escapar. A exposição reduzida a derivativos não diminui o risco sistêmico quando os derivativos bancários são simplesmente transferidos para uma câmara de compensação, cujo crédito é lastreado pelas mesmas instituições. O aumento do capital bancário não reduz o risco quando a alavancagem ainda é muito alta e o risco de crédito é subdeclarado por modelos defeituosos. No máximo, o capital adicionado garante alguns dias para realizar um resgate. O andaime do Fed para bancos como o J. P. Morgan não pode ser removido.

Pior, permite que os "Bancos Godzilla" cresçam mais, até o ponto em que desabarão por conta do próprio peso e levarão o andaime junto.

## Agonistas da Classe Média

Quantas vezes as pessoas lamentam a "morte da classe média"? Os termos "morte" e "classe média" não são definidos, mas todos entendem. Os ricos são, inegavelmente, mais ricos. Os pobres lutam para sobreviver. Enquanto isso, o integrante da classe média trabalha duro, sustenta uma família, paga a maioria dos impostos, recebe pouco apoio federal durante seus anos de trabalho e parece carregar o peso da sociedade.

A classe média não está desaparecendo; deve haver cerca de 100 milhões de pessoas nos Estados Unidos que fazem parte dela, dependendo da definição. No entanto, eles lutam para manter seu status e sentem que estão se agarrando a essa posição com toda a força. Essa insegurança da classe média dos EUA traz um alerta para os investidores. O prognóstico econômico é ruim para os membros da classe média e da sociedade em geral. A capacidade de indivíduos da classe média de reverter essa tendência é limitada pela falta de poder político e indiferença da elite.

Não há uma definição padrão para a classe média. Ainda assim, muitos modelos acadêmicos se destacam. Um deles, desenvolvido por Leonard Beeghley em seu livro *The Structure of Social Stratification in the United States* ("A Estrutura da Estratificação Social nos Estados Unidos", em tradução livre), de 2016, divide a sociedade norte-americana em quatro grupos: os ricos (5%), a classe média (45%), a classe trabalhadora (40%) e os pobres (10%). Nessa reflexão, o status dos ricos (com ganhos anuais superiores a US$350 mil) e os pobres (vivendo abaixo da linha da pobreza) são evidentes por si só. Contudo, as duas categorias intermediárias podem ser consideradas classe média por alguns analistas.

Os ricos têm um patrimônio líquido de US$1 milhão ou mais. No entanto, a maior parte disso está em ativos imobiliários, sem liquidez. Indivíduos com um patrimônio de US$1 milhão, normalmente, intitulam-se "classe média alta" e podem ser considerados bem ricos dependendo do CEP. Da mesma forma, a classe trabalhadora de Beeghley é composta por aqueles que ganham até US$40 mil por ano, um grupo que se considera "classe média baixa". Se essas definições forem usadas, a classe média seria de 89% da população, com 1% de super-ricos e 10% na pobreza.

Outra reflexão é feita por William Thompson, Mica Thompson e Joseph Hickey em seu trabalho *Society in Focus* ("Sociedade em Foco", em tradução livre), de 2017. O ranking de Thompson, Thompson e Hickey chega mais perto da versão de Beeghley vista anteriormente. Thompson, Thompson e Hickey definem uma classe alta (1%) e uma classe baixa (20%). Entre elas, uma classe média alta (15%), uma classe média baixa (32%) e uma classe trabalhadora (32%). Em valores anuais, a classe alta é aquela com ganhos de US$500 mil ou mais; a classe média alta tem ganhos entre US$75 mil e US$499 mil; a classe média baixa possui renda entre US$35 mil e US$74 mil; e a classe trabalhadora ganha entre US$16 mil e US$35 mil. A classe baixa tem pouco rendimento, recebendo pagamentos em ajudas do governo ou em cargos mal remunerados.

Por fim, Dennis Gilbert oferece uma terceira visão em seu livro *The American Class Structure in an Age of Growing Inequality* ("A Estrutura de Classe Americana em uma Era de Crescente Desigualdade", em tradução livre), de 2015. Gilbert apresenta seis níveis de sociedade em vez dos cinco habituais. Ele traz a classe capitalista (1%), a classe média alta (14%), a classe média baixa (30%), a classe trabalhadora (30%), os trabalhadores pobres (13%) e a subclasse (12%). O autor se baseia em descrições de cargos e desempenho educacional para identificar cada camada em vez de nível de renda, embora seja fácil associá-los a cada grupo. A classe capitalista consiste de CEOs e políticos; a média alta, de profissionais e gerentes de nível médio; a média baixa, de semiprofissionais e artesãos; a trabalhadora, de operários; e a dos trabalhadores pobres consiste dos funcionários de baixo nível. A subclasse, geralmente, não faz parte da força de trabalho e recebe dinheiro por meio de ajudas do governo.

Existem vários outros estudos sobre distribuição de renda disponíveis e diversas definições de classe usadas por economistas e cientistas sociais. A forma mais comum de abordar o problema é dividir a sociedade em cinco camadas ou quintos, em que cada uma tem exatamente o mesmo número de integrantes e são divididas por níveis de renda, independentemente da descrição do cargo ou da educação. Esse método mostra que, a partir de 2016, as famílias com maior rendimento dos EUA, os 20% do topo da pirâmide, receberam 51,5% da renda total. Os 20% logo abaixo receberam 22,9% do total. Os 20% do meio receberam 14,2%. Os 20% a seguir receberam 8,3% e os 20% da classe mais baixa ficaram com 3,1% da renda total. Em outras palavras, os 40% mais ricos receberam 74,4% da renda total, enquanto os outros 60% de baixo ficaram com apenas 25,6% desse valor.

Essa análise em cinco camadas torna mais evidente várias realidades da distribuição de renda nos Estados Unidos de hoje. A primeira é a de que esses números representam a renda familiar, que depende do tamanho da família. Se esses números fossem calculados por indivíduos, a concentração de renda seria ainda mais distorcida em favor dos ricos. A segunda realidade é que a tendência dos EUA é de *maior* desigualdade de renda. Os 60% mais pobres obtiveram 32,3% da renda total em 1970, contra 25,6% atualmente. Isso mostra uma queda impressionante de 21% na parcela dos 60% mais pobres nos últimos 48 anos. Enquanto isso, os 20% mais ricos obtiveram um aumento de 19% em seus ganhos (de 43,3% para 51,1%) no mesmo período. Hoje nos Estados Unidos, o ditado "os ricos ficam cada vez mais ricos; e os pobres, cada vez mais pobres" nunca foi tão verdadeiro.

Independentemente de analisar a economia dos EUA por cinco camadas, distribuição de renda, descrição dos cargos ou em uma base altamente específica em relação ao 0,01% mais altos, o resultado será o mesmo — a renda e o patrimônio líquido no país exibem um alto grau de concentração de renda e ativos entre os mais ricos, com um grupo muito maior lutando para se apegar ao seu pedaço do sonho americano.

Esses dados podem ser usados para desenvolver uma definição mais simples da classe média. Divida a população entre ricos, classe média alta, classe média baixa, classe trabalhadora e os pobres. Os ricos representam 1% no topo da pirâmide, com uma renda anual de US$500 mil ou mais. A classe média alta tem rendimentos anuais entre US$100 mil e US$500 mil. A classe média baixa, entre US$35 mil e US$100 mil. A classe trabalhadora, entre US$15 mil e US$35 mil. Os pobres têm rendimentos abaixo de US$15 mil por ano e recebem assistência do governo. Essa estrutura mostra que a classe média representa 85% da população, ou 270 milhões de norte-americanos.

Aqui, são necessários vários esclarecimentos. O primeiro é que, entre os 270 milhões de norte-americanos descritos, há donas de casa e crianças. Com uma média de 3,5 pessoas por família, o número de *trabalha-*

*dores* da classe média é próximo de 80 milhões, ainda um número alto, mas de apenas 25% da população total. A segunda explicação envolve tributação. Os números da renda já citados são antes dos impostos. Quando uma taxa de imposto marginal legal de 30% é aplicada, os valores da renda após os impostos caem consideravelmente com relação aos níveis pré-tributos. Uma renda de US$200 mil cai para US$140 mil após a cobrança de impostos e uma de US$100 mil vira US$70 mil. Esses números são muito mais modestos do que os de antes das taxas.

A distinção pré- e pós- impostos é importante porque a carga tributária recai desproporcionalmente na classe média. Dados do Pew Research Center revelam que a classe média (como já definido) paga mais de 60% do total de impostos de renda. Os pobres quase não pagam por conta das baixas rendas, isenções e créditos. Os ricos pagam 38,3% do total de impostos, mesmo tendo mais de 50% da renda total. Essa alíquota efetiva mais baixa, comparada à da classe média, ocorre devido aos planos de diferimento de renda e taxas preferenciais sobre ganhos de capital. A classe média tem razão em se sentir sobrecarregada em relação aos ricos e pobres.

Uma classe média em dificuldade tem mais a ver com o futuro do que com o presente. Embora os números de hoje testemunhem a presença de uma grande classe média, seu ânimo é pessimista. Há um sentimento de que os filhos não se sairão tão bem quanto seus pais; um sentimento de insegurança no emprego. Há um sentimento de sobrecarga em relação a outros escalões da sociedade. Mas, acima de tudo, existe o sentimento de que há um jogo fraudulento, no qual os ricos compartilham informações privilegiadas, os pobres são subsidiados e a classe média faz todo o trabalho e não recebe o respeito das elites e das lideranças políticas em troca. Nenhum desses sentimentos é equivocado. Os encargos sobre a classe média nunca foram maiores, assim como as recompensas da sociedade são roubadas pelos investidores super-ricos ou os beneficiários de assistência governamental.

Não há exemplo mais claro do que o desenvolvimento da crise financeira de 2008. Nos anos que a antecederam, Alan Greenspan e o Fed mantiveram as taxas de juros artificialmente baixas. Isso permitiu aos banqueiros originar empréstimos hipotecários subprime e agrupá-los em títulos altamente cotados para venda a investidores institucionais. Os banqueiros fizeram bilhões de dólares em taxas de originação e serviço, e outros bilhões em taxas de subscrição e receita de negociação. Essas hipotecas e derivados foram classificados como AAA em muitos casos, devido a modelos de risco defeituosos, venalidade e má fé das principais agências de classificação, como S&P, Fitch e Moody's. Os reguladores do banco ignoravam os riscos envolvidos por causa de seus próprios modelos falhos e supervisão obtusa. Inevitavelmente, as taxas de inadimplência aumentaram. Os primeiros relatos disso vieram nos primeiros meses de 2007. Isso chamou a atenção do Banco Central norte-americano e dos funcionários do Tesouro. Ben Bernanke assegurou aos diretores do Fed, em março de 2007, que a situação era administrável e que as perdas diminuiriam. O Tesouro dos EUA não tinha interesse em intervir ou mesmo pedir informações, apesar do fato de que qualquer distúrbio cairia em seu colo.

No final do verão de 2007, as peças do dominó financeiro começaram a cair. Dois fundos especulativos hipotecários do Bear Stearns entraram em colapso. Vários fundos do mercado financeiro, patrocinados pelo BNP Paribas, fecharam suas portas para impedir uma inundação de resgates. Os mercados se estabilizaram em dezembro de 2007, com os principais fundos soberanos de riqueza em Singapura, China, Abu Dhabi e Kuwait sendo persuadidos pelo Tesouro para socorrer grandes bancos, como o Citibank, Morgan Stanley e o Merrill Lynch. Depois, o pânico ressurgiu com a falência do Bear Stearns em março de 2008, o colapso do Fannie Mae e Freddie Mac em junho e, finalmente, a falência do Lehman Brothers, em setembro. No final de setembro de 2008, o mercado de ações quebrou, a corrida aos bancos começou e os Estados Unidos estavam há poucos dias de um colapso sequencial de todos os principais bancos. A intervenção pelo Federal Reserve e o *Federal Deposit Insurance Corporation* (FDIC, na sigla em inglês, agência federal norte-americana de garantia de depósitos bancários), com garantia ilimitada de depósitos, garantia sobre os fundos do mercado financeiro, impressão maciça de dinheiro e a troca de vários bilhões de dólares com o Banco Central Europeu, foi necessária para aliviar o pânico. Finalmente, em março de 2009, o mercado financeiro chegou ao fundo do poço, e uma longa e lenta recuperação começou.

A classe média observou esses desdobramentos com um misto de medo e descrença. Os investidores sabiam que crises ocorrem de tempos em tempos, e que as expansões nos mercados de ações não duram para sempre. A classe média poderia ter se resignado as suas perdas se tivesse visto algum traço de responsabilidade por parte dos banqueiros da elite, CEOs e reguladores. Isso nunca aconteceu. De fato, nenhum CEO ou executivo de banco jamais foi responsabilizado. Eles mantiveram seus empregos ou se mudaram para outras instituições financeiras. Após dois anos de crescente escrutínio, os CEOs de bancos retomaram a prática de conceder bônus altos e opções, que cresceram em uma bolsa de valores apoiada pelo Fed. O secretário do Tesouro, Tim Geithner, comunicou-se secretamente com o procurador-geral Eric Holder, do Departamento de Justiça do governo Obama, pedindo para não processar os banqueiros porque isso poderia prejudicar a confiança e desestabilizar o sistema financeiro, o que foi aceito por Holder. Não houve penalidades, processos judiciais ou rescisões relacionadas à quebra entre as principais elites bancárias.

Com isso, a classe média acabou dizimada: seus integrantes perderam metade das suas economias e muitos ficaram sem seus empregos e casas. Foi o pior retrocesso da economia desde a Grande Depressão. Essas perdas financeiras e de carreira para a classe média significaram muito estresse emocional, resultando em um alto número de suicídios, crescente número de divórcios e ampla epidemia de opioides. Além da crise financeira, houve colapso também nos campos social e emocional, um fenômeno raramente discutido nos alegres debates financeiros na TV. A classe média pode ter carregado fardos da crise financeira, como aconteceu desde a Grande Depressão até a Segunda Guerra Mundial. Mas essa crise foi diferente. O fardo não foi dividido igualmente por todos. Na verdade, acabou exclusivamente nas costas da classe média, enquanto as elites escapavam à responsabilidade.

Em 2008, os CEOs dos principais bancos eram Jamie Dimon (J. P. Morgan), Lloyd Blankfein (Goldman Sachs), Brian Moynihan (Merrill Lynch e, depois, no Bank of America), John Mack (Morgan Stanley), Larry Fink (BlackRock) e Vikram Pandit (Citi). Cada um deles e vários de seus subordinados ainda estão em suas funções ou se aposentaram recentemente, com suas absurdas fortunas em bônus ou opções de ações. Enquanto isso, a classe média continua em estado de choque. É claro que, depois, as ações subiram para novos máximos após uma recuperação de dez anos em relação aos mínimos. Ainda assim, é um longo período para esperar pelo seu dinheiro de volta.

Os investidores da classe média não tiveram a sorte de aproveitar a recuperação prolongada. Eles venderam perto do valor mínimo em 2009, numa tentativa desesperada de preservar o que restava de seu capital, e se recusaram a entrar novamente no mercado com um medo legítimo de que um novo colapso pudesse acontecer a qualquer momento. Em resumo, os ricos ficaram mais ricos e a classe média foi esmagada pelos grandes nomes do mercado.

Esse cenário em que os ricos ficam mais ricos e a classe média fica para trás está se desenvolvendo em áreas além do investimento. A desigualdade é real em aprovações às universidades, pois os ricos continuam mandando seus filhos e filhas para as escolas de elite, enquanto a classe média se contém por conta das mensalidades altíssimas e o ônus dos empréstimos estudantis. É real, também, no mercado imobiliário, em que os ricos compravam mansões a preços baixos em vendas de execução hipotecária enquanto a classe média ficava estagnada pelo patrimônio negativo. Também acontece na assistência médica, já que os ricos podiam pagar todo o seguro de que precisavam enquanto a classe média era prejudicada pela perda do emprego e seus benefícios. Essas disparidades também afetaram os filhos adultos da classe média. Não há pacotes maravilhosos de benefícios na economia de trabalhos terceirizados e temporários.

A extensão dessa redistribuição de renda para os ricos e para longe da classe média foi revelada em pesquisa recente do Deutsche Bank, o Banco Central alemão. O trabalho mostra a porcentagem de filhos que ganha mais do que os pais aos 30 anos, por data de nascimento, ao longo do tempo. Menos de 50% dos filhos na idade de 30 anos hoje ganham mais do que seus pais quando tinham a mesma idade. Em 1971, esse número era de 60% e, em 1950, 80%. O sonho americano de cada geração ganhando mais do que a anterior está desabando diante dos nossos olhos.

Com esses e outros dados em mente, repetimos a pergunta original: estaria a classe média desaparecendo? A resposta é não, mas está lutando e está cada vez mais em desvantagem em relação às elites poderosas. A classe média está ficando mais pobre, em termos relativos, e mais atrasada que os ricos, cujas rendas absorvem uma parcela crescente do PIB atual. Esse resultado é desestimulante para a classe média e cria condições negativas ao crescimento, na forma de menor produtividade. Por que trabalhar mais se os ganhos não são distribuídos de maneira justa?

Em primeiro lugar, a forma pela qual os ricos ficam mais ricos é altamente variável. Pode ser sorte pura, como quando dois fazendeiros compram lotes de terra lado a lado e apenas um descobre petróleo. Ou resultado de escolhas inteligentes em assuntos como cuidados pessoais com a saúde, casamento ou ensino superior. Ou de trabalho duro, alguma invenção ou empreendedorismo. As fontes iniciais de riqueza não são necessariamente injustas em um sistema capitalista.

Os problemas surgem com a forma como os ricos *permanecem* ricos, tornam-se *mais* ricos e passam suas riquezas para os filhos e netos. As técnicas para preservar a riqueza são apoiadas por costumes, leis e regulamentos promovidos, principalmente, pelos próprios ricos para perpetuar e expandir suas fortunas. É isso que dá origem ao sistema fraudulento, do qual a classe média se queixa com razão.

O primeiro conjunto de abusos surge no código tributário. No papel, os ricos pagam impostos mais altos do que a classe média. Mas isso é uma miragem, baseada em uma rápida olhada nas tabelas progressivas de impostos. A realidade é muito mais complicada. Muitas das riquezas dos norte-americanos ricos jamais é taxada porque eles as mantêm em imóveis e ações e os passam para seus beneficiários isentos de impostos. Quando a mídia ressalta que o CEO da Amazon, Jeff Bezos, tem mais de US$100 milhões, é importante ter em mente que a maior parte desta cifra está em ações da Amazon, pelas quais Bezos não pagou impostos, exceto pelas participações que vendeu. Mesmo quando Bezos negocia algumas ações, isso é tratado com alíquotas de imposto sobre ganhos de capital, inferiores às taxas normais de imposto de renda. A mesma análise se aplica a Mark Zuckerberg, no Facebook, e Elon Musk, na Tesla. Um profissional de classe média alta paga impostos a uma taxa infinitamente maior do que os homens mais ricos do planeta. Manter ações não é um fardo para o fluxo de caixa porque os bilionários podem facilmente tomar empréstimos, usando os papéis como garantia. Não há imposto de renda sobre o produto do empréstimo.

O segundo desvio fiscal é o uso de fundações. Os ultrarricos podem doar suas ações para fundações (para as quais recebem uma dedução de impostos contra outras receitas) e então apontarem a si mesmos ou a seus cônjuges como chefes da fundação. Eles podem permanecer no controle do dinheiro, fazendo concessões legais mínimas para causas favorecidas enquanto aplicam os ativos da fundação em um investimento à sua escolha. A fundação, em si, não paga impostos. De fato, os bilionários permanecem no controle de vastas fortunas que, efetivamente, são isentas de impostos. Indivíduos de classe média não possuem fluxo de caixa e recursos para honorários legais, para estabelecer acordos semelhantes.

Existem muitas outras fraudes fiscais, tais como renda no exterior, planos de renda diferidos, preços de transferência entre entidades tributáveis e não tributáveis e avaliações inflacionadas em doações de caridade. O resultado é sempre o mesmo — os ricos evitam os impostos, enquanto a classe média paga mais do que a sua parte.

Outras preferências incluem o impacto das redes sociais em oportunidades de emprego, entrada em universidades e oportunidades de investimento. A maioria das novas aplicações mais lucrativas dos últimos vinte anos foi compartilhada entre uma equipe unida de especialistas do Vale do Silício e Wall Street, que se informaram sobre novas empresas como Google, Amazon, Uber e Airbnb, entre outras, muito antes de as empresas serem abertas (em muitos casos, as companhias ainda não o fizeram). Os investidores de classe média obtêm avaliações ruins de empresas como a Snap Inc. (anteriormente Snapchat), que caiu de US$20,75 por ação, no início de 2018, para US$9,15 neste momento. Os fundadores do Vale do Silício obtiveram a avaliação mais alta no IPO, enquanto a classe média permanece com a mais baixa hoje. As melhores dicas sobre ações são passadas pelos ricos, em clubes de campo e empresas de capital privado, antes que os investidores da classe média tenham consciência de que essas empresas existem.

Os departamentos de matrícula das universidades de elite sempre separaram uma parte significativa de cada nova turma para o "legado". Se seu pai estudou em Harvard, suas chances de entrar lá são maiores do que as do concorrente típico de classe média. Esse sistema não é infalível ou automático, mas dá uma vantagem aos filhos e filhas dos norte-americanos mais ricos e ajuda suas famílias como um todo a manter a vantagem da elite. Quando chega a graduação, a mesma rede garante que os recém-formados das famílias de elite obtenham o primeiro emprego nos melhores escritórios de advocacia, bancos de investimento e gestoras de patrimônio, entre outros cargos desejados. Essa passagem de bastão de uma geração para a seguinte ajuda as elites a manterem um domínio sobre a riqueza e os privilégios. Graduados de classe média com inteligência e talento não são completamente excluídos; eles só têm mais dificuldade para decifrar o código.

Por fim, o fracasso no empréstimo estudantil é um dos mais poderosos fatores de discriminação entre os ricos e a classe média. Os filhos e filhas de famílias ricas passam pela universidade e saem com pouca ou nenhuma dívida. Já as famílias de classe média tomam empréstimos extensivos de programas governamentais de crédito estudantil para se formarem na mesma instituição. A diferença surge após a formatura, quando a elite inicia a carreira sem dívidas e os estudantes de classe média podem facilmente dever US$100 mil.

Esse ônus da dívida em uma economia terceirizada e de curto prazo logo resulta na ausência de pagamentos. Como vimos, o histórico de mau pagador afeta as pontuações de crédito Fico (sigla para *Fair Isaac Corporation*, empresa que criou o índice) dos recém-formados. Essa pontuação ruim distancia os estudantes de bons empregos, aluguel de apartamentos atraentes ou hipotecas de casas em bairros interessantes. Os empréstimos estudantis são uma forma de servidão certa para aqueles da classe média que dão duro para pagar, mas se enrolam ainda mais no processo. Enquanto isso, os ricos que se formam ganham promoções, aumentos de salário e compram novas casas com facilidade. O palco está pronto para outra geração de ricos ficando mais ricos e da classe média ficando para trás.

Há alguma solução de políticas públicas para essa crescente desigualdade na distribuição de renda? O livro, de 2017, *The Great Leveler* ("O Grande Nivelador", em tradução livre), de Walter Scheidel, analisa a desigualdade de renda desde a era agrária. Ele chegou a várias conclusões importantes que são fundamentais para entender a desigualdade de renda que a sociedade enfrenta atualmente.

A primeira conclusão de Scheidel é a de que não faltam soluções propostas para a desigualdade de renda. A lista de soluções varia de acordo com o estágio que a sociedade atingiu. Os remédios usuais são redistribuição de terras, tributação progressiva da renda, maior tributação sobre imóveis, educação gratuita, maior acesso a boas escolas, apoio a programas pré-escolares, almoços de graça e melhoria na nutrição, assistência universal à saúde, fim das matrículas preferenciais para os filhos dos mais riscos em universidades, fim da discriminação na contratação e maior diversidade na gestão de grandes empresas.

A segunda conclusão é a de que nenhuma dessas propostas tem qualquer chance de se tornar lei em uma escala suficientemente grande para ter um impacto material na desigualdade de renda. As razões para essa falha de implementação são várias, mas a mais notável é que os tribunais e legislaturas são, de fato, controlados por banqueiros de elite e advogados que impedem políticas que desgastem o status de elite de seus clientes. Em resumo, os lobos estão no comando do galinheiro.

Isso não significa que a desigualdade de renda nunca seja nivelada ou revertida. De tempos em tempos, a sociedade experimenta o que Scheidel chama de "nivelamento", em que a distribuição de renda é condensada e as diferenças entre ricos e pobres são bastante reduzidas. Essa é a boa notícia. A má é que o nivelamento é alcançado apenas através da morte e da violência resultante de uma guerra de mobilização em massa, revolução extrema, pandemia ou colapso sistêmico. Um exemplo clássico é a peste negra, na Europa do século XIV, que dizimou um terço da população. Os sobreviventes recebiam altos salários por conta da escassez aguda da força de trabalho. Esse fenômeno está bem documentado. Ainda assim, a peste é uma forma difícil para conseguir um aumento.

As perspectivas por uma redução da desigualdade de renda e melhoria do bem-estar relativo da classe média são sombrias sem o surgimento de um dos Quatro Cavaleiros do Apocalipse, seja na forma de guerra, revolução, praga ou colapso sistêmico. Ninguém está torcendo por isso, mas é impossível esperar uma redução na desigualdade de renda se algo assim não acontecer.

Apesar dessa injustiça embutida, aqueles que estão do lado errado da distribuição da desigualdade de renda não devem assumir que tudo está bem com os super-ricos. Os ricos podem não se preocupar com o pagamento de contas, mas se preocupam com a sobrevivência se, como muitos esperam, a desordem social atual se tornar colapso social. Esse é o ímpeto por abrigos de luxo à prova de bombas, construídos em antigos silos de mísseis, e extensas propriedades na Nova Zelândia, carregados de mantimentos e bons vinhos. Mesmo essas preocupações não acalmam a mente porque isso leva à preocupação seguinte, que é como chegar a esses abrigos em meio ao pânico e garantir a lealdade de seus seguranças e pilotos do seu jato particular à medida em que a sociedade se desfaz. Esses medos de segunda ordem são descritos no trecho de um artigo do teórico Douglas Rushkoff, descrevendo um encontro particular com clientes super-ricos.

Após chegar, fui levado ao que pensava ser um camarim. Porém, em vez de me colocarem um microfone ou me levarem a um palco, fiquei sentado em uma mesa redonda enquanto minha audiência era trazida a mim: cinco caras super-ricos — sim, todos homens — do escalão superior do mundo dos fundos especulativos. Depois de um pouco de conversa fiada... eles finalmente entram em seus tópicos reais de preocupação... O CEO de uma corretora explicou que havia concluído quase que a totalidade da construção do seu próprio sistema subterrâneo de bunkers e perguntou: "Como mantenho a autoridade sobre minha força de segurança após o evento?"

O Evento. Esse foi o eufemismo deles para o colapso ambiental, inquietação social, explosão nuclear, vírus incontrolável ou hackers do Mr. Robot, que derrubam tudo...

Eles sabiam que era necessário ter guardas armados para proteger seus complexos das multidões raivosas. Mas como eles pagariam aos guardas se o dinheiro não tinha valor? O que impediria os guardas de escolher seu próprio líder? Os bilionários pensaram em usar cofres de combinação especial, que só eles saberiam abrir, para o suprimento de comida. Ou fazer os guardas usarem algum tipo de coleira de controle em troca de sua sobrevivência...

Quando os gestores de fundos especulativos me perguntaram sobre a melhor maneira de manter a autoridade sobre as forças de segurança após "O Evento", sugeri que a melhor aposta seria tratar tais pessoas muito bem agora. Eles deveriam estar envolvidos com as equipes de segurança como se fossem sua própria família... Todo esse conhecimento tecnológico poderia ser aplicado a interesses menos românticos, mas inteiramente mais coletivos no momento.

O conselho de Rushkoff de tratar as pessoas de forma decente é digno, mas parece não ter sido compreendido pelos clientes. Uma resposta mais prática seria pagar aos guardas com ouro e prata, sempre um bom dinheiro. O fato de essa solução nunca ter ocorrido aos especialistas em fundos especulativos mostra que até os mais ricos estão afastados do conceito de dinheiro real.

Como que para validar as preocupações das elites, basta salientar que a crise financeira global de 2008 ainda não acabou. De fato, ela mal começou. Historicamente, as crises econômicas ocorrem em um padrão em forma de V. O crescimento diminui durante a fase de recessão e volta rapidamente à linha de tendência. A expansão perdida na recessão é composta por uma recuperação acentuada. Assim que a tendência de crescimento volta, a riqueza perdida é recuperada e a economia continua o seu histórico caminho do crescimento. Isso jamais aconteceu na crise de 2008. O crescimento diminuiu, mas jamais se restabeleceu. A expansão jamais retornou à linha da tendência e as perdas nunca foram recuperadas. Em vez disso, o crescimento foi retomado em uma nova linha de tendência, bem abaixo da antiga e em uma trajetória mais superficial.

Não só não houve um padrão de recuperação em formato de V: a nova tendência se afasta ainda mais da velha ao longo do tempo. A distância entre a velha tendência alta e a nova tendência baixa é conhecida como diferença de riqueza, a diferença entre o quão ricos seríamos se houvesse uma forte recuperação após 2008 e o quão ricos somos, baseado na recuperação historicamente fraca que ocorreu. Hoje, essa diferença supera os US$4 trilhões. O pior é que ela fica cada vez maior porque a nova linha da tendência não é tão íngreme quanto a antiga. As novas e antigas linhas não são paralelas; elas divergem, então a diferença de riqueza segue crescendo.

Ainda assim, a diferença de riqueza é somente parte da razão pela qual os EUA seguem em crise. Por mais fraco que seja o crescimento, o país adquiriu esse crescimento insignificante com dívidas não sustentáveis. Desde a crise financeira global, o débito nacional do país dobrou, de US$10 trilhões para US$20 trilhões. Essa dívida deve crescer outros US$5 trilhões nos próximos cinco anos, devido aos cortes de impostos de Trump; a revogação, pelo Congresso, dos limites de gastos; e uma onda de inadimplência de empréstimos estudantis. Essa projeção assume que não haverá recessão. Se ela vier, analistas acrescentam outros US$2 trilhões em dívidas, além dos US$5 trilhões projetados por causa da menor arrecadação de impostos, maiores benefícios para desempregados e vale-refeição, taxas mais altas de inadimplência de estudantes e pagamentos mais altos por incapacidade.

Esse fenômeno de crescimento lento, dívida alta e desigualdade econômica não está restrito aos Estados Unidos. É um fenômeno global. A situação é pior na China, Japão e Europa. Houve um crescimento persistente da dívida global nos últimos vinte anos. Esse câncer de dívida começou antes da crise financeira global de 2008 e continuou depois. A crise, em si, não teve impacto duradouro no crescimento da dívida. A ideia de que o mundo desalavancou ou o sistema bancário se fortaleceu desde a crise é uma lenda.

Embora tenha havido um leve declínio na relação dívida/PIB das economias desenvolvidas entre 2012 e 2017, de 387% para 382%, o tamanho total da dívida continuou crescendo, de US$170 trilhões para US$174 trilhões. O declínio no índice se deu pela pequena melhora no crescimento das principais economias, principalmente dos Estados Unidos, após 2012. Enquanto isso, o aumento da dívida dos mercados emergentes, de US$42 trilhões em 2012 para US$63 trilhões em 2017, e da sua relação dívida/PIB, de 171% para 210% no mesmo período, mais do que compensou a leve redução no índice das economias desenvolvidas. Combinando os dados das economias desenvolvidas e dos mercados emergentes, o resultado é uma subida da dívida total de US$212 trilhões para US$237 trilhões e um aumento da relação dívida/PIB de 310% para 314%, entre 2012 e 2017. Esses níveis são insustentáveis; a tendência é ameaçadora para os investidores.

## Segredo de Investimento #7: Destine riqueza para bens alternativos.

Estamos todos familiarizados com a chamada corrida aos bancos. Ela começa silenciosamente, com alguns depositantes ficando nervosos acerca da solvência da instituição. Eles fazem fila para receber seu dinheiro antes que o banco feche suas portas. Logo a palavra se espalha e a fila fica mais longa. O banco exibe um ar de confiança e dá o dinheiro aos depositantes, que pedem o máximo que podem, mas logo ele acaba. Hoje, isso está acontecendo no Federal Reserve de Nova York. A diferença é que essa corrida envolve ouro, e não dinheiro.

O Fed de Nova York nunca fica sem dinheiro porque pode imprimir tudo o que precisa. Entretanto, ele pode ficar sem ouro. Até recentemente, a instituição tinha 6 mil toneladas do metal guardadas em cofres na Liberty Street, na Baixa Manhattan. Mas elas não pertencem aos EUA, e sim a outros países e ao FMI. Alguns anos atrás, os bancos centrais exigiram o retorno do seu ouro aos países de origem. A Alemanha foi o exemplo mais proeminente, mas havia outros, incluindo nações com menos posses, como o Azerbaijão. Um dos maiores detentores, a Turquia, também está pedindo seu ouro de volta. O processo é difícil porque o ouro do Fed consiste em barras antigas, algumas empilhadas desde a década de 1920, que não atendem aos padrões atuais de pureza e tamanho. Isso não significa que o ouro é ruim, mas que algumas barras terão que ser derretidas e refinadas para atender aos padrões atuais. O estoque de ouro em Nova York está diminuindo e o comportamento global parece o da corrida aos bancos de ouro. O motivo é a expectativa de que os preços do ouro subam devido à inflação dos Estados Unidos, combinada com uma visão de que o Fed pode não estar disposto a liberar o ouro em um pânico financeiro futuro.

Antes que a corrida ao Fed atinja um ponto frenético, o que os investidores podem fazer para decidir se o ouro tem um preço atraente? Se ele é apenas outra forma de dinheiro (e é), então o preço do dólar em ouro pode ser analisado como se fosse uma taxa de câmbio. O preço mais alto para o metal até hoje foi de US$1.900 por onça, no início de setembro de 2011, e o mais baixo desde então foi de US$1.050 por onça, em dezembro de 2015.

A volatilidade na taxa cruzada entre o dólar e o ouro diz mais sobre a moeda norte-americana do que sobre o metal. Quando o ouro custa US$1.050 por onça, a mensagem talvez seja a de que o dólar está muito forte. Se ele é cotado a US$1.900 por onça, a impressão é a de que, talvez, o dólar esteja excessivamente fraco. Em ambos os casos, uma simples taxa cruzada é uma forma útil de considerar dólares versus ouro. Mesmo assim, não é uma maneira particularmente sofisticada de entender o papel do ouro no sistema monetário mais amplo e na macroeconomia. Que outras métricas podemos usar?

Uma é o valor de mercado do ouro como porcentagem da base monetária de um determinado país. Essa medida alternativa métrica pergunta quanto ouro um país possui em relação ao seu suprimento básico de papel-moeda. Mesmo os defensores mais fervorosos do padrão-ouro não são a favor de mais de 100% de cobertura de dinheiro com o metal. Como vimos, alguma taxa de cobertura entre 20% e 40% tem sido suficiente, pois é improvável que todos os detentores de dólares desejem seu ouro físico ao mesmo tempo.

O Tesouro dos Estados Unidos possui mais de 8 mil toneladas de ouro e o Sistema do Federal Reserve detém certificados de ouro emitidos pelo Tesouro como ativos, aproximadamente, na mesma quantidade. Nem o dólar (passivo do Fed) nem os certificados de ouro do Fed (ativos do Fed) são resgatáveis em ouro, embora os cidadãos sejam livres para comprar ouro com dólares a preço de mercado. A existência do ouro no sistema é oficialmente ignorada por todas as partes. O metal não é uma realidade do sistema de operações do dia a dia. Dito isso, a proporção entre o ouro e o papel-moeda é um termômetro que revela a saúde financeira da economia dos EUA. Em 1936 e em 1980, quando o valor do ouro oficial excedeu a oferta monetária básica, a economia norte-americana não era saudável — no primeiro caso devido à depressão, e no último, por conta da hiperinflação limítrofe.

Como está a economia hoje? A resposta curta é "não está bem". A proporção entre o ouro e o papel-moeda está novamente em um nível extremo que não reflete a supervalorização do ouro, mas uma *subvalorização*. A proporção entre o ouro e o papel-moeda está em torno de 10%, bem abaixo da faixa entre 20% e 40% historicamente considerada adequada para um padrão-ouro. É muito menos que a faixa de 100% entendida como necessária pelos economistas da Escola Austríaca e por outros defensores ferrenhos do padrão-ouro.

O sistema monetário dos Estados Unidos nunca teve tão pouco lastro em ouro e esteve tão vulnerável a uma perda de confiança como nos dias de hoje. Se a confiança no papel-moeda fosse perdida devido a um evento econômico extremo ou à criação excessiva de dívidas e as autoridades tivessem que recorrer ao ouro para restaurar o otimismo, a capacidade de conseguir isso nunca foi tão limitada. Isso sugere que os EUA devam acompanhar a China e a Rússia, adquirindo mais ouro físico. Esse panorama se torna atraente para que investidores individuais façam o mesmo.

# CAPÍTULO OITO
# CONTRACORRENTE

Reduzida ao essencial, a história conhece apenas dois... modos de aquisição de riqueza: fazer e receber.

—Walter Scheidel, *The Great Leveler* (2017)

## Rosewood

O hotel Rosewood, na Sand Hill Road, na Rota 101, no Vale do Silício, é a "casa longe de casa" para visitantes de alto nível que visitam a capital mundial da tecnologia. O Rosewood fica bem perto das sedes do Google e da Apple, além de outros complexos da computação. O hotel é caro, mas vale a pena; as comodidades são excelentes. Ainda assim, o perfume do privilégio é forte. Marc Andreessen, que ficou famoso por ser um dos cofundadores do navegador da internet Netscape, tem sua empresa de capital de risco em uma suíte de escritório adjacente ao hotel, conectada por passarelas de ardósia alinhadas com sebes aparadas e fontes majestosas. Os jardins são assustadoramente silenciosos. É fácil confundir o local com um spa ou retiro de meditação, exceto pela sinalização e pela segurança.

O design do hotel é moderno, com linhas paralelas baixas, de teto plano e elegantes feitas em bronze, madeira e ardósia com vegetação. Os quartos são como bangalôs conectados; as portas dão diretamente para fora, sem corredores ou longas filas de portais numerados.

No lobby estão os únicos sinais de vida. Sofás com encosto baixo, espreguiçadeiras e divãs nos onipresentes tons de terra são ocupados por loiras maquiadas e homens de 50 e poucos anos, bronzeados, magros, de calça jeans, camisas caras, tênis Nike Dunk Low ou mocassins italianos, sem meias e com o ocasional blazer. Sua linguagem corporal diz: "Sou rico, investi aqui, pertenço aqui, quem é você?" Os frequentadores assíduos estavam conectados a dispositivos, digitando, bebendo Sauvignon Blanc e olhando fixamente para a lareira falsa.

Cheguei ao Rosewood no início da noite no final de abril de 2018 para uma estadia de uma noite depois de um voo de Nova York para São Francisco e uma curta viagem de carro até o vale. Minhas duas idas anteriores para lá foram meio fora do eixo. Uma foi para comandar um seminário sobre ciência da complexidade na Singularity University, uma nova faculdade situada no Ames Research Center, na Nasa, em Cupertino. O papel educacional da Singularity é um disfarce para sua função real: um lugar de encontros entre grandes cérebros e patrocinadores bilionários das próximas invenções de sucesso.

Minha segunda visita foi para falar a um grande público no Ritz-Carlton, em Half Moon Bay. Era o encontro do Vale do Silício com o surfe. O Ritz-Carlton exalava dinheiro como o Rosewood, porém com mais ostentação na sua cara, mais barulhento e chique, lembrando mais os casarões da novela norte-americana *Dallas* do que o estilo digital. Havia um torneio de golfe em andamento, com um Cadillac exposto como prêmio ao vencedor. Pensei que o Half Moon Ritz-Carlton devia ser o hotel ideal para os visitantes do vale, mas estava errado. O Rosewood é a escolha ideal. A despeito de sua aura elitista, gostei do Rosewood. O silêncio era ideal para um escritor. Poderia, inclusive, escrever um pouco antes do trabalho no dia seguinte.

Estava no Rosewood para uma conferência com o conselho administrativo do Morgan Stanley, um dos bancos mais poderosos do mundo. Era uma reunião fora da sede, em uma viagem que incluía visitas a clientes gigantes da tecnologia. Fui convidado pelo diretor de banco de investimentos em tecnologia do Morgan Stanley, Drew Guevara, para iniciar uma conversa com o conselho sobre mercados de capitais e risco geopolítico. O grupo se reuniu privadamente durante o dia, fez uma pausa e se encontrou novamente, para tomar umas bebidas e jantar. Falaria no evento após o jantar, fechando o dia.

Drew estava um pouco nervoso por ter me chamado. Por um lado, ficou intrigado acerca de uma abordagem científica sobre o risco e pensou que o conselho poderia tirar proveito da discussão. Por outro lado, ele estava preocupado sobre a minha crítica às "elites". Ele disse: "Jim, gostaria que você entendesse que essas pessoas *são* as elites. Não quero meus diretores atirando cadeiras no palco". Eu respondi: "Entendo, Drew, faço isso o tempo todo. Sempre respeito a audiência, em especial esse grupo. O maior problema deles é viverem em uma bolha de pensamento. Eles precisam ouvir vozes como a minha. Eles vão agradecer você quando terminarmos". Fiquei grato por ele ter me convidado. Ainda assim, não foi uma decisão livre de riscos; eu fazia comentários ácidos, como quando disse a uma governadora do Fed que o Banco Central dela estava quebrado com base na avaliação ao preço de mercado. Ela hesitou, depois parou e, finalmente, concordou.

Fiz meu dever de casa e estudei os membros do conselho antes do evento. Seus currículos eram familiares, mas havia me encontrado pessoalmente com apenas um deles antes do evento. Todos os diretores se conheciam, então esse não era um evento de crachás. Tinha que repetir os nomes baixinho. James Gorman, o CEO, era obviamente o mais fácil.

Anoiteceu. "É hora do show", pensei. O caminho do meu quarto até o local do coquetel era a céu aberto. Consistia de um lance de escadas e uma calçada em um mezanino ao ar livre, com um gramado bem cortado de um lado e um precipício de seis metros do outro. Quando saí da escada para a passarela, um corvo preto pousou na cerca do outro lado e se empoleirou como um sentinela. Lembrei do clássico poema de Edgar Alan Poe "O Corvo" e do *The Raven of Zürich*, ("O Corvo de Zurique", em tradução livre), uma obra esgotada que inspirou o meu livro *The Road to Ruin* ("O Caminho para a Ruína", em tradução livre). Corvos simbolizam profecias desde a Antiguidade. Esse não disse "nunca mais", mas ouvi isso dentro da minha cabeça enquanto passava pelo espectro aviário. Não olhei para trás.

Bebidas foram servidas em um pátio com uma fogueira. O traje era business casual; sem jeans, nem gravatas. Era a vez de os diretores relaxarem enquanto me preparava para trabalhar. Peguei uma Coca diet com uma fatia de limão no bar e me misturei entre aqueles com um Scotch ou um Chardonnay. Drew me cumprimentou e começou a me apresentar para os membros do conselho. Apertei a mão de Gorman e lhe agradeci pelo convite. Ele é alto, em forma, brilhante, com tolerância zero para bobagens. Gorman foi um advogado de sucesso em Melbourne antes da transição para os bancos de investimento. Seu semblante era relaxado. Australianos sempre mantêm os pés no chão, mesmo quando chegam ao topo. Era bom ao Morgan Stanley que um advogado estivesse no comando, não um negociante ou um analista quantitativo. Advogados são treinados para verem os dois lados, são bons ouvintes e bons defensores. "Isso é bom", pensei. "É uma ótima ideia manter os analistas quantitativos em seus lugares".

A seguir, veio o presidente do Morgan Stanley, Colm Kelleher. Ele é mais baixo do que Gorman, porém mais forte. Sem muita demora, ele disse: "Vou te nocautear quando entrarmos". Pensei: "Irlandês duro, típico cara de Wall Street, cuidado com este". Não estava errado.

A pessoa que me fez desviar do meu caminho para conhecer foi Jami Miscik. Ela teve uma longa carreira na CIA e subiu ao posto de vice-diretora de inteligência. Ela era a chefe da Diretoria de Inteligência, o braço analítico que recebe o material de inteligência de todas as fontes e é responsável por integrar isso às análises e relatórios. Também estão sob sua responsabilidade os estudos estratégicos para considerar futuras ameaças e novas técnicas analíticas. A Diretoria de Inteligência é um dos dois principais pilares da CIA, ao lado da Diretoria de Operações, que comanda o serviço clandestino. A Diretoria de Operações consiste de agentes de casos que lidam com espiões em campo, assim como com operações secretas e fraudes. Miscik era bem informada sobre essas operações para conduzir seu cargo analítico. Ela foi a mulher de mais alto nível na história da CIA antes de Gina Haspel ser nomeada diretora, em maio de 2018.

Eu a conhecia de vista e andei para me apresentar. Miscik foi minha chefe na CIA quando trabalhei no Projeto Prophesy. Embora ela dirigisse o grupo em que trabalhava, nunca nos conhecemos na agência. Isso é típico da compartimentação que é parte da cultura da CIA. Mesmo assim, conhecíamos muitas pessoas em comum, incluindo oficiais intermediários entre o meu projeto e o gabinete dela. A conversa foi tranquila até eu tocar no assunto de informações privilegiadas sobre o ataque de 11 de setembro. Ela virou bruscamente e saiu, para se juntar a outros grupos. Velhos hábitos nunca morrem.

Firmas poderosas como o Morgan Stanley têm diretores igualmente poderosos, mas nem todos os conselhos têm o mesmo discernimento. Alguns são tão grandes que o impacto de cada diretor é diluído. Alguns diretores de grande nome são só isso, nomes, que flutuam de diretoria em diretoria como figuras de proa. O conselho do Morgan Stanley era diferente. Cada membro foi destacado, o conselho era pequeno o suficiente para ser efetivo e todos os diretores pareciam altamente engajados. O Morgan Stanley tem a sorte de contar com duas superestrelas femininas: Miscik e a brilhante Hutham Olayan, herdeira de uma dinastia saudita de engenharia. Gorman fez um trabalho admirável ao reunir esse grupo.

Agora, era hora do jantar e de minha apresentação. O formato era relaxado, com mesas redondas de oito lugares, um pequeno palco e duas banquetas, uma para mim e outra para Drew, que deveria me apresentar e moderar o debate. Aguardei, cautelosamente, e subi ao palco quando chamado. Minha introdução consistia em um videoclipe em uma TV de tela ampla, mostrando minha última entrevista antes das eleições presidenciais de 2016. Foi uma aparição na Bloomberg TV, gravada ao vivo, às 4h (horário de Nova York), no dia da eleição, transmitida para o público europeu. O correspondente econômico do canal, Michael McKee, disse: "Estaremos todos na cama às 22h desta noite, Hillary terá vencido facilmente. Ela se sairá melhor do que seu marido em 1996 e vencerá no leste." Francine Lacqua, âncora daquela transmissão, virou-se para mim e perguntou: "Jim, o que você acha?". Disse que acordaríamos tarde, mas Trump deveria vencer em uma disputa acirrada. Francine pareceu momentaneamente espantada. Ela é brilhante, mas era difícil até para ela processar uma previsão de vitória de Trump. Fui perguntado por ela sobre as pesquisas de participação e analisei ambas, para dar suporte à minha previsão. Então, o clipe se encerrou. Pensei: "Bem, este é um bom começo".

A maior parte da minha apresentação consistiu em pontos sobre os quais já falei diversas vezes no passado. Os mercados de capitais não são sistemas de equilíbrio; eles são sistemas complexos. O risco não é distribuído normalmente, mas ao longo de uma curva de poder. Os eventos não são aleatórios; eles dependem do caminho tomado. O resultado mais catastrófico não é uma função linear de escala; é uma função superlinear. Resumi ao dizer que o mercado de capitais e o sistema bancário estavam vulneráveis a um colapso de proporções sem precedentes devido à escala do sistema, à interconectividade densa dos megabancos e aos modelos de risco defeituosos.

A questão não era que eu estava dizendo algo novo, mas falando a um público que (em sua maioria) nunca tinha ouvido isso antes. Um dos que já tinham ouvido minhas análises estatísticas era Keishi Hotsuki, diretor de riscos. Hotsuki não era membro do conselho, mas é típico convidar gerentes seniores que não fazem parte do grupo a participar de reuniões para informar sobre decisões ou como preparação para novos avanços. Hotsuki disse: "Jim, sua apresentação é música para os meus ouvidos; venho falando a mesma coisa há anos". Ele se emocionou: "Estou tão feliz que você tenha feito essa análise! Gostaria de te dar um abraço!". Gorman, o australiano durão, levantou-se e brincou: "Keishi, venho lhe pagando milhões há uma década e você nunca se ofereceu para me abraçar". Em pouco tempo, havia homens se abraçando em todos os lugares. Há um velho ditado que diz: "A ciência avança um funeral por vez". Talvez a ciência de gestão de riscos possa avançar um abraço por vez.

Agora era hora das perguntas.

Gorman começou. "Li seu livro", em uma referência a *The Road to Ruin*. Eu sabia que ele estava falando sério. As pessoas bajulam os autores ao elogiar seus livros, mas ele sabe em segundos se a pessoa leu mais do que algumas páginas. É um instinto. A aposta de Gorman significava que uma crítica viria a seguir.

Ele ressaltou que a adequação do capital do Morgan Stanley havia crescido significativamente desde a última crise, que certas estratégias de negociação arriscadas não eram mais permitidas, e que a conformidade e o gerenciamento de riscos foram bastante fortalecidos. Ele discordou veementemente da minha avaliação de que o Morgan Stanley e outras firmas de valores mobiliários estavam mais vulneráveis do que nunca a um colapso financeiro.

Os pontos de Gorman estavam corretos em um sentido estrito, mas deixavam de lado uma realidade mais profunda. Contei a história de um encontro com o lendário CEO do Citibank, Walter Wriston, em 1981, em uma época em que a confiança no dólar estava diminuindo e havia rumores de que os árabes magnatas do petróleo estavam retirando os petrodólares dos bancos norte-americanos, incluindo o Citi. Wriston me explicou que o sistema bancário era um circuito fechado. Os árabes poderiam tirar seus depósitos dos bancos e comprar outros ativos, como o ouro, mas os vendedores desses ativos depositariam seu dinheiro em outro banco, que o emprestaria de volta ao banco original no mercado de depósitos interbancários. Havia pequenos custos em termos de tarifas e taxas, mas o dinheiro acabaria voltando para o lugar de onde saiu. Wriston me disse: "Os bancos não precisam de capital; eles só precisam pedir emprestado de outros bancos".

A verdade é que os bancos não precisam de capital quando os mercados estão calmos, a liquidez interbancária está prontamente disponível e as garantias são bem oferecidas. No entanto, o oposto é verdadeiro. Em meio ao pânico, quando a liquidez seca, os ativos ficam sem oferta e todos querem seu dinheiro de volta, não há capital em quantidade suficiente. Os bancos, mesmo os bons, são alavancados e basta um leve declínio nos valores dos ativos em um balanço alavancado para eliminar o capital. Meu argumento para Gorman foi o de que sua melhora no amortecedor de capital foi mais do que suficiente para a maioria das condições de mercado, mas longe de ser bastante para uma repetição de 2008 em uma escala maior.

Kelleher estava ganhando tempo e, agora, atacava. Ele repetiu os argumentos de Gorman sobre adequação de capital e risco, mas foi além. Ele afirmou que as exposições a derivativos haviam declinado significativamente (afirmei o contrário). Mesmo sob a minha análise de complexidade, a diminuição dos valores conceituais dos derivativos deve resultar em uma redução não linear do risco, que tornou o sistema mais seguro. Kelleher foi duro, mas sua análise foi inteligente.

O valor hipotético bruto de todos os derivativos mantidos pelos bancos, normalmente fora do balanço patrimonial e divulgados apenas em notas de rodapé, havia diminuído desde 2008, como Kelleher afirmou, de acordo com as estatísticas detalhadas relatadas pelo BIS. Isso ocorreu porque os bancos atribuíram swaps e outros derivativos a câmaras de compensação centralizadas, que liquidam as exposições compensadas solicitadas pelos líderes do G20 em setembro de 2009. Quando são incluídas as posições da câmara, o valor hipotético bruto dos derivativos aumentou desde 2008, consistente com o meu posicionamento. As câmaras de compensação proporcionam transparência e liquidação de obrigações e, em meio ao pânico, problemas são identificados mais rapidamente. Ainda assim, os riscos dos derivativos não desapareceram; eles simplesmente foram transferidos dos bancos para as câmaras de compensação, o que traz a questão da sua adequação de capital. O que acontece se um participante importante de uma câmara estiver em dificuldades financeiras e não puder cumprir suas obrigações? Não é reconfortante saber que as principais câmaras de compensação, incluindo CME, ICE e a *London Clearing House* estão usando os mesmos métodos falhos de VaR e de teste de estresse para gerenciamento de riscos que perderam a próxima catástrofe em 2008. A mutualização das perdas entre todos os membros da câmara de compensação é o remédio prescrito quando um membro é inadimplente, mas isso simplesmente age como um canal de contágio. É como se um paciente infectado com uma doença mortal escapasse da quarentena e passasse o dia em uma Starbucks. Assim como a AIG em 2008, a exposição líquida rapidamente se transforma em exposição bruta, quando o desempenho da contraparte está em dúvida.

As críticas de Gorman e Kelleher sofreram com o que Keynes chamou de falácia da composição, que é quando os componentes de um sistema são adicionados para descrevê-lo como um todo. Isso não é verdade em sistemas complexos, onde métricas de escala significam que propriedades emergentes surgem do nada e não podem ser deduzidas do conhecimento perfeito das partes do sistema.

Inclinei-me para a frente, olhei diretamente para Kelleher e disse: "Olhe, Colm, você está certo. O Morgan Stanley é mais seguro. *Mesmo assim, o sistema não é.* O Morgan Stanley faz parte do sistema; quando o sistema entra em colapso, ele vai junto. Olhar para o seu próprio balanço não é o suficiente; você tem que olhar o balanço global. Está tudo conectado". É claro que não havia necessidade de destacar o Morgan Stanley. O mesmo poderia ser dito de todos os grandes bancos. Seus balanços eram mais seguros, em um sentido estrito. Ainda assim, eles estavam mais vulneráveis do que nunca ao risco sistêmico.

Estava quase na hora de voltar ao bar. Jami Miscik fez a pergunta mais inteligente da noite: "O que você faria se estivesse no meu lugar, como diretora do Morgan Stanley?" Respondi que trabalharia com meus colegas para desmembrar os grandes bancos, incluindo o Morgan Stanley, banir a maioria dos derivativos e adotar a estatística bayesiana e a teoria da complexidade como novas ferramentas de gerenciamento de riscos. Como veterana da CIA, Miscik não esboçou reação. Ainda assim, ela entendeu claramente todos os pontos.

Simpatizava com a realidade de que um diretor de banco tem deveres para com esse banco e seus acionistas, não para com o sistema como um todo. O risco sistêmico é mais da competência dos bancos centrais, ministros das Finanças e do FMI. Ainda assim, os diretores e CEOs são poderosos. Se eles insistissem em uma agenda de redução de risco para os formuladores de políticas governamentais, eles poderiam ouvir. Não há evidências de que isso esteja acontecendo. A inércia domina.

## Geleiras

Quando escrevo e falo em público, frequentemente uso a metáfora do floco de neve e da avalanche para descrever sistemas dinâmicos complexos e a forma como entram em colapso. Os mercados de capitais são sistemas complexos, mas seu funcionamento é incompreensível para os cidadãos comuns. Investidores atentos sabem se o índice Dow Jones subiu ou diminuiu ou se o saldo de seu 401(k) mostrou um ganho ou perda pelo último extrato mensal, mas isso é tudo. As pessoas são ocupadas; a menos que sejam profissionais do mercado financeiro, não há razão para saberem mais do que os preços mais recentes. Quando alguém fala sobre como os sistemas complexos funcionam e por que o mercado de capitais é vulnerável a uma quebra total, as pessoas ficam intrigadas, mas os olhos desviam a atenção na primeira menção a funções de densidade, curvas de poder e hipersincronicidade. Isso é compreensível, e é por isso que a metáfora da avalanche é útil. Ela começa com o acúmulo de neve instável na encosta de uma montanha. Bilhões de flocos de neve formam uma rede interconectada. Um novo floco de neve cai e atinge o resto de uma maneira que solta alguns outros flocos, estes começam a escorregar, o deslizamento ganha força e, em breve, tudo cai da montanha, soterrando a vila abaixo. A imagem é vívida e mais do que uma metáfora; a matemática e a dinâmica por trás da avalanche são exatamente as mesmas do colapso do mercado de capitais, ajustado pelas idiossincrasias dos flocos de neve contra os comerciantes vivos. A detonação das aglomerações de neve instáveis com dinamite para reduzir o perigo tem a mesma lógica que a quebra de grandes bancos.

No entanto, a avalanche não é a única metáfora que pode ser aplicada ao mercado de capitais. Em alguns casos, uma geleira é a melhor forma de descrever os processos econômicos que direcionam os preços de títulos, taxas de câmbio e de juros. Uma geleira é um sistema dinâmico complexo, mas se move de forma mais lenta e causa mudanças mais duradouras do que uma avalanche. Geleiras arrancam vales, movem pedras e empurram obstáculos com facilidade.

Embora as geleiras tenham a fama de se mover lentamente, elas também podem emergir. Em 1956, a geleira Muldrow, próxima a Denali, na cordilheira do Alasca, subia a um ritmo de 457 metros por dia. Os níveis de gelo na superfície caíram 91 metros, à medida que o gelo seguia rapidamente para elevações mais baixas. A geleira se moveu 6,5 quilômetros para baixo da montanha ao final da ondulação.

Os eventos que abalam o mercado de capitais hoje são comparados mais com as geleiras do que com as avalanches. Eles são implacáveis e lentos, mas às vezes produzem ondas dramáticas. Eles são menos dramáticos do que as avalanches em curto prazo, mas mais destrutivos no final. Hoje, algumas das geleiras que esmagam o sistema são a dívida chinesa, as guerras comerciais, a fineza monetária do Fed e um fracasso da dívida nos mercados emergentes. Há outras, mas essas estão entre as maiores. O que se segue é uma prévia de algumas geleiras ganhando espaço para empurrar o mercado de capitais para uma nova Era do Gelo e nos deixar no rescaldo.

# A China é Madoff

1%, 1%, 1%, 1%, 1%...

Essa é uma estimativa aproximada da série temporal de retornos mensais relatados por Bernie Madoff ao longo dos vinte anos em que comandou seu negócio de gestão de riqueza.

Quando você ganha 1% ao mês, esse composto aumenta 12,7% anualmente, ano após ano. Esse retorno mais do que dobra o seu dinheiro em seis anos e dobra novamente em outros seis. Após dezoito anos, aproximadamente entre o nascimento de uma criança e quando ela vai para a faculdade, você teria ganho oito vezes seu dinheiro com Madoff. US$1 milhão de dólares investidos com Madoff em 1990 valeria US$8 milhões em 2008.

Havia apenas um problema. Foi tudo uma fraude. Não havia pool de ativos investíveis. Não houve retornos acima da média, composição ou lucro. Era tudo contabilidade e saques falsos feitos por Madoff. Algumas vezes, o novo dinheiro era usado para sacar quantias antigas que se desejava resgatar, mas a maior parte do dinheiro permaneceu. A pirâmide de Madoff entrou em colapso em 2008.

A quantia perdida na fraude de Madoff varia de acordo com o método de cálculo. Usando o total que os investidores acreditavam ter, mesmo que extratos de conta fossem falsos, as perdas foram de quase US$65 bilhões. A conta pela quantia investida sem contar lucros falsos foi de US$17 bilhões. De qualquer forma, Madoff estabeleceu o recorde de maior fraude de esquema Ponzi (pirâmide) da história.

A fraude foi descoberta junto ao pânico financeiro de 2008. Investidores globais estavam perdendo dinheiro em ações, hipotecas, derivados e outras classes de ativos. Investidores que usaram dinheiro emprestado foram atingidos com chamadas marginais (depósito feito por um investidor, para cobrir possíveis despesas). Os fundos do mercado financeiro e os bancos experimentaram abruptas baixas à medida que os investidores tentavam recuperar seu dinheiro da maneira que podiam. Foi a pior crise de liquidez global na história.

Nesse ambiente de pânico, os investidores sabiam que podiam contar com Bernie como fonte de liquidez. Eles começaram a fazer resgates do fundo, e foi aí que a pirâmide foi descoberta. Ele não tinha recursos para atender aos resgates, começou a não cumprir as obrigações, os boatos correram, a Comissão de Valores Mobiliários dos EUA (*Securities and Exchange Commission* ou SEC, em inglês) e o FBI entraram em ação e o resto é história. Em 29 de junho de 2009, Madoff foi condenado a 150 anos de prisão em tribunal federal.

Os leitores familiarizados com a história de Madoff também devem saber que havia inúmeras suspeitas e sinais de alerta desde meados dos anos 1990 de que Madoff poderia estar executando uma pirâmide. Esses avisos nunca foram investigados a fundo pela SEC ou outras agências.

Os avisos mais notórios foram dados pelo analista forense Harry Markopolos. O que primeiro levou Markopolos à suspeita de que Madoff poderia ser uma fraude? Foram esses retornos constantes de 1%, mês após mês, ano após ano. Um gráfico dos lucros de Madoff ao longo do tempo crescia em um ângulo quase perfeito de 45 graus. Markopolos sabia que *é impossível produzir esses retornos em finanças*.

É possível produzir retornos positivos anualmente por longos períodos de tempo. Alguns dos melhores gestores de fundos especulativos já o fizeram, mas a maioria não conseguiu. Mesmo as estrelas da gestão de fundos especulativos têm um mês ou ano ruins de vez em quando. E os anos positivos não são todos iguais. Você pode subir 10% em um ano, 25% no seguinte, depois perder 3% no terceiro ano e subir 7% no quarto. Esse é um histórico muito bom, mas não é repetitivo e não se move em linha reta.

O nome técnico para uma série temporal de retornos semelhante ao que Madoff relatava é correlação serial ou autocorrelação. Isso acontece quando um sinal contém uma função de retorno, que faz com que ela produza o mesmo sinal repetidamente, às vezes com amplificação. A relação serial existe na física, matemática e acústica, mas não naturalmente nas finanças. Os mercados são sistemas dinâmicos complexos com propriedades emergentes, que interrompem o retorno constante necessário para produzir correlação serial. O fato de Madoff alegar retornos exibindo autocorrelação foi um sinal claro para Markopolos. Infelizmente, a SEC não entendeu o que ele estava dizendo.

Aqui está outra série temporal de retornos econômicos: 1,8%, 1,7%, 1,5%, 1,8%, 1,8%, 1,6%, 1,4% e 1,8%. Essa foi a sequência do crescimento trimestral do PIB chinês entre o segundo trimestre de 2016 e o segundo trimestre de 2018. Não é tão uniforme quanto os retornos de Madoff, mas perto disso. E também impossível. A China só pode produzir tais retornos maquiando os registros, assim como Madoff. A China aponta retornos estáveis e positivos trimestre após trimestre, como um relógio. Esses números não são reais; foram fabricados para acalmar investidores crédulos, formuladores de políticas e imprensa.

E como é uma economia real? Aqui está a taxa de crescimento anual do PIB dos EUA nos mesmos oito trimestres do exemplo da China: 1,9%, 1,8%, 1,8%, 3,0%, 2,8%, 2,3%, 2,2% e 4,1%. Repare que o crescimento dos Estados Unidos exibe uma variação muito maior do que a China, da alta de 4,1% à baixa de 1,8%. Repare como os trimestres fracos, como o de 1,8%, são sequenciais aos fortes, como o de 3,0%.

Se você voltar ainda mais na série cronológica, descobrirá que a China não teve um trimestre negativo em cinco anos, enquanto os EUA tiveram. Em resumo, os dados dos Estados Unidos exibem uma mistura de trimestres fracos, fortes e negativos que são esperados de uma economia complexa, enquanto a China exibe a autocorrelação típica de uma fraude financeira.

Não há dúvida de que a China está manipulando seus dados. O crescimento real do país está mais perto de 5,5% ao ano do que os 6,8% que eles alegam. O crescimento é ainda menor quando o investimento desperdiçado é retirado. A questão política é porque a China se sente compelida tanto a mentir sobre os dados como a apresentá-los como uma série cronológica autocorrelacionada improvável.

A razão é que a China é uma pirâmide, como a de Madoff. A China tem trilhões de dólares em dívida externa denominada em dólar, produtos de gerenciamento de patrimônio, empréstimos bancários, empréstimos entre empresas e outros acordos de engenharia financeira que nunca podem ser reembolsados. Se todos com uma reclamação sobre a China quiserem seu dinheiro de volta, o país não chegaria perto de satisfazer nem uma pequena parte dos que buscavam liquidez.

Isso não significa que a China não tenha uma economia real. Ela tem, só que envolvida em uma rede de influência, dívida impagável, contabilidade incorreta e a vã esperança de que a liderança do Partido Comunista possa conter a dissidência até a economia global melhorar.

Isso não está acontecendo. A economia global está afundada em guerras comerciais, conflitos cambiais e brigas sobre elementos intangíveis, como a propriedade intelectual. As guerras no mar da China Meridional, no Estreito de Taiwan, na Coreia do Norte e no Oriente Médio podem não estar muito atrás.

A China não pode vencer uma guerra comercial porque exporta muito mais do que importa, especialmente em uma base bilateral com os EUA. Trump quer que o deficit comercial bilateral com os chineses seja reduzido em várias centenas de bilhões de dólares. A China não pode fazer isso facilmente sem prejudicar sua economia, de modo que as guerras comerciais se arrastarão e piorarão.

O governo chinês tem uma arma financeira que pode ser usada para aliviar a pressão das guerras comerciais: a desvalorização da moeda. A China tem cerca de US$3 trilhões em reservas. Por volta de US$1 trilhão é ilíquido; investido em fundos especulativos, capital privado e outros ativos financeiros que não podem ser resgatados facilmente. Cerca de US$1 trilhão é mantido como reserva de precaução para salvar o sistema bancário quando chegar a hora. Isso deixa apenas US$1 trilhão para defender a moeda vinculada ao dólar. Não é o suficiente. Em 2016, a China gastou US$1 trilhão em reservas para proteger a sua moeda. O país estava perdendo reservas a uma taxa de US$80 bilhões por mês em um determinado momento, e estaria quebrado até o final de 2017 se não tivesse fechado sua conta de capital e retido suas reservas dentro do seu território.

Ao desvalorizar sua moeda, a China pode tirar a pressão dos fluxos de capital, ganhar tempo, importar a inflação para reduzir o valor das dívidas em moeda local e tornar suas exportações mais atraentes. A desvalorização é uma solução simples para os desequilíbrios financeiros da China. Imagine se Madoff tivesse sido capaz de "desvalorizar" seus passivos para os investidores. Ele ainda poderia estar nos negócios. A China ainda estará no mercado daqui a um século, mas isso não significa que não haverá perdas enormes para investidores e disrupções econômicas globais ao longo do caminho.

Os riscos da China vão muito além da liquidez e das taxas de câmbio. Agora o país colhe os frutos da sua política de filho único, de controle de natalidade, nos anos 1980, 1990 e início do século XXI. A proibição de dois filhos, às vezes aplicada afogando meninas recém-nascidas em baldes, deixou a China com uma população que envelhece rapidamente e um número insuficiente de trabalhadores mais jovens para manter o crescimento ou proporcionar benefícios aos aposentados. Relaxar a política, como os chineses fizeram recentemente, não terá impacto por mais vinte anos na participação ou produtividade da força de trabalho, que são tudo o que há para o crescimento econômico. A China truncou a sua força de trabalho de maneira míope e ficou com a produtividade muito baixa. Além de dinheiro emprestado, investimento em infraestrutura desperdiçado e contabilidade fictícia, não sobra nada no milagre do crescimento econômico chinês. Em resumo, a China envelhece antes de enriquecer. No final, é apenas mais uma economia de mercado emergente presa ao que o FMI chama de armadilha de renda média, sem saída fácil.

Essas complicações econômicas e demográficas se somam a uma relação geopolítica cada vez mais conflituosa entre China e EUA. A briga, chamada de "rinoceronte cinza" por especialistas, é assim resumida pelo estudioso Andrew Sheng, da Universidade de Hong Kong:

> Além dos riscos estruturais e cíclicos, a China deve enfrentar os riscos estratégicos do "rinoceronte cinza" (altamente provável, mas muitas vezes ignorado) decorrentes da intensificação da rivalidade geopolítica sino-americana. Aqui, a guerra comercial que surge é somente a ponta do iceberg. Os Estados Unidos e a China devem mergulhar em uma competição de longo prazo pela supremacia tecnológica e estratégica. Para se sobressair, eles usarão todo tipo de influência e instrumentos à sua disposição. Se essa competição for deixada sem controle, certamente terá efeitos de longo alcance.

A introdução da luta geopolítica é crítica para a análise, pois marca uma mudança da era da globalização, quando o crescimento econômico superou todas as outras considerações políticas. As guerras não são grátis, nem mesmo as guerras frias. Se o preço para conter a ambição chinesa for o crescimento mais lento, os EUA estão preparados a pagar para proteger sua propriedade intelectual e segurança nacional. Esse é um rude despertar para jovens banqueiros e acadêmicos, que conheceram apenas uma era de ouro da globalização (1989–2017). Mais analistas seniores, acostumados com a primeira Guerra Fria (1947–1989), consideram a ascensão da geopolítica sobre o crescimento um terreno familiar.

## Tango Comercial

Em maio de 2018, uma delegação de alto nível de funcionários do governo Trump viajou a Pequim para uma rodada crítica de negociações, com o objetivo de evitar uma guerra comercial total entre as duas maiores economias do planeta.

A delegação dos Estados Unidos era composta pelo secretário de Tesouro, Steven Mnuchin; o representante comercial do país, Robert E. Lighthizer; o diretor do Conselho Econômico Nacional, Larry Kudlow; e o diretor comercial da Casa Branca, Peter Navarro. Essa delegação incluía todos os funcionários seniores dos EUA com responsabilidade direta em questões comerciais, à exceção do secretário do Comércio, Wilbur Ross. A composição da delegação foi a forma de o presidente Trump anunciar que as negociações eram de suma importância. Observadores inteligentes compararam a delegação à cena do bar no filme original de Guerra nas Estrelas, em que um grupo eclético de personagens falando diferentes idiomas se misturam, e os problemas nunca estão longe da superfície — uma analogia adequada.

Lighthizer é um veterano da guerra comercial, com serviços públicos prestados desde o governo Reagan e mais de trinta anos na prática privada de direito comercial, representando grandes clientes corporativos, como a U.S. Steel. Navarro também é uma águia comercial, mas de formação acadêmica e sem a experiência de negócios de Lighthizer. Kudlow é bem-visto, mas considerado um líder de torcida do livre comércio. Mnuchin não mostrou nenhum interesse particular em questões comerciais, está mais alinhado com a agenda globalista, mas é a favor do dólar barato, que é outra forma de melhorar o deficit comercial dos EUA. Oficialmente, essa delegação foi chefiada por Mnuchin, porque sua posição no governo era a mais alta entre os presentes. Dito isso, não há dúvidas de que Lighthizer era o funcionário mais importante da delegação comercial.

Em uma reunião a portas fechadas durante uma visita anterior a Pequim com altos funcionários políticos e comerciais chineses, Lighthizer se inclinou sobre a mesa, dialogou com seu colega e lançou uma cronologia detalhada da trapaça chinesa em questões comerciais. A ladainha do engano comercial mencionada por ele começou em 1994, quando a China se envolveu em uma desvalorização máxima de 33% do iuane, da noite para o dia, elevando-o para 8,7 iuanes por dólar. Essa desvalorização foi uma declaração de guerra cambial e comercial ao mesmo tempo, uma vez que a moeda barata ajudou as exportações chinesas à custa de seus parceiros comerciais. Lighthizer passou a recitar outros exemplos de manipulação de moeda, roubo de propriedade intelectual, subsídios a empresas estatais, desenvolvimento de excesso de capacidade em bens comercializáveis, *dumping*, desprezo dos custos ambientais, trabalho forçado e infrações intencionais das regras da Organização Mundial do Comércio (OMC) durante quase 25 anos, de 1994 a 2017. Quando finalizou, Lighthizer parou, olhou direto para o principal funcionário chinês e disse: "Você está mentindo para nós há 25 anos. Por que deveríamos acreditar em você agora?"

Os chineses ficaram chocados. Eles nunca haviam testemunhado nada como a franqueza de Lighthizer, aliada ao seu completo domínio dos fatos. Não havia mais nada a dizer na reunião, mas a mensagem foi entregue. Os Estados Unidos não mais aceitariam promessas vagas e prazos atrasados que nunca pareciam chegar. A partir de agora, os EUA insistiriam em ações substanciais, feitas de maneira verificável.

Ao saber dessa grande façanha comercial, o presidente Trump pediu a Lighthizer as anotações que ele usou para descrever essas violações comerciais chinesas. Trump pensou que seriam úteis na construção de seus próprios discursos sobre o assunto.

"Senhor, não usei anotações", respondeu Lighthizer.

"Ok", disse Trump. "Eu compreendo. Então apenas me dê seu esboço ou tópicos".

"Senhor, não usei tópicos", Lighthizer informou ao presidente.

Trump sorriu e consentiu. Ele percebeu que Lighthizer manteve tudo em sua cabeça, após viver com essas questões comerciais por décadas, e poderia repetir essa ladainha sobre a trapaça chinesa a qualquer momento e sem preparação. Trump gostou disso, porque ele também é um orador intuitivo, que usa anotações ou teleprompter com pouca frequência. O presidente norte-americano sabia que tinha feito a escolha certa para representante comercial.

Lighthizer conta com o total apoio de Trump em seu confronto comercial com a China e em rodadas de negociação pendentes com Canadá, União Europeia, Japão, Brasil e outros parceiros comerciais. Por sua vez, ele raramente dá entrevistas, não está no centro das atenções e não vaza informações para a imprensa. Ele aceita bem que Peter Navarro faça várias entrevistas de alto nível e seja a face pública nas guerras comerciais. Na Casa Branca de Trump, há mais desvantagens do que vantagens quando você supera o chefe ou contradiz alguns tuítes em tempo real que você nem viu ainda. Lighthizer evita tais perigos com seu comportamento discreto. Trump também gosta disso.

O representante comercial dos EUA vive em Palm Beach, Flórida, não muito distante do refúgio do presidente Trump, em Mar-a-Lago. Isso torna conveniente para Trump convidar Lighthizer a bordo do Air Force One quando ele deixa Washington, D.C., para um fim de semana em Palm Beach. Lighthizer aceita a oferta de Trump com a maior frequência possível. Isso dá a ele valiosos momentos a sós com o presidente fora da Casa Branca, algo que não passa de um sonho à maioria dos funcionários do Gabinete e conselheiros da ala oeste.

Lighthizer desenvolveu a abordagem comercial de Trump para a China usando um duro manual rígido que ele elaborou em confrontos com o Japão durante os anos Reagan. No início dos anos 1980, a indústria automobilística norte-americana estava se recuperando dos carros importados japoneses baratos. Ele percebeu que os japoneses manipulavam sua moeda para reduzir os custos unitários de trabalho quando convertidos em dólar. Trabalhou com Reagan para impor tarifas exorbitantes às importações de carros japoneses e europeus. Isso forçou japoneses e alemães a pularem o muro das tarifas fixando fábricas de automóveis nos Estados Unidos. Hoje, a maioria dos BMWs "alemães" e dos Hondas "japoneses" são fabricados no Alabama, Carolina do Sul, Tenessi e outras partes do sul e centro-oeste. O resultado foram milhares de empregos bem-remunerados nos Estados Unidos. Lighthizer e Trump estão prontos para usarem esse manual novamente, agora diante dos chineses.

No início de 2018, Trump anunciou tarifas aos painéis solares, máquinas de lavar, aço e alumínio chineses com base na seção 272 da Lei de Comércio, de 1974. Ele também impôs tarifas de US$50 bilhões em importações chinesas, com base na seção 301 da lei, como uma ação punitiva ao roubo de propriedade intelectual dos EUA por parte dos chineses.

Prontamente os chineses anunciaram tarifas de US$50 bilhões em importados dos Estados Unidos, incluindo produtos agrícolas como soja e sorgo, em retaliação às tarifas da seção 301 norte-americana. Como um esperto jogador de pôquer com muitas fichas, Trump anunciou novas tarifas de US$50 bilhões em importações chinesas em cima dos US$50 bilhões originais, como retaliação pela retaliação. Foi como se a China dissesse: "Pago pra ver os seus US$50 bilhões" e Trump respondesse: "Aumento em mais US$50 bilhões".

Inicialmente o mercado de ações aceitou bem esses anúncios, apostando que as ações de Trump eram um blefe de negociação e a resposta da China era simplesmente evitar a humilhação. Wall Street tinha alta confiança de que, depois que as ameaças iniciais fossem lançadas, os dois lados renegociariam suas diferenças, reduziriam tarifas e também o deficit comercial de forma pragmática, com compras maiores de soja dos EUA pela China.

Como sempre, a previsão de Wall Street era um cenário irreal e otimista. De fato, as tarifas iniciais entraram em vigor em setembro de 2018 e rodadas adicionais de tarifas foram impostas por Trump. A China não recuou e anunciou sua própria rodada adicional de tarifas com relação às exportações norte-americanas para o país. No entanto, os chineses estavam travando uma batalha perdida. As importações norte-americanas da China são quase US$300 bilhões maiores do que as importações chinesas aos Estados Unidos. A China estava, simplesmente, ficando sem espaço para se igualar ao valor em dólar das tarifas dos EUA porque não comprava o suficiente dos Estados Unidos. No final de 2018, o único recurso da China era baratear sua moeda, para que os baixos custos de produção, medidos em dólar, pudessem compensar alguns dos custos mais altos impostos pelas tarifas. Como nos anos 1930, guerras cambiais e comerciais trabalhavam lado a lado.

A China sente que sua economia é suficientemente forte e bastante resistente para enfrentar uma guerra comercial com os Estados Unidos.

O país sempre poderá comprar soja do Canadá e aviões da Airbus. Eles estão apostando que os EUA têm mais a perder do que a China se a guerra comercial aumentar. A China está errada em sua estimativa. Ambos os lados perderão na guerra comercial, mas a China tem muito mais a perder. O comércio é um componente substancialmente maior para o PIB chinês do que para os Estados Unidos. Trump armou o CFIUS para impedir aquisições de empresas de tecnologia norte-americanas, por parte da China. O país está vivendo no topo de uma montanha de dívidas. Qualquer declínio forçado do superavit comercial da China com os Estados Unidos desacelerará a economia chinesa, aumentará o desemprego, comprometerá o serviço da dívida e, possivelmente, levará ao tipo de agitação social que os comunistas chineses mais temem. Embora Mnuchin não seja uma águia comercial, é uma águia cambial e pode liberar um dólar mais barato para complementar as tarifas de Trump, tornando as compras de produtos chineses por parte dos EUA mais caras. Em resumo, Trump tem mais armas de guerra comercial do que a China e Lighthizer é tão habilidoso quanto um general de quatro estrelas quando se trata de usá-las.

A guerra comercial entre Estados Unidos e China está longe de acontecer. Os EUA vencerão, mas haverá danos colaterais nos mercados. O dólar cairá tanto para mitigar os danos comerciais quanto para manter a máxima pressão sobre a China.

## Fantasia do Fed

O Fed está pronto para a próxima recessão?

A resposta é não.

Pesquisas econômicas mostram que são necessários de trezentos a quinhentos pontos base de cortes nas taxas de juros do Fed para tirar a economia dos Estados Unidos de uma recessão. Um ponto base equivale a 1/100 de um ponto percentual. Quinhentos pontos base de redução de taxas significam que o Fed teria que cortar taxas de cinco pontos percentuais. Em janeiro de 2019, a meta do Fed para os fundos Fed, a chamada taxa política, é de 2,5%. Como você corta taxas de 3% a 5% quando você está começando com 2,5%? Você não consegue.

E quanto à flexibilização quantitativa? O Fed encerrou o QE no final de 2014 após o QE1, QE2 e QE3, de 2008 a 2014. E o QE4 em uma nova recessão? O problema é que o Fed nunca normalizou seu balanço patrimonial de QE1, QE2 e QE3; portanto, sua capacidade de implementar o QE4 está em dúvida. Durante esse período, o Fed expandiu seu balanço de US$800 bilhões para US$4,4 trilhões. A instituição usou os US$3,6 trilhões em dinheiro recém-impresso para comprar títulos de longo prazo do Tesouro, para suprimir as taxas de juros na curva de rendimento. As avaliações mais altas, resultantes de ações e imóveis, criaram um efeito de riqueza que encorajaria mais gastos. Elas também forneceriam garantias para mais empréstimos. Essas operações esperadas visavam a colocar a economia dos EUA em um caminho sustentável para um crescimento maior.

Essa teoria foi outro fracasso dos acadêmicos. O efeito riqueza nunca surgiu e o retorno de alta alavancagem pelos consumidores nunca voltou nos EUA. A única parte do plano de Bernanke que funcionou foram os valores mais altos dos ativos, mas esses valores agora parecem como perigosas bolhas prestes a estourar. O resultado é que quase toda a alavancagem do QE ainda está no balanço do Fed. Os US$3,6 trilhões em dinheiro recém-impresso nunca foram absorvidos pelo Fed; está no registro contábil dele na forma de reservas bancárias. O Fed começou um programa de normalização do balanço patrimonial em 2017, mas ele ainda não está adiantado. O balanço do Fed ainda é de quase US$4 trilhões, isso torna altamente problemático para o Fed iniciar o QE4. Quando o Fed iniciou o QE1 em 2008, o balanço patrimonial era de US$800 bilhões; se o Fed começasse um novo programa QE hoje, iniciaria de uma base muito mais alta. A questão política é se o Fed pode levar seu balanço patrimonial para US$5 ou US$6 trilhões no decorrer do QE4 ou QE5. Ao responder a essa questão, tenha em mente que o Fed tem apenas US$40 bilhões em capital. Com ativos atuais de US$4 trilhões, a instituição é alavancada em 100:1, uma proporção problemática para bancos e corretores e inédita entre os fundos de hedge.

A teoria monetária moderna, liderada por acadêmicos de esquerda como Stephanie Kelton, não vê problema em o Fed imprimir quanto dinheiro precisar para monetizar a dívida do Tesouro. A teoria monetária moderna está praticamente incorreta sobre isso. Existe um limite invisível de confiança além do qual todos os dias os norte-americanos perdem subitamente a confiança no passivo do Fed (também conhecido como dólares), em uma fase de transição hipersincrônica. Ninguém sabe exatamente onde está o limite, mas ninguém quer descobrir da forma mais difícil. O limite de confiança certamente existe, possivelmente a um nível de US$5 trilhões. O Fed parece concordar, embora não diga. O Banco Central norte-americano está tentando reduzir seu balanço patrimonial hoje para poder expandi-lo no futuro sem destruir a confiança. Caso haja uma recessão amanhã, o Fed não estará apto a ser o salvador da pátria com os cortes de taxas porque eles atingiram o limite zero antes que pudessem reduzir o suficiente para fazer a diferença. Eles *não* poderão ser os salvadores da pátria com o QE4, porque já estão repletos de dívida.

O que o Fed pode fazer?

Tudo o que o Fed pode fazer é aumentar as taxas (lentamente), reduzir o balanço patrimonial (lentamente) e esperar que uma recessão não aconteça antes de conseguir que as taxas políticas e a alavancagem voltem ao normal, provavelmente por volta de 2021. As chances de o Fed conseguir fazer isso antes da próxima recessão são baixas. A expansão atual começou em junho de 2009 e continua até hoje. É a segunda maior expansão desde 1945, atualmente por mais de 117 meses. É mais longa do que a expansão de Reagan e Bush entre 1982 e 1990; mais longa do que a de Kennedy e Johnson, de 1961 a 1969; mais longa que qualquer uma, exceto a de Clinton e Gingrich, entre 1991 e 2001. Probabilisticamente, as chances de a atual expansão se transformar em recessão antes do final de 2020 são extremamente altas.

*Em resumo, há uma alta probabilidade de que a economia norte-americana entre em recessão antes que o Fed esteja preparado para tirá-la dela.* Quando a recessão começar, os Estados Unidos, tal qual o Japão nos anos 1990, podem permanecer próximos desses níveis por décadas. O Japão perdeu três décadas. Os EUA estão finalizando apenas a primeira e podem ter mais por vir.

A situação é ainda pior do que essa terrível previsão sugere. O motivo é que, ao se preparar para combater a próxima recessão, o Fed pode causar a recessão que está se preparando para curar. É como tentar correr uma maratona enquanto se é perseguido por um urso faminto. O Fed precisa elevar os juros e reduzir seu balanço para ter margem de manobra política suficiente para combater uma recessão. Se eles se moverem rápido demais, causarão a recessão. Se moverem muito devagar, ficarão sem tempo e serão devorados pelo urso.

Esse enigma está na raiz da elegância monetária do Fed. Essa armadilha foi causada pelo fracasso de Bernanke de aumentar as taxas em 2010 e 2011, quando a economia estava em uma posição melhor para absorver aumentos nas taxas nos estágios iniciais de uma expansão. Também foi causado pela insistência de Bernanke no QE2 e QE3, apesar de não haver evidências, na época ou agora, de que a flexibilização quantitativa ajuda a economia (o QE1 era necessário para lidar com a crise de liquidez, mas isso acabou em 2009. Não há justificativa para o QE2 e QE3).

Uma recessão está vindo, o Fed está despreparado e é altamente improvável que esteja apto a tempo. Os investidores temem a inflação, mas se o cenário de recessão se desdobrar, a deflação surgirá como uma preocupação maior.

## Os Mercados Emergentes Submergem

As crises da dívida nos mercados emergentes são tão previsíveis quanto as chuvas da primavera. Elas acontecem a cada dez ou quinze anos, com poucas variações ou exceções. Nas últimas décadas, a primeira crise dessa série foi a da dívida da América Latina, entre 1982 e 1985. A soma da inflação ao boom de preços das commodities no final da década de 1970 deu um enorme impulso a economias como as do Brasil, Argentina, México, Zaire (atual República Democrática do Congo) e muitas outras nações. Esse boom de commodities permitiu que essas economias emergentes ganhassem reservas em dólares dos EUA em troca de suas exportações. Elas foram complementadas com empréstimos também em dólar feitos por bancos norte-americanos, que pretendiam reciclar os petrodólares que os países da Opep estavam depositando após a explosão dos preços do petróleo nos anos 1970.

Discuti o processo de reciclagem do petrodólar pessoalmente com Walter Wriston, o icônico líder do Citibank durante a crise da energia. Nos anos de 1960, Wriston inventou o Certificado de Depósito (CD) negociável de eurodólar, que mais tarde foi essencial para financiar esses empréstimos nos mercados emergentes. Wriston é considerado o pai da reciclagem do petrodólar, uma criação de Henry Kissinger e William Simon em 1974. O Citibank fez bilhões de dólares reciclando petrodólares e o preço de suas ações disparou. Foi uma fase de euforia e um ótimo momento para ser um banqueiro internacional.

Então o boom do mercado quebrou e virou cinzas. A partir de 1982, devedores faliram. Eles desperdiçaram suas reservas em projetos fúteis, como arranha-céus na selva, que vi em primeira mão no Rio Congo, na África Central. O que não foi desperdiçado foi roubado e escondido por cleptocratas em contas bancárias na Suíça. O Citibank estava tecnicamente insolvente após essas inadimplências, mas foi socorrido pela falta de contabilização de marcação a mercado. Conseguíamos fingir que os empréstimos ainda eram bons, desde que pudéssemos refinanciá-los ou revertê-los de algum jeito. O Citibank tem uma longa e gloriosa história de socorro, que vai dos anos 1930 aos 2010.

Após a inadimplência dos anos 1980, a reação começou. Mercados emergentes tiveram que adotar a austeridade, desvalorizar suas moedas, cortar gastos e importações e, gradualmente, reconstruir seu crédito. Houve uma grande crise de dívida de mercados emergentes no México em 1994, a chamada Crise da Tequila, mas isso foi contido por outro resgate dos Estados Unidos, liderado pelo secretário do Tesouro, Bob Rubin. No geral, os mercados emergentes usaram os anos 1990 para reconstruir suas reservas e restaurar sua capacidade creditícia. Gradualmente, os bancos observaram favoravelmente esse progresso dos mercados emergentes e novos empréstimos começaram a fluir. Agora, o objetivo dos empréstimos bancários não era mais a América Latina, mas os Tigres Asiáticos (Singapura, Taiwan, Coreia do Sul e Hong Kong) e os "minitigres" do sul da Ásia.

A próxima grande crise da dívida de mercados emergentes chegou bem na hora, em 1997, quinze anos depois da crise na América Latina em 1982. Esse novo colapso começou na Tailândia, em junho de 1997. O país vinha contando com grande fluxo de dinheiro por vários anos, principalmente para a construção de empreendimentos imobiliários, resorts, campos de golfe e prédios comerciais. A moeda tailandesa, o baht, estava atrelada ao dólar, para que os investidores baseados em dólar pudessem ter altos rendimentos sem risco de câmbio. De repente, começou uma corrida ao baht. Investidores se reuniram para sacar seus investimentos e receber dólares de volta. O banco central tailandês foi forçado a fechar a conta de capital e desvalorizar sua moeda, forçando enormes perdas aos investidores estrangeiros. Isso provocou o medo de que outros países asiáticos fizessem o mesmo. O pânico se espalhou para Malásia, Indonésia, Coreia do Sul e, finalmente, a Rússia, antes de descansar no Long-Term Capital Management (LTCM), um fundo especulativo em Greenwich, Connecticut. Como consultor-chefe do LTCM, negociei o resgate do fundo por catorze bancos de Wall Street. Wall Street investiu US$4 bilhões em dinheiro para sustentar o balanço do LTCM, para que pudesse ser gradualmente desenrolado. No momento do resgate, em 28 de setembro de 1998, os mercados de capital globais estavam a poucas horas do colapso total.

Os mercados emergentes aprenderam lições valiosas na crise de 1997 e 1998. Na década seguinte, eles aumentaram consideravelmente suas reservas, para não serem prejudicados em outra crise de liquidez global. Essas poupanças nacionais em excesso foram chamadas de "reservas de precaução" porque estavam acima do que os bancos centrais normalmente precisam para realizar suas operações de câmbio. Os mercados emergentes também evitaram taxas de câmbio fixas irrealistas, um convite aberto a especuladores estrangeiros, como George Soros, para encurtar suas moedas e drenar suas reservas.

O aprimoramento dessas práticas fez com que os mercados emergentes não estivessem no olho do furacão durante a crise financeira global de 2007 e 2008 e na subsequente crise da dívida soberana europeia, de 2009 a 2015. Essas crises se limitaram principalmente a economias e setores desenvolvidos, como o imobiliário, no caso dos Estados Unidos, os bancos europeus e membros mais fracos da zona do euro, incluindo Grécia, Chipre e Irlanda.

Mas a memória é curta. Já se passaram mais de vinte anos desde a única crise da dívida dos mercados emergentes e dez do último colapso financeiro global. Empréstimos para mercados emergentes vêm ocorrendo em ritmo recorde. Mais uma vez, o "dinheiro quente" dos EUA e da Europa está buscando altos lucros nos mercados emergentes, especialmente nos BRICS (Brasil, Rússia, Índia, China e África do Sul) e no próximo nível de nações, como Turquia, Indonésia e Argentina.

O mundo está agora no início da terceira grande crise da dívida dos países emergentes nos últimos 35 anos. Uma métrica crítica é o tamanho das reservas em moeda forte em relação ao número de meses de importações que essas reservas podem comprar. Essa relação é crítica porque os mercados emergentes precisam de importações de peças e componentes para gerar exportações. Eles precisam de maquinário para poderem fabricar. Precisam comprar petróleo para manterem fábricas e instalações turísticas operando. A maioria das principais economias dos mercados emergentes, com exceção de Rússia, China e Brasil, tem menos de doze meses de liquidez em posições de reserva.

Outra métrica chave é o requisito de financiamento externo bruto (*Gross External Financing Requirement* ou GXFR, na sigla em inglês), calculado como uma porcentagem do total das reservas. O GXFR mostra o vencimento da dívida como percentual das reservas nos próximos doze meses. A Turquia e a Argentina estão, ambas, com mais de 120%, o que significa que elas têm mais dívidas vencendo do que suas reservas podem pagar. O GXFR considera a dívida vencida denominada em moeda estrangeira (incluindo dólares e euros) e qualquer deficit em conta-corrente no próximo ano.

Ambas as métricas mostram uma nova crise chegando. A cobertura de importação em moeda forte para Turquia, Ucrânia, México, Argentina e África do Sul, entre outros países, é de menos de um ano. Isso significa que, no caso de se desenvolver uma recessão econômica ou outra crise de liquidez em que a demanda por exportações de mercados emergentes secasse, a capacidade desses mercados de continuar importando os insumos necessários evaporaria rapidamente. A dívida e o deficit em conta-corrente da Turquia no próximo ano são quase 160% das suas reservas disponíveis. A proporção entre débitos e deficit e as reservas argentinas estão acima de 120%. A proporção da Venezuela está próxima de 100%, o que é chocante, já que a Venezuela é um grande exportador de petróleo.

Essas métricas não preveem apenas uma crise de dívida de mercados emergentes no futuro. Tal crise já chegou. A Venezuela deixou de pagar parte de sua dívida externa e litígios com credores e confisco de ativos estão em andamento. As reservas da Argentina foram severamente esgotadas para defender sua moeda, sendo necessário recorrer ao FMI para financiamento de emergência. Ucrânia, África do Sul e Chile também estão altamente vulneráveis a uma corrida às suas reservas e à inadimplência das suas dívidas externas em dólar. A Rússia está em uma posição relativamente forte, por conta de sua dívida externa baixa. A China tem uma dívida externa enorme, mas igualmente enormes são suas reservas, estimadas em mais de US$3 trilhões, para lidar com essas dívidas.

O problema não está nas dívidas soberanas individuais; elas estão sujeitas a ocorrer. O problema é o contágio. A história mostra que basta uma nação não pagar seus débitos e os credores perdem a confiança nos outros mercados emergentes. Eles começam a sacar seus investimentos em mercados emergentes em geral e o pânico começa. Quando isso acontece, até países mais fortes, como a China, perdem suas reservas rapidamente e acabam inadimplentes. No pior dos casos, uma crise global de liquidez em grande escala começa, potencialmente pior do que a de 2008.

Uma crise de dívida em mercados emergentes deve acontecer em breve. Vai se espalhar da Turquia, Argentina e Venezuela para outras nações repletas de débitos, como Indonésia, África do Sul e México. O pânico afetará a Ucrânia, Chile, Polônia e outros elos fracos da cadeia. O FMI ficará sem recursos para empréstimos e precisará passar o chapéu entre os membros mais ricos. Mas os europeus terão seus próprios problemas, e os Estados Unidos sob o presidente Trump provavelmente responderão "América primeiro", e se recusarão a participar do resgate de mercados emergentes com fundos dos contribuintes norte-americanos. Nesse momento, o FMI poderá recorrer à impressão de trilhões em direitos de saque especiais, para retomar a liquidez em um mundo em pânico.

Essa crise que se aproxima é tão previsível quanto as chuvas da primavera.

## Um Ativo para Todas as Estações

Desde a Peste Negra do século XIV até a Guerra dos Trinta Anos do século XVII e passando pelas guerras mundiais do século XX, o ouro tem sido uma reserva confiável de riqueza. Não há razão para acreditar que eventos existenciais não sejam mais um perigo.

O leitor não precisa ser lembrado da ladainha dos riscos existentes hoje. Os EUA estão determinados a impedir o Irã de obter armas nucleares. O Irã está igualmente determinado a desenvolvê-las. Vizinhos do Irã, como a Arábia Saudita, disseram que se o país obtiver armas nucleares, eles farão o mesmo rapidamente. Nesse caso, a Turquia e o Egito seguiriam o exemplo. As escolhas se resumem a uma guerra convencional com o Irã ou a uma corrida armamentista nuclear mais ampla em uma região altamente volátil.

A Coreia do Norte já possui um arsenal de ogivas nucleares com um rendimento aproximadamente do tamanho da bomba atômica de Hiroshima, 15 quilotons de TNT, mas já testou armas maiores. Também já desenvolveu mísseis balísticos de alcance intermediário e testou mísseis balísticos intercontinentais. As discussões sobre a desnuclearização entre Estados Unidos e Coreia do Norte já estão em andamento, mas Trump deixou claro que ele atacará os norte-coreanos se o país avançar ainda mais em direção ao seu objetivo declarado de possuir uma arma nuclear que chegue até os EUA. Se os norte-americanos atacarem a Coreia do Norte, é provável que ela contra-ataque de forma devastadora a Coreia do Sul e, possivelmente, lance uma arma nuclear em direção ao Japão.

A Venezuela é uma catástrofe política e humanitária e se aproxima do nível da falência estatal, o que pode gerar guerra civil, tumultos, refugiados em massa e um corte nas suas exportações de petróleo, que correspondem a 3% do total mundial hoje. Outros lugares preocupantes incluem a Síria, Ucrânia, Israel e seu confronto com o Hamas e o Hezbollah, a guerra saudita contra os rebeldes houthis apoiados pelo Irã no Iêmen e reivindicações conflitantes no mar da China Meridional.

Desastres naturais são abundantes, desde as inundações extremas dos furacões Harvey e Florence até as erupções do vulcão Kilauea, no Havaí. O vírus Ebola reapareceu recentemente no Congo, quatro anos após a primeira epidemia na África Ocidental deixar dez mil mortes. Outras ameaças são onipresentes.

Novas ameaças estão surgindo que não são tradicionalmente geopolíticas ou naturais. Isso inclui colapsos na rede elétrica, guerra cibernética, hackers, roubo de dados e uso indevido de big data, como no caso da interferência russa nas eleições dos Estados Unidos. Robôs assassinos, drones de ataque em enxame e aplicativos de inteligência artificial desonestos já são realidade — ou serão em breve.

Um investidor não poderia ser culpado ao dizer "e daí?" As ameaças mencionadas vêm se deteriorando há anos. Voltar no tempo resultaria em uma lista diferente de ameaças, a maioria das quais jamais se concretizou. Os norte-americanos, em particular, parecem estar a salvo do pior desses perigos, exceto pelos efeitos temporários de uma tempestade forte ou um incêndio florestal em uma certa área. Para a maioria deles, essas ameaças são irrelevantes. A complacência toma conta.

No entanto, aqui está um pouco de matemática interessante, um tanto simplificada, que pode tirar os investidores de sua complacência. Vamos considerar a exaustivamente discutida "inundação de cem anos", que pode ser literalmente uma inundação de cem anos, como o furacão Harvey, ou uma metáfora para um evento raro, o chamado cisne negro. Vamos chamar de $P$ a probabilidade de uma inundação de cem anos em uma zona de inundação conhecida, e considerar as chances de ela acontecer ou não a cada ano, em uma sucessão de anos. A expressão matemática para essa situação é a seguinte:

P(inundação de 100 anos) = P(F) = 1% = 0.01
P(nenhuma inundação de 100 anos) = $P(F^1)$ = 1-0.01 = 0.99
P(nenhuma inundação por 2 anos) = $P(F^1) \cdot P(F^1) = P(F^1)^2$ = $0.99^2$ = 0.9801
P(nenhuma inundação por X anos) = $P(F^1)^X$
Assim, P(nenhuma inundação por 30 anos) = $P(F^1)^{30}$ = $0.99^{30}$ = 0.7397

Isso significa que, em um período de trinta anos, a probabilidade de nenhuma inundação de cem anos é, aproximadamente, de 74%. E a chance de uma inundação de cem anos é de 26%, ou *mais de uma chance em quatro*. Essa matemática é chamada de processo de Bernoulli. É uma fórmula estatística padrão. A questão é que eventos desastrosos com poucas probabilidades de acontecer em um curto espaço de tempo *provavelmente acontecerão* em um horizonte mais longo.

Vamos fazer a matemática acima e considerar quatro catástrofes separadas, cada uma equivalente a uma inundação de cem anos, sem correlação uma com a outra. Se a probabilidade de cada evento individual acontecer em trinta anos é de 26%, a chance de qualquer um acontecer no mesmo período é de 100%. Como consideramos uma lista mais longa de inundações de cem anos, o período de um evento ocorrendo com 100% de certeza vai de trinta a vinte anos, a dez anos etc. Em outras palavras, a próxima inundação de cem anos está logo ali.

A experiência do mundo real confirma essa matemática. Quando consideramos as catástrofes financeiras recentes que afetaram somente os investidores norte-americanos, sem considerar outros desastres, sofremos grandes quedas no mercado de ações ou crises globais de liquidez em 1987, 1994, 1998, 2000 e 2008. São cinco grandes levantamentos de crédito em 31 anos, uma média de um a cada seis anos. O último evento desse tipo foi há mais de dez anos. Isso não significa que você deve correr para o seu bunker fortificado e se enroscar em uma bola. Acordamos todas as manhãs e encaramos o dia. Mas as crises significam que precisamos superar os comportamentos cognitivos sobre o futuro que se assemelham ao passado e nos acalmar com uma boa previsão para o futuro.

A melhor forma de preservar riqueza diante de um evento extremo é com uma modesta alocação da carteira de investimentos em barras de ouro físicas. Quando a inundação de cem anos chegar, será muito tarde para fazer um seguro contra inundações. Da mesma forma, quando vier a próxima crise financeira, será muito tarde para comprar ouro ao preço de hoje. A melhor época para se fazer um seguro contra inundações é quando o sol está brilhando. A melhor hora para se comprar o ouro é agora, antes que o muro da complacência desabe.

# CONCLUSÃO

A essência da tragédia dramática não é a infelicidade. Ela reside na solenidade do trabalho sem remorso das coisas.

—Alfred North Whitehead, *Science and the Modern World* (1925)

Em seu constrangimento, tudo o que ele entendeu foi a única coisa confiável a se fazer com o dinheiro; gastá-lo com outra pessoa.

—Lionel Shriver, *The Mandibles* (2016)

## O Relógio do Dia do Juízo Final

Uma das mais famosas passagens da literatura americana ocorre no capítulo 13 do livro *O Sol Também se Levanta*, de Ernest Hemingway. O diálogo acontece em um café em Pamplona, na Espanha, durante a época das famosas corridas de touros da Festa de São Firmino.

Bill Gorton, amigo do protagonista, Jake Barnes, acaba de chegar de Nova York. Bill está no café conversando com Mike Campbell, um inglês da classe alta passando agora por tempos difíceis, mas que segue mantendo as aparências. Ao contar uma história sobre seu alfaiate, Mike menciona casualmente sua falência. Segue o diálogo:

"Como foi que faliu?" — perguntou Bill.

"De duas maneiras." — disse Mike — "Primeiro, gradualmente e, depois, de súbito".

"Qual foi a causa?"

"Meus amigos." — disse Mike — "Eu tinha uma porção de amigos, falsos amigos. Tinha credores também, mais credores, provavelmente, do que qualquer outra pessoa na Inglaterra."

Você provavelmente já viu variações da frase de Mike "Primeiro, gradualmente e, depois, de súbito". Muitas vezes, ela é incorretamente citada como "lentamente no início e, depois, rapidamente". A versão curta é oferecida como um aviso de que um acúmulo lento e constante de dívidas, sem plano de pagamento, pode continuar mais do que o esperado e, de repente, cair em um problema financeiro total e em um colapso rápido.

Escolhi a versão mais longa para passar o contexto das aspas curtas. O devedor, Mike, não foi somente à falência. Ele tinha muitos "amigos" que confiavam nele por sua generosidade e apoio, sem vontade de retribuir ou ajudá-lo em meio às dificuldades.

Ele também demonstrou falta de controle em relação à sua situação financeira. A maioria dos devedores consegue ver os problemas chegando e cortar gastos, ou tomar outras medidas para lidar com a dívida. Qualquer caminho traz a situação à tona mais cedo ou mais tarde. É a falta de controle que permite o devedor alcançar o ponto em que a dívida é insustentável (a parte do "gradualmente") e, em seguida, a crise o atinge de uma só vez (o "de repente"). É por isso que o inevitável ainda chega de surpresa.

Essa é a situação em que os Estados Unidos se encontram. A dívida nacional do país foi se acumulando lentamente por décadas. Não há planos para torná-la sustentável; apenas um desejo vago de que os credores continuem expandindo a dívida ou adiando seu pagamento. Os EUA têm muitos "amigos", tanto internos quanto no exterior, que esperam benefícios na forma de direitos, ajuda externa, contratos governamentais ou incentivos fiscais. A cena do café está completa.

A questão é se os Estados Unidos estão, agora, a ponto de falir subitamente. É claro que não. Eles podem imprimir todo o dinheiro que precisam para pagar as suas dívidas em termos nominais. No entanto, quando isso se tornará necessário?

A dinâmica do "gradualmente e, depois, de súbito" é bem conhecida pelos físicos e matemáticos aplicados. Na física, é conhecida como fase de transição. Um bom exemplo é uma panela com água sendo fervida que, de repente, torna-se vapor. O fogo pode ser aplicado na panela por algum tempo, sem alterações visíveis a olho nu. A temperatura da água está subindo, mas a água quente parece água fria. De repente, a superfície da água se torna turbulenta e, rapidamente após começar a borbulhar, explode em vapor. A água se transformou. Se nada mais for feito, todo o conteúdo da panela vai evaporar.

Na matemática, a mesma dinâmica é conhecida como hipersincronicidade. Esse é o termo técnico que descreve todos repentinamente fazendo a mesma coisa ao mesmo tempo. Uma corrida aos bancos é um exemplo perfeito. Começa com poucas pessoas querendo sacar seu dinheiro nos caixas (ou o equivalente digital de retirada de depósitos ou resgates de fundos do mercado monetário). Logo a notícia se espalha, as pessoas entram em pânico, todos querem seu dinheiro de volta de uma só vez e não há dinheiro suficiente para atender à demanda por liquidez. Foi exatamente isso que aconteceu em setembro de 2008, após a falência do Lehman Brothers. Essa crise vinha fervendo lentamente desde agosto de 2007 e, subitamente, em setembro de 2008, o mundo inteiro queria seu dinheiro de volta.

Sou fã de Hemingway há décadas e li quase todas as palavras já publicadas por ele, incluindo cartas e manuscritos incompletos, assim como várias biografias bem pesquisadas. Não vi provas de que ele tinha muito interesse em física ou matemática. No entanto, há amplas evidências de que Hemingway era um exímio observador da natureza humana e um excelente economista amador. Hemingway aprendeu muito sobre câmbio, inflação e insolvência nacional como um repórter expatriado que viveu e viajou pela Europa na década de 1920. Ele viu a hiperinflação francesa de 1925 em primeira mão. Como um americano que recebia em dólares, vivia em um apartamento decente e comprava os melhores vinhos nos melhores cafés, porque o franco francês desvalorizou drasticamente. Seus dólares eram uma proteção natural contra a desvalorização do franco. Os franceses sofreram as consequências da hiperinflação porque eram pagos em francos, não em dólares.

E se, de repente, o dólar se tornasse tão indesejável quanto o franco francês de 1925?

Considere a evidência de que os EUA estão, agora, perigosamente perto do estágio "de súbito" do cenário de falência de Hemingway:

- O Congresso promulgou a redução de impostos de Trump no final de 2017. Essa legislação abre um rombo de US$1,5 trilhão no deficit orçamentário. A crença de que a redução de impostos estimula crescimento suficiente para se pagar é uma suposição infundada, compartilhada por Larry Kudlow, Art Laffer e outros poucos.

- O Congresso removeu os limites de gastos discricionários para despesas domésticas e de defesa, em vigor desde 2011. Ao mesmo tempo, restabeleceu "marcações" que permitem que os membros gastem dinheiro em projetos favoritos. Esses dois atos adicionaram mais US$300 bilhões por ano ao deficit americano.

- A inadimplência do crédito estudantil, agora, está em 15% ao ano e o volume dos empréstimos aos estudantes passa de US$1,6 trilhão, muito mais do que a quantidade de hipotecas não desejadas em 2007 e com uma taxa de inadimplência muito mais alta. A cobertura dessas perdas acrescenta outros US$200 bilhões por ano aos deficit federais nos próximos anos.

- A relação dívida/PIB dos Estados Unidos passa de 105%, muito acima da zona de perigo de 90% identificada pelos economistas Ken Rogoff e Carmen Reinhart. Uma vez na zona de perigo, empréstimos adicionais fazem com que o crescimento diminua em vez de agir como um estímulo.

- Rússia, China, Irã, Turquia e outros adversários dos EUA estão estocando milhares de toneladas de ouro como proteção contra a inflação esperada, enquanto os Estados Unidos tentam abrir caminho para sair de sua dívida não sustentável.

Há outros sinais de que o dia do acerto de contas sobre a situação da dívida dos EUA está chegando mais rápido do que acreditam os especialistas. Tal qual os expatriados de Hemingway, a política fiscal é caracterizada pela completa indisciplina.

O ponto de Hemingway é o de que a falência vem mais rápido do que qualquer um, especialmente o próprio falido, espera. Os Estados Unidos estão mais perto de um ponto de inflexão do que o Congresso e a Casa Branca imaginam. A panela está começando a ferver. A hora de se proteger contra os piores resultados é agora.

## Montando o Touro

Experientes investidores de ações sabem como lidar com mercados em alta. Eles aumentam seus investimentos em ações, usam contas margem e outras formas de multiplicação financeira, enfrentam os levantamentos de crédito, compram as ações em baixa e esperam trocar por dinheiro antes que o touro fique sem força.

Os investidores também sabem lidar com mercados em baixa. Eles se alternam para setores defensivos, como bens de consumo não duráveis e utilitários, aumentam o aporte de dinheiro, diminuem a alavancagem, evitam papéis que caem muito rápido e esperam, pacientemente, que a crise atinja seu máximo para voltar a investir em ações.

A única condição com a qual os investidores não sabem como lidar é a situação em que nos encontramos. Considere essa comparação:

O Índice Dow Jones começou 2018 em 24,719 pontos e encerrou março do mesmo ano com 24,103, uma perda modesta de 2,5%. Se essa é toda a informação que você tinha, pode assumir que não aconteceu muita coisa. Obviamente, os investidores veem de outra forma.

As ações caíram em janeiro de 2018, subindo 7,6% antes de atingirem um pico intermediário em 26.616, dia 26 do mesmo mês. Então, a festa do mercado de ações, que vinha se fortalecendo durante todo o ano de 2017, terminou subitamente. As ações caíram 12%, para 23,446 pontos intradiários até 9 de fevereiro, uma correção em grande escala, a primeira desde 2016.

Em seguida, um pelotão de recuperação elevou o Dow quase 10%, para 25.760, em 27 de fevereiro de 2018. Isso foi seguido rapidamente por outra baixa, desta vez de 6%, caindo para 24.270 em 2 de março. O Dow recuperou quase 5%, para 25.415, em 12 de março, tudo para sofrer nova queda de 7,4%, para 23.533, em 23 de março. Em seguida, o Dow registrou uma recuperação modesta, para 24.103, para fechar o primeiro trimestre.

O ano de 2018 terminou com um desempenho ainda mais extremo, incluindo o "Massacre da Véspera de Natal", a pior véspera de Natal da história nas bolsas de Nova York (o Dow teve uma queda de 650 pontos) e o ganho do *Boxing Day* de mais de mil pontos na sessão do dia 25. Mesmo essa visão geral não conta a história completa. No decorrer dessas altas e baixas, houve tentativas de alta e miniquebras, incluindo uma série de mais de quinhentos pontos de melhoras e derrapadas dentro do dia. A volatilidade aumentou.

O que aconteceu?

A incerteza do investidor faz parte da resposta. Os mercados podem se ajustar às boas e más respostas, mas não há uma maneira fácil de precificar a verdadeira incerteza. Ainda assim, há mais no comportamento do mercado do que isso. Os fatores que afetam o mercado não são somente incertos, mas também contraditórios. O mercado está tentando descontar várias histórias inconsistentes, sem uma maneira fácil de reconciliar as inconsistências. O mercado se recupera ou cai dia após dia com base em boatos, As melhoras e pioras do mercado todos os dias são baseadas em rumores, segredinhos e tuítes, sem mais lastro que isso para manter o navio no curso.

Existem quatro fatores principais que impulsionam o mercado: crescimento, guerras comerciais, geopolíticas e regulamentação tecnológica. Cada um deles tem suas próprias contradições internas e, com efeito, um resultado binário para cada fator. Isso significa que há dezesseis caminhos possíveis para o mercado seguir ($2^4$=16). Não surpreende que os mercados estejam confusos.

Com relação ao crescimento, os investidores mais otimistas esperam um impulso dos cortes de impostos de Trump. Eles também estão antecipando a inflação graças à forte criação de empregos, aumento na participação da força de trabalho e baixas taxas de desemprego. Eles esperam que as taxas de juros subam, mas consideram isso mais um sinal de força econômica do que um motivo de preocupação. Um forte crescimento é bom para os lucros das empresas, e um pouco de inflação geralmente é bom para os preços nominais das ações, ao menos nos estágios iniciais. O argumento principal do crescimento é uma curiosa mistura da curva de Phillips com a curva de Laffer.

Investidores mais pessimistas preveem uma desaceleração econômica no quarto trimestre de 2018. Isso é consistente com a péssima média de crescimento de 2,2% desde o final da última recessão, em junho de 2009. Um crescimento mais forte é impedido pelos ventos contrários demográficos e de dívida, e pelo impacto do trabalho e da tecnologia chinesa no poder global de precificação. Espera-se que os cortes de impostos não ajudem, porque o impacto sobre o crescimento causado pelo aumento da dívida supera o estímulo de impostos mais baixos.

O Fed está dando a uma economia fraca uma dose dupla de aperto, sob a forma de aumento das taxas e a destruição sem precedentes da base monetária, à medida que o QE vai acontecendo. O Fed levou a economia à beira da recessão antes de receber o recado e interromper o aumento das taxas. Essa visão de baixa combina a tese de Reinhart e Rogoff sobre as espirais de morte por dívida, com uma visita de retorno aos erros da política do Fed de 1929 e 1937.

As guerras comerciais são outro enigma. Há poucas dúvidas de que uma verdadeira guerra comercial reduzirá o crescimento global. Estamos enfrentando uma guerra comercial prolongada ou uma série de posturas de negociação de Donald Trump, conforme ele persegue a arte da negociação? Inicialmente, Trump impôs as tarifas da seção 232 às importações de aço e alumínio, e então, imediatamente, anunciou isenções ao Canadá e ao México condicionadas ao avanço no Nafta, acordo entre os três países. A seguir, o presidente proclamou um acordo comercial com a Coreia do Sul, impondo cotas às importações de aço e, quase imediatamente depois, disse que ele era condicionado à ajuda sul-coreana a lidar com a Coreia do Norte. A Coreia do Sul ofereceu sua ajuda e, em setembro de 2018, o novo acordo comercial entre a Coreia do Sul e os EUA (KORUS) se tornou efetivo.

Trump ameaçou aplicar penalidades de mais de US$50 bilhões à China, por meio da seção 301, pelo roubo de propriedade intelectual norte-americana. Poucos dias depois, China e Estados Unidos acalmaram o mercado ao anunciarem planos para negociações comerciais bilaterais. As conversas iniciais se mostraram ineficientes e, em setembro de 2018, as tarifas "olho por olho" aumentaram para cobrir mais de US$450 bilhões em mercadorias trocadas entre os dois países. No final de 2018, a realidade de uma guerra comercial prolongada entre ambos afundou, mas o impacto econômico no crescimento global foi surpreendentemente silencioso. O mercado de ações continuou funcionando como se tal conflito jamais tivesse ocorrido.

A geopolítica é outro direcionador de mercado intermitente. Um argumento forte pode ser feito para uma guerra que se aproxima com a Coreia do Norte. Décadas de desenvolvimento norte-coreano em matéria de armas nucleares e mísseis balísticos, além de um rápido aumento no andamento operacional dos testes nos últimos anos, revelam que o país está determinado a construir um arsenal de mísseis balísticos intercontinentais com ogivas nucleares, o que representa uma ameaça real para os norte-americanos. Por sua vez, os EUA já deixaram claro que a Coreia do Norte não está autorizada a adquirir ou possuir tais armas. Essas duas visões são inconciliáveis e apontam para uma guerra. Ao mesmo tempo, uma rápida rodada de diplomacia, com reuniões entre as Coreias, China e Coreia do Norte, e Japão e Coreia do Norte, levou à cúpula de junho de 2018, em Singapura, entre Donald Trump e Kim Jong-un, aponta para uma solução pacífica do impasse. Se você acredita que Kim Jong-un está agindo de boa fé, será incentivado por esses desenvolvimentos. Se acha que ele age de má fé e ganha tempo enquanto aperfeiçoa a tecnologia de seu armamento, então acredita que a guerra é só questão de tempo.

O fator final que confunde os mercados é o potencial de regulamentação tecnológica. Investidores não têm de se lembrar do grande impacto das ações da FAANG (Facebook, Apple, Amazon, Netflix e Google) nos mercados em geral e no Nasdaq 100 em particular.

De repente, o Facebook está sendo investigado pelo uso indevido de dados pessoais de clientes e ser cúmplice do episódio da interferência russa nas eleições presidenciais americanas. E a Amazon passa pelo mesmo processo, mas por possíveis violações às leis antitruste, supostos subsídios governamentais para transporte e pela aversão visceral de

# CONCLUSÃO

Trump às "fake news" do Washington Post, de propriedade do fundador da Amazon, Jeff Bezos. Foram realizadas audiências no Congresso sobre essas questões, apontando para a legislação. Os lobistas do Vale do Silício diluirão a legislação? As alegações antitruste virarão fumaça? Ou será que a indignação popular contra os gigantes da tecnologia levará a uma mudança radical e uma aplicação agressiva, como vimos com os fundos Rockefeller no início dos anos 1900? A resposta correta é: ninguém sabe. Será uma batalha entre os lobistas das corporações e a indignação popular. Normalmente, os lobistas vencem. Mesmo assim, dessa vez pode ser diferente.

Nenhum desses quatro problemas será resolvido rapidamente. Pode levar mais seis meses para que o Fed perceba que a economia está fraca apesar dos cortes de impostos, ou antes que os investidores mais pessimistas joguem a toalha. Normalmente, as guerras comerciais duram anos, não meses. Se as negociações com a China produzirem resultados rapidamente, as preocupações da guerra comercial desaparecerão; caso contrário, só piorarão à medida que a retaliação aumentar. Se Kim Jong-un quer a paz, saberemos em breve. Se não, o relógio da contagem regressiva para a guerra, atualmente em pausa, vai voltar a correr. As audiências e processos legislativos envolvendo regulamentação tecnológica também levarão um ano ou mais para ocorrer. Os membros do congresso gostam de explorar a fundo essas questões de contribuição de campanha de ambos os lados antes de resolvê-las, então não espere resultados rápidos.

O problema para os investidores é que eles precisam acordar todos os dias e comprometer capital, sabendo ou não as respostas a essas questões. Se o crescimento for forte, as guerras comerciais fracassam, a Coreia do Norte quer paz e os lobistas da tecnologia triunfam, então o Dow a 30 mil pontos está à vista. Se o crescimento é fraco, as guerras comerciais aumentam, a Coreia do Norte está agindo de má fé e a indignação popular limita os gigantes da tecnologia, então é uma realidade o Dow chegar aos 15 mil pontos. Claro que outras combinações desses fatores podem surgir. No geral, o caminho menos otimista e mais pessimista é o mais provável. Mas não é aconselhável apostar em qualquer resultado específico. Agora é a hora de ser ágil.

## Mandibles Revisitado

Quão ruim será o pior cenário?

Para muitos investidores, o pânico financeiro de 2008 é o ponto de referência para o pior resultado possível. O Índice Dow Jones caiu 54% em 17 meses, de 9 de outubro de 2007 a 9 de março de 2009. Grandes firmas de investimento, como Lehman Brothers, Bear Stearns, Fannie Mae, Freddie Mac e AIG, entraram com pedido de falência ou foram resgatadas por intervenção do governo após perdas enormes. O desemprego aumentou de 4,4% em março de 2007 para 10% em outubro de 2009. O Índice S&P Case-Shiller de preços residenciais caiu de 182,72 em janeiro de 2007 para 133,99 em fevereiro de 2012, uma queda de 27%. Investidores imobiliários com apenas 10% ou 20% do patrimônio foram eliminados. Vários fundos especulativos fecharam suas portas ou suspenderam os resgates. As perdas dos investidores foram de trilhões de dólares. O contágio se espalhou pela Europa e Oriente Médio. O Dubai World ficou insolvente em novembro de 2009 e uma crise da dívida soberana ocorreu na Europa de 2010 a 2015. Foi a pior crise financeira desde a Grande Depressão.

O dano financeiro não passou rapidamente. De junho de 2009 a dezembro de 2018, os EUA tiveram a pior recuperação de sua história. No entanto, o dano passou. De março de 2009 a setembro de 2018, os principais índices de ações mais do que triplicaram. O desemprego caiu de 10% em outubro de 2009 para 3,9% em dezembro de 2018. O Índice S&P Case-Shiller de preços residenciais subiu para 204,44 em junho de 2018, uma nova alta histórica. Investidores que não venderam na baixa em março de 2009 e mantiveram suas posições, recuperaram todas as perdas e conseguiram ganhos substanciais até o final de 2018. Um CEO de banco ou um especialista em investimentos como Warren Buffet poderia ignorar o episódio inteiro.

No entanto, não foi assim que a maioria dos investidores passou pelo colapso. Eles saíram do mercado de ações no final de 2008 ou no início de 2009 para preservar o capital restante. Eles não voltaram ao mercado até anos depois, se é que voltaram, perdendo grande parte do processo de recuperação. Hipotecas de casas foram executadas, negando o retorno dos proprietários anteriores na recuperação iniciada em 2013. O pior de tudo foi a perda de confiança. Investidores que tiveram perdas pesadas viram os CEOs de bancos mantendo seus empregos e ganhando muitos milhões de dólares em bônus em 2016. Não houve prisões por fraude nem prestação de contas entre os principais CEOs. Os investidores voltaram ao mercado gradualmente, mas sem confianças nas pesquisas de Wall Street ou no chamado gerente de patrimônio. Após 2009, investir se tornou um processo de autoajuda, briga de cachorro grande, em que o cinismo substituiu a confiança e a amargura, a crença.

Pode ser difícil imaginar um cenário pior do que o de 2008 e suas consequências, mas esses cenários não são incomuns — eles ocorreram muitas vezes na história norte-americana. Na Grande Depressão, os principais índices de ações caíram 80% entre 1929 e 1932. Na Guerra Civil, a economia sulista foi dizimada e nunca se recuperou completamente até os anos 1970, mais de um século depois. A Segunda Guerra Mundial impôs austeridade maciça na frente doméstica e deixou mais de um milhão de americanos mortos ou feridos nas linhas de frente. A seca *Dust Bowl* ("Taça de Pó", em tradução livre) nas Grandes Planícies dos Estados Unidos, de 1934 a 1939, causou uma imigração interna de cerca de 3,5 milhões de pessoas (a maioria, pobre), com seus poucos pertences embalados em carros velhos, de Oklahoma, Arkansas e Texas para a Califórnia e outros estados em busca de trabalho. Milhares morreram de pneumonia ou fome. Em resumo, os norte-americanos viram crises muito piores do que a de 2008.

Isso significa que a consideração de um verdadeiro pior cenário possível deve ser mais ampla do que um declínio de 50% no mercado de ações e algumas falências bancárias. Esse cenário deve incluir perturbações financeiras, mas vai além disso, pois as consequências de maior escala no mercado de capitais e contágio mais rápido entre as instituições em rede impactam inevitavelmente a infraestrutura crítica e, finalmente, a ordem social.

Podemos descartar alguns cenários imediatamente. Os americanos têm sido saturados, há décadas, por filmes retratando apocalipses zumbi e invasões alienígenas. É uma boa forma de entretenimento, mas zumbis não existem. Pode haver alguns fantasmas e espíritos inquietos aqui e ali, mas não há zumbis. Não há, também, evidências concretas de contato com alienígenas. Com base na análise empírica, os contatos com alienígenas são tão propensos a uma explicação sobrenatural quanto intergaláctica. Esse debate não precisa nos parar. Pouso de naves alienígenas em um shopping de Washington, D.C., não estão no topo da minha lista de cenários sombrios.

O mais provável é uma crise financeira associada a algum outro evento catastrófico, como um colapso da rede elétrica ou um desastre natural. Essas catástrofes duplas não são tão incomuns quanto muitos acham; de fato, funções de densidade as tornam prováveis. A catástrofe da cidade japonesa de Fukushima, em março de 2011, é um exemplo perfeito. Um terremoto levou a um tsunami, que matou milhares, desativou uma usina nuclear e causou um colapso parcial até, finalmente, atingir a bolsa de valores de Tóquio. Esse foi o caso de um sistema de estado crítico (tectônico) desencadeando transições de fase em outros sistemas de estado crítico (hidráulico, radiação, mercado de capitais), até que a cadeia de criticidade seguiu seu curso.

As ligações entre os sistemas de estados críticos não são meramente situacionais, como no caso de Fukushima; elas também podem ser planejadas. Se a China quisesse lançar um ataque à rede elétrica dos Estados Unidos, não seria em um dia de sol. Eles esperariam um dia em que as ações estivessem em baixa para depois atacar, uma tática conhecida como multiplicador de forças, que aumenta o medo quando as luzes se apagam. O Irã poderia ver o caos instaurado e decidir que era oportuno encerrar parte da World Wide Web, desativando pontos-chave como o hub de tráfego de dados perto do aeroporto de Fujairah, nos Emirados Árabes Unidos. As falhas na rede e na energia podem acelerar o colapso do mercado de ações, embora um resultado mais provável seja o fechamento das bolsas de valores, condição que aumenta ainda mais o pânico.

Outros catalisadores incluem pandemia, guerra e a falência inesperada de um grande banco antes que a ambulância do banco central possa chegar ao local. Embora cada uma dessas situações tem baixa probabilidade de acontecer, a chance de nenhuma delas acontecer nos próximos anos é quase zero, como ilustrado pelas equações do processo de Bernoulli no capítulo anterior. Um catalisador desencadeia a cascata quando uma falha de um sistema causa outra e a quebra se generaliza ao ponto da paralisia.

Sociólogos e historiadores documentaram o fino verniz da civilização. Uma vez que os sistemas críticos quebram, o comportamento civilizado dura três dias. Após isso, a lei da selva prevalece. Os cidadãos confiam na violência, dinheiro, isolamento ou outras formas de coerção para manterem suas posições. A lealdade ao país é deixada de lado, uma vez que a nação não está mais mantendo sua parte do acordo, que é o de prover a ordem. Tribos são formadas com base em valores compartilhados localmente. O Furacão Katrina, que atingiu Nova Orleans em agosto de 2005, é um exemplo clássico. O primeiro dia foi o da tempestade. O segundo foi de choque e sobrevivência imediata. A partir do terceiro dia, ocorreram saques, embora alguns oficiais desconsiderem os saques como não mais do que vítimas entrando no modo de sobrevivência, procurando água e comida. Então, formaram-se grupos de vigilantes armados, que mataram alguns saqueadores, mas vitimando com mais frequência sobreviventes inocentes que acabaram no bairro "errado". Nossa preocupação não é com a justiça disso, mas com o fato de que, em circunstâncias extremas, são necessários poucos dias (e não semanas) para milícias armadas inundarem as ruas com violência. A civilização mal chega à superfície.

A ordem voltou, mas que tipo de ordem? Os "bárbaros" que invadiram Roma no final do século V preservaram as armadilhas imperiais e apelaram ao imperador oriental em Constantinopla por legitimidade. Mesmo assim, fortunas aristocráticas foram confiscadas e membros da realeza acabaram mortos indiscriminadamente. Bretton Woods era a nova ordem econômica mundial em 1944, surgida do colapso causado pelas guerras cambiais e comerciais dos anos 1920 e 1930. A ordem foi restaurada pelas tropas aliadas para derrotar a Alemanha após a Segunda Guerra Mundial usando a Lei Marcial, mas a infraestrutura demolida, as fortunas dizimadas e os cidadãos desalentados eram reais demais. A ordem retornou, mas não era a mesma de antes da catástrofe. As consequências são diferentes.

Os investidores não devem se concentrar na causa do colapso (é uma longa lista e o momento é incerto). O colapso em si seguirá seu curso e a ordem ressurgirá através da coerção, cooperação ou pura exaustão. A questão é: onde você se posicionará na nova ordem?

O gênero pós-apocalíptico sintetizado no romance *A Estrada*, de Cormac McCarthy, é convincente e instrutivo em um sentido metafórico, mas não é um caso que precisamos considerar. O mundo de McCarthy é aquele que sofreu um evento em nível de extinção. Quase toda a vida da Terra foi extinta e os poucos sobreviventes são canibais, prisioneiros ou aqueles que defendem pequenas propriedades. Esse resultado não pode ser descartado. Mas o termo "investidor" não terá significado na completa ausência de uma economia em funcionamento ou no estado de direito. Uma reversão para uma sociedade agrária anterior aos anos 1870, sem carros, telefones, água corrente ou eletricidade é mais provável que o apocalipse, mas ainda não é um caso provável. Alguém religará as luzes, mesmo se esse alguém for as Forças Armadas dos EUA, sob poderes de emergência e lei marcial.

A melhor representação da vida após um colapso financeiro é encontrada em *The Mandibles*, um livro brilhante de 2016 da premiada autora Lionel Shriver. O romance oferece detalhes de um colapso econômico em 2029, mas se preocupa principalmente com a vida das pessoas comuns que vivem em meio às consequências do que aconteceu. Como Anthony Burgess, Shriver inventa palavras e frases conforme necessário para transmitir o desconhecido. Ela usa a Idade da Pedra para descrever um colapso da rede elétrica que precedeu o financeiro; e abstinência para descrever a escassez de água nas áreas urbanas.

O assustador em *The Mandibles* não é que a vida seja apocalíptica, como em *A Estrada*, ou normal, como as líderes de torcida de Wall Street gostariam, mas o fato de ser uma mistura de ambos. Os Estados Unidos deixaram de pagar suas dívidas e dependem do Federal Reserve para imprimir dinheiro para cobrir pagamentos essenciais e os respectivos juros. Criou-se uma nova moeda global de reserva, o bancor, mas os EUA foram excluídos desse sistema. O presidente americano, Dante Alvarado, nasceu no México e discursa em espanhol. Ele confisca todo o ouro privado no país, repetindo o que Franklin Delano Roosevelt fez em 1933. A hiperinflação está em 30% por semana (algo que vivi realmente, em viagem à Turquia), então a troca está gradualmente substituindo o dinheiro. Ainda existem lojas, mas as prateleiras estão praticamente vazias. Os compradores não compram o que querem (não está lá); eles adquirem o que os outros querem no futuro (hardware e afins) para trocá-los por comida. A polícia está nas ruas, mas trabalham sob propina paga pelos moradores e ignoram crimes contra pessoas que não pagam a quantia. Trabalhos rotineiros ainda existem, mas a ocupação da elite no trabalho e no mundo acadêmico foram eliminados para cortar gastos. Isso faz com que os outrora membros mais ricos do clã dos Mandibles se mudem para viver com os parentes pobres, que ainda têm um teto sobre suas cabeças.

Um dos temas recorrentes em *The Mandibles* consiste nas elites que insistem que o colapso econômico é temporário e que a economia voltará a crescer em breve, como ocorreu após a Idade da Pedra e, de fato, após a Grande Depressão. Exceto no mundo de Shriver, não há retorno; a economia continua piorando. Aqueles que mais se apegam à quimera da recuperação acabam perdendo mais. Shriver descreve um plano do governo para eliminar o dinheiro a fim de esmagar a economia do mercado negro, algo que Ken Rogoff e Larry Summers endossam hoje em dia. Alguns ricos norte-americanos sobrevivem, mas ficaram confinados aos seus bunkers luxuosos, construídos antes da crise. Shriver inclui uma cena horripilante na qual dois Mandibles entram em um desses bunkers. Acaba que ninguém matou os ricos; um matou o outro. As resenhas do livro *The Mandibles* foram altamente positivas, exceto uma negativa do *The Washington Post*, o que não surpreende, já que Shriver tem D.C. sempre na mira de seus tiros certeiros.

O que Shriver criou em *The Mandibles* é um cenário econômico muito mais realístico do que o apocalipse total ou a reação totalitária. É um mundo em que você pode ir às compras, mas as prateleiras estão vazias. É um mundo onde você pode usar o dinheiro, mas seu valor é como um cubo de gelo derretendo na sua mão. É um mundo onde você pode ter um emprego, mas a maioria não. É um mundo em que os cidadãos sobrevivem não com metralhadoras, mas com perspicácia, agitação e persistência sombria.

Embora *The Mandibles* tenha sido rotulado de distópico, futurista e até de ficção científica, na verdade é um retrato realista de uma economia pós-colapso. Os julgamentos diários dos personagens de Shriver soariam familiares para os civis que estavam atrás das linhas da Guerra Civil ou tentando sobreviver à Grande Depressão. Aqueles que assumem que tais cenários não acontecerão novamente confiam demais nos bancos centrais e pouco no estudo da história.

A maioria dos planos catastróficos desmoronará nos primeiros cinco minutos em que forem necessários. O tráfego da Beltway, em Washington, D.C., é caótico em um dia bom. A ideia de que a evacuação de D.C. poderia ser feita de automóvel e a curto prazo é absurda. Os super-ricos têm seus refúgios na Nova Zelândia. Parece uma boa ideia, mas os magnatas passaram mais tempo escolhendo um local do que perguntando se podem chegar ao aeroporto, se o aeroporto estará operando quando chegarem, onde podem abastecer seus jatos particulares e se o povo local estará aguardando no aeroporto de Auckland com tropas se eles forem tão longe. A abordagem mais abrangente de rifles semiautomáticos, estoques de munição e caixas de alimentos liofilizados não será muito melhor. Os bunkers desses aspirantes a Rambo serão invadidos rapidamente por milícias que surgirão, ainda que com vítimas. Um dispositivo mais simples, como uma bicicleta, terá mais valor do que munição quando chegar a hora.

Esse é o ponto feito por Shriver no clímax de sua história. Os Mandibles sitiados decidem deixar o Brooklyn, onde recentemente se reuniram, para começar uma longa marcha para Gloversville, Nova York, uma pequena cidade a noroeste de Albany, no pé das montanhas Adirondack. Lá, um parente dos Mandibles (Jarred) havia se mudado antes, para comprar uma fazenda. Jarred desenvolveu um instinto de sobrevivência antes da pior fase da catástrofe. No entanto, sua fazenda não era um bunker, mas uma fazenda com árvores frutíferas, legumes e gado. Ele avisa à sua grande família que, se conseguissem chegar até lá, ele precisava muito de ajuda e poderia compartilhar comida e abrigo. Os Mandibles do Brooklyn conseguem completar a jornada e, no final, sobrevivem.

A chave para a sobrevivência em um colapso real não é um bunker, um rifle ou um jato privado. A chave é a comunidade. Você não sobreviverá por conta própria, mas poderá sobreviver em uma comunidade preparada para compartilhar alimentos, água potável, mão de obra e habilidades manuais. Sua qualificação como carpinteiro, dentista ou ajudante no campo poderá ser ricamente compensada com milho, queijo, leite e bacon. As cidades desmoronam mais rápido do que a zona rural próxima, devido à dependência excessiva de redes de eletricidade e transportes e à sua vulnerabilidade a motins, saques e crimes violentos. Shriver descreve um assalto a uma residência no Brooklyn que é assustador e surrealmente engraçado ao mesmo tempo.

No entanto, muito após as cidades ficarem desabitadas, o campo ainda pode funcionar de maneira relativamente tranquila. Isso não é resultado das armas, mas da comunidade. Vizinhos cuidam dos seus vizinhos. Os que precisam contratam os que têm a habilidade. A produção estabilizará e os preços permanecerão estáveis. A forma de imaginar isso não é por meio da paisagem de *A Estrada*, de McCarthy, mas a vida na pequena cidade de Grover's Corners, New Hampshire, em 1901, como exibido na peça *Our Town*, de Thornton Wilder. Para George Gibbs, o garoto vizinho em *Our Town*, como para Jarred Mandible em *The Mandibles*, uma fazenda é mais importante do que um diploma universitário.

E quanto à preservação de dinheiro e riqueza? Tanto a Grover's Corners de 1901 quanto a Gloversville de Shriver em 2029 tinham dinheiro. Em Grover's Corners, há moedas de prata ou notas lastreadas em ouro. Em Gloversville, há barras de ouro e prata, notas lastreadas em ouro ou trocas simples. O que não é dinheiro naquelas obras é o que chamamos de dinheiro hoje — a moeda fiduciária impressa pelo Fed. Em ambos os lugares, a riqueza se resumia aos ativos tangíveis e à sua habilidade como trabalhador, artista ou empreendedor. Outras formas de riqueza que não têm valor em Grover's Corners ou Gloversville são as ações e títulos. Essa realidade é muito bem captada por Shriver em um discurso retórico de um professor cujos investimentos foram exterminados na quebra da bolsa:

> Todos esses fundos de pensão com gráficos de pizza de ações de 62% e títulos de 27%... Todas as contas de investimentos com suas estratégias contrastantes de "crescimento" ou "renda"... Os questionários solicitados pelo Morgan Stanley sobre o grau de "risco" que você tolera — que tendem a minimizar o fato de que não há nenhuma opção "zero" no formulário para marcar... O "limite máximo" versus o "limite mínimo" versus os "mercados emergentes"... Talvez devêssemos avançar um pouco mais no setor de energia e dar mais ênfase à indústria farmacêutica... Bem, todas essas contas foram achatadas. As estratégias não importavam.

Em outras palavras, ativos sólidos e trabalho duro são as únicas reservas de valor. Ações e títulos valerão nada porque as empresas entrarão em colapso, os devedores em default e o valor nominal do que restar será eliminado pela inflação. O jogo pode começar de novo, mas os jogadores existentes serão eliminados do tabuleiro.

Isso não quer dizer que hoje não se deve manter ações e títulos ao lado dos ativos sólidos. O objetivo é permanecer alerta e ser ágil, à medida que as condições se deterioram e os riscos aumentam. Chegará o momento, em um futuro não distante, em que decisões rápidas deverão ser tomadas primeiro para transformar os títulos em dinheiro e, posteriormente, o dinheiro em ouro... e quem sabe, talvez em uma fazenda.

Shriver encerra *The Mandibles* com uma revelação do membro mais velho da família, que resgata o clã com um presente da única forma de dinheiro que sobreviveu ao caos contra todas as possibilidades, escondido em uma caixa. Não vou estragar a surpresa revelando o que há na caixa. Mas, se você já se familiarizou com o que escrevo, provavelmente pode adivinhar.

# NOTAS

## ABERTURA

13 **"Em seus comentários sobre os mercados financeiros"**: "Ata do Comitê Federal de Mercado Aberto, 31 de outubro a 1 de novembro de 2017," Conselho Administrativo do Federal Reserve System, acessado em 7 de janeiro de 2019, www.federalreserve.gov/newsevents/pressreleases/monetary20171122a.htm.

15 **"uma condição crônica de atividade abaixo do normal"**: John Maynard Keynes, *The General Theory of Employment, Interest, and Money* (Nova York: Harvest/ Harcourt Inc., 1964), 249.

15 **Hoje, Truman é visto por historiadores:** "Presidential Historians Survey 2017," C-SPAN, acessado em 7 de janeiro de 2019, www.c-span.org/presidentsurvey2017/?page=participants.

16 **"Os Acordos de Helsinque foram assinados em 1 de agosto de 1975"**: Michael Kimmage, "A Promessa Surpreendente da Cúpula Trump-Putin," *Relações Exteriores*, 11 de julho de 2018, acessado em 7 de janeiro de 2019, www.foreignaffairs.com/articles/russian-federation/2018-07-11/surprising-promise-trump-putin-summit.

## CAPÍTULO UM: LABIRINTO DE ESPELHOS

19 **"Desde novembro de 1918 até hoje"**: Adam Tooze, *The Deluge: The Great War, America and the Remaking of the Global Order, 1916–1931* (Nova York: Penguin Books, 2014), 418.

22 **"O melhor museu que você provavelmente vai ver":** Transcrição da entrevista com Michael Hayden no *Meet the Press*, 30 de março de 2008, acessado em 7 de janeiro de 2019, www.cia.gov/news-information/press-releases-statements/press-release-archive-2008/transcript-of-director-haydens-interview-on-meet-the-press.html.

40 **Como o próprio Giustra disse:** Peter Schweizer, *Clinton Cash: The Untold Story of How and Why Foreign Governments and Businesses Helped Make Bill and Hillary Rich* (Nova York: Harper, 2016), 24.

42 **Publicação do livro** *Clinton Cash*: Schweizer, *Clinton Cash*.

44 **O caso de William D. Campbell:** Joel Schectman, "Exclusive: Secret Witness in Senate Clinton Probe is Ex-lobbyist for Russian Firm," Reuters, 17, de novembro de 2017, acessado em 7 de janeiro de 2019, www.reuters.com/article/us-usa-clinton-informant-exclusive/exclusive-secret-witness-in-senate-clinton-probe-is-ex-lobbyist-for-russian-firm-idUSKBN1DG1SB.

45 **Roosevelt defendeu a implementação de tarifas na corrida:** Patricia O'Toole, "The War of 1912," *Time*, 3 de julho de 2006, acessado em 7 de janeiro de 2019, content.time.com/time/subscriber/article/0,33009,1207791,00.html.

45 **Roosevelt ainda inventou o termo:** Arthur Lang and Lila Weinberg, eds., *The Muckrakers* (Chicago: University of Illinois Press, 2001), 59.

46 **Roosevelt abandonou:** O'Toole, "The War of 1912."

46 **Um dos principais compromissos de campanha:** Theodore Roosevelt, *An Autobiography* (New York, Macmillan, 1913), 625.

50 **A agência de notícias Reuters divulgou:** Koh Gui Qing e Greg Roumelitois, "Exclusive: US Puts HNA Deals on Ice Until it Gets Ownership Info—Source," Reuters, 18 de janeiro de 2018, acessado em 8 de janeiro de 2019, www.reuters.com/article/us-hna-cfius-exclusive/exclusive-u-s-puts-hna-deals-on-ice-until-it-gets-ownership-info-source-idUSKBN1F80AC.

## CAPÍTULO DOIS: APAGANDO FOGO COM GASOLINA

51 **"Parece ter sido":** David Hume, *Selected Essays* (New York: Oxford University Press, 2008), 203.

54 **Em geral, os Estados Unidos pegavam:** ver Robert E. Kelly, *The National Debt of the United States, 1941 to 2008*, Segunda Edição (Jefferson, NC: McFarland & Company, 2008).

65 **Na convenção de nomeação do candidato republicano:** Philip Klein, "How George H. W. Bush's Broken 'No New Taxes' Pledge Changed American Politics and Policy Forever," *Washington Examiner*, 1 de dezembro de 2018, acessado em 8 de janeiro de 2019, www.washingtonexaminer.com/opinion/how-george-h-w-bushs-broken-no-new-taxes-pledge-changed-american-politics-and-policy-forever.

66 **No entanto, ele acabou perdendo o apoio:** Ver Howard Kurz, "The Passion of the New York Post," *The Washington Post*, 28 de março de 1993,

acessado em 8 de janeiro de 2019, www.washingtonpost.com/archive/opinions/1993/03/28/the-passion-of-the-new-york-post/9b341497-e4eb-46c-4-9883-bc119cb818e7/?utm_term=.b3f4c2b11c2b.

67 **Conselheiro político de Clinton:** Robert Burgess, "The Daily Prophet: Carville Was Right About the Bond Market," *Bloomberg BusinessWeek*, 29 de janeiro de 2018, acessado em 8 de janeiro de 2019, www.bloomberg.com/news/articles/2018-01-29/the-daily-prophet-carville-was-right-about-the-bond-market-jd0q9r1w.

## CAPÍTULO TRÊS: EM BUSCA DO PREÇO DA LIBERDADE

84 **"É muito mais fácil":** Daniel Kahneman, *Thinking, Fast and Slow* (New York: Farrar, Straus and Giroux, 2011), 3.

86 **A sua contribuição mais influente:** Richard H. Thaler and Cass R. Sunstein, *Nudge: Improving Decisions About Health, Wealth, and Happiness, Revised and Expanded Edition* (Nova York: Penguin Books, 2009).

87 **Sua tese de Doutorado:** Richard Thaler and Sherwin Rosen, "The Value of Saving a Life: Evidence from the Labor Market," in Nestor E. Terleckyj, ed., *Household Production and Consumption* (Cambridge, Mass.: National Bureau of Economic Research, 1976), 265–302, acessado em 8 de janeiro de 2019, www.nber.org/chapters/c3964.pdf.

89 **Essas experiências marcantes:** Ver Daniel Kahneman, Paul Slovic, e Amos Tversky, eds., *Judgment Under Uncertainty: Heuristics and Biases* (New York: Cambridge University Press, 1982), e Daniel Kahneman e Amos Tversky, eds., *Choices, Values, and Frames* (Nova York: Cambridge University Press, 2000).

90 **Como escreveu Kahneman:** Daniel Kahneman, "Don't Blink! The Hazards of Confidence," *The New York Times Magazine*, 19 de outubro de 2011, acessado em 8 de janeiro de 2019, www.nytimes.com/2011/10/23/magazine/dont-blink-the-hazards-of-confidence.html.

92 **Isso é revelado em seu livro:** Thaler and Sunstein, *Nudge: O empurrão para a escolha certa*, 13.

93 **"Os tomadores de decisão não fazem":** Richard H. Thaler, Cass R. Sunstein e John P. Balz, "Arquitetura da Escolha," *Social Science Research Network*, em 2 de abril de 2010, acessado em 8 de janeiro de 2019, papers.ssrn.com/sol3/papers.cfm?abstract_id=1583509.

94 **Eles escrevem, "Se as pessoas estão":** Thaler e Sunstein, *Nudge: O empurrão para a escolha certa*, 33.

94 **Sobre o título de seu livro:** Thaler e Sunstein, *Nudge: O empurrão para a escolha certa*, 6.

94 **Eles assinam um processo:** Thaler e Sunstein, *Nudge: O empurrão para a escolha certa*, 74, nota de rodapé.

95 **Isso não é tão difícil:** Thaler e Sunstein, *Nudge: O empurrão para a escolha certa*, 53.

- 95 **Sobre o efeito de enquadramento:** Thaler e Sunstein, *Nudge: O empurrão para a escolha certa*, 37.

- 95 **Eles aconselham: "Se você deseja":** Thaler e Sunstein, *Nudge: O empurrão para a escolha certa*, 69.

- 95 **Os autores afirmam que:** Thaler e Sunstein, *Nudge: O empurrão para a escolha certa*, 5.

- 101 **O paciente quase morreu:** Ver Chris Clearfield e András Tilcsik, *Meltdown: Why Our Systems Fail and What We Can Do About It* (Nova York: Penguin Press, 2018), 85.

- 113 **"Quando Liu Hu tentou marcar um voo recentemente":** Ben Tracy, "China Assigns Every Citizen A 'Social Credit Score' to Identify Who Is and Isn't Trustworthy," CBS New York, em 24 de abril de 2018, acessado em 8 de janeiro de 2019, newyork.cbslocal.com/2018/04/24/china-assigns-every-citizen-a-social-credit-score-to-identify-who-is-and-isnt-trustworthy.

- 117 **O título do seu livro de 2016:** Ver Samuel Bowles, *The Moral Economy: Why Good Incentives Are No Substitute for Good Citizens* (New Haven, Connecticut.: Yale University Press, 2016).

## CAPÍTULO QUATRO: A ARMADILHA ALFA

- 119 **"Se fôssemos todos investidores passivos":** Gerry Frigon, "What Would Happen If We Were All Passive Investors?," *Forbes*, 14 de junho de 2018, acessado em 8 de janeiro de 2019, www.forbes.com/sites/forbesfinancecouncil/2018/06/14/what-would-happen-if-we-were-all-passive-investors%E2%80%8B/#3d826c0e40bf.

- 120 **Isso foi demonstrado por:** Ver Robert C. Merton, "On Market Timing and Investment Performance. I. An Equilibrium Theory of Value for Market Forecasts," *The Journal of Business* 54, no. 3 (julho de 1981); e Roy D. Henrikkson e Robert C. Merton, "On Market Timing and Investment Performance. II. Statistical Procedures for Evaluating Forecasting Skills," *The Journal of Business* 54, no. 4 (Outubro de 1981).

- 130 **"Para ilustrar a ideia":** J. B. Heaton, N. G. Polson e J. H. Witte, "Why Indexing Works," Cornell University, 14 de janeiro de 2018, 1, acessado em 8 de janeiro de 2019, arxiv.org/pdf/1510.03550.pdf.

- 134 **"Defino uma bolha como":** Cody Eustice, "Robert Shiller: Stocks, Bonds and Real Estate Are Overvalued," GuruFocus, 30 de maio de 2015, acessado em 12 de fevereiro de 2019, https://www.gurufocus.com/news/338699/robert-shiller-stocks-bonds-and-real-estate-are-overvalued.

- 146 **"Há uma tolice óbvia":** Matt Levine, "Algorithms Had Themselves a Treasury Flash Crash," *Bloomberg Opinion*, 13 de julho de 2015, acessado em 8 de janeiro de 2019, www.bloomberg.com/opinion/articles/2015-07-13/algorithms-had-themselves-a-treasury-flash-crash.

## CAPÍTULO CINCO: DINHEIRO GRATUITO

151 **Em seu poema:** T. S. Eliot, *Collected Poems 1909–1962* (Nova York: Harcourt, 1991), 82.

152 **O "ponto de explosão":** Carmen M. Reinhart, Vincent R. Reinhart, Kenneth S. Rogoff, "Debt Overhangs: Past and Present," National Bureau of Economic Research, NBER Working Paper Series, Working Paper 18015, abril 2012, acessado em 8 de abril de 2019, www.nber.org/papers/w18015/.

154 **Um artigo de importância particular:** Carmen Reinhart e Kenneth Rogoff, "Debt and Growth Revisited," VOX CEPR Policy Portal, 11 de agosto de 2010, acessado em 8 de janeiro de 2019, voxeu.org/article/debt-and-growth-revisited.

154 **A conclusão principal é a de que:** Reinhart e Rogoff, "Debt and Growth Revisited."

154 **É importante ressaltar que Reinhart e Rogoff enfatizam:** Reinhart e Rogoff, "Debt and Growth Revisited."

154 **Para índices dívida/patrimônio líquido:** Reinhart e Rogoff, "Debt and Growth Revisited."

155 **Intitulado "The Real Effects of Debt":** Stephen G. Cecchetti, Madhusudan Joharty e Fabrizio Zampolli, "The Real Effects of Debt," Bank for International Settlements, BIS Working Papers No. 352, 16 de setembro de 2011, 1, acessado em 8 de janeiro de 2019, www.bis.org/publ/work352.pdf.

155 **Outro estudo publicado:** Cristina Checherita e Philipp Rather, "The Impact of High and Growing Government Debt on Economic Growth—An Empirical Investigation for the Euro Area," Banco Central Europeu, Working Paper Series No. 1237, agosto de 2010, acessado em 8 de janeiro de 2019, ssrn.com/abstract_id=1659559.

155 **O estudo do BCE conclui:** Checherita e Rather, "The Impact of High and Growing Government Debt," Banco Central Europeu, Working Paper Series no. 1237, agosto de 2010, 22, www.ecb.europa.eu/pub/pdf/scpwps/ecbwp1237.pdf.

156 **"Depois que a ameaça imediata":** Robert Skidelsky, "The Advanced Economies' Lost Decade," Project Syndicate, 13 de abril de 2018, acessado em 9 de janeiro de 2019, www.project-syndicate.org/onpoint/the-advanced-economies-lost-decade-by-robert-skidelsky-2018-04.

158 **Em uma carta aberta:** Carmen M. Reinhart e Kenneth S. Rogoff, "Open Letter to Paul Krugman," Carmen M. Reinhart Author Website, 25 de maio de 2013, acessado em 9 de janeiro de 2019, www.carmenreinhart.com/letter-to-pk.

162 **Um dos principais tratados sobre o assunto:** Rodger Malcolm Mitchell, *Free Money Plan for Prosperity* (Wilmette, Ill.: PGM Worldwide, 2005).

163 **Georg Friedrich Knapp é:** Georg Friedrich Knapp, *The State Theory of Money* (Eastford, Connecticut: Martino Fine Books, 2013).

163 **No entanto, Kelton e outros acadêmicos:** Adam Smith, *The Wealth of Nations* (New York: Modern Library, 1994).

## 296 NOTAS

164 **Em um artigo claro:** Stephanie Bell, "The Role of the State and the Hierarchy of Money," *Cambridge Journal of Economics*, 2001, acessado em 9 de janeiro de 2019, cas2.umkc.edu/economics/people/facultyPages/wray/courses/Econ601%202012/ readings/Bell%20The%20Role%20of%20the%20State%20and%20the%20Hierarchy%20of%20Money.pdf.

164 **"O que torna uma moeda válida":** Bell, "The Role of the State," 155.

165 **Como explica Kelton:** Bell, "The Role of the State," 160.

166 **Ela disse: "Somente o estado":** Bell, "The Role of the State," 161.

170 **"Tenho preocupações com":** "Transcript of the Meeting of the Federal Open Market Committee em 23 e 24 de outubro de 2012," Board of Governors of the Federal Reserve System, 192, acessado em 13 de fevereiro de 2019, https://www.federalreserve.gov/monetarypolicy/files/FOMC20121024meeting.pdf.

172 **Em uma coletiva de imprensa ad hoc:** Thomas L. Friedman, "Mideast Tensions; U.S. Jobs at Stake in Gulf, Baker Says," *The New York Times*, 14 de novembro de 1990, acessado em 9 de janeiro de 2019, www.nytimes.com/1990/11/14/world/mideast-tensions-us-jobs-at-stake-in-gulf-baker-says.html.

174 **"Economicamente, o declínio do LFPR e a queda":** Nicholas Eberstadt, *Men Without Work: America's Invisible Crisis* (West Conshohocken, Penn.: Templeton Press, 2016), 150–51.

175 **"Embora a taxa nacional de desemprego":** Pavlina R. Tcherneva, "Unemployment: The Silent Epidemic," Levy Economics Institute of Bard College, Working Paper No. 895, 7 a 10 de agosto de 2017, acessado em 9 de janeiro de 2019, www.levyinstitute.org/publications/unemployment-the-silent-epidemic.

177 **A explicação mais completa:** Philippe Van Parijs e Yannick Vanderborght, *Basic Income: A Radical Proposal for a Free Society and a Sane Economy* (Cambridge, Mass.: Harvard University Press, 2017).

177 **Usando dados de 2015:** Van Parijs e Vanderborght, *Basic Income*, 11.

178 **"Na nova onda de automação":** Van Parijs e Vanderborght, *Basic Income*, 5.

178 **Na Cúpula Mundial de Governos:** Kathleen Pender, "Why Universal Basic Income Is Gaining Support, Critics," *San Francisco Chronicle*, 15 de julho de 2017, acessado em 9 de janeiro de 2019, www.sfchronicle.com/business/article/Why-universal-basic-income-is-gaining-support-11290211.php.

178 **O San Francisco Chronicle:** Pender, "Why Universal Basic Income Is Gaining Support."

178 **Em um discurso de formatura na Universidade de Harvard:** "Mark Zuckerberg's Commencement Address at Harvard," *The Harvard Gazette*, 25 de maio de 2017, acessado em 9 de janeiro de 2019, news.harvard.edu/gazette/story/2017/05/mark-zuckerbergs-speech-as-written-for-harvards-class-of-2017.

179 **De direita, Charles Murray:** Charles Murray, *In Our Hands: A Plan to Replace the Welfare State* (Washington, D.C.: AEI Press, 2016).

180 **O resumo sucinto da proposta de Murray:** Murray, *In Our Hands*, 10.

181 **Em abril de 2018, as mentes mais brilhantes do MMT:** L. Randall Wray, Flavia Dantas, Scott Fullwiler, Pavlina R. Tcherneva e Stephanie A. Kelton, "Public Service Employment: A Path to Full Employment," Levy Economics Institute of Bard College, abril de 2018, acessado em 9 de janeiro de 2019, www.levyinstitute.org/publications/public-service-employment-a-path-to-full-employment.

182 **"Nós propomos a criação de":** Wray et al., "Public Service Employment," 1.

## CAPÍTULO SEIS: O ACORDO DE MAR-A-LAGO

185 **"Com que frequência ouvimos":** Judy Shelton, "The Case for a New International Monetary System," *Cato Journal* 38, no. 2 (Spring/Summer 2018): 379, acessado em 9 de janeiro de 2019, www.cato.org/cato-journal/springsummer-2018/case-new-international-monetary-system.

192 **"Eu vejo o ouro como a principal":** Entrevista com Alan Greenspan, "Gold: The Ultimate Insurance Policy," *Gold Investor*, fevereiro de 2017, acessado em 9 de janeiro de 2019, www.gold.org/goldhub/research/gold-investor/gold-investor-february-2017.

192 **"A dívida global está no nível mais alto de todos os tempos":** Christine Lagarde, "Transcript of Managing Director's Press Briefing," Fundo Monetário Internacional, Washington, D.C., 19 de abril de 2018, acessado em 9 de janeiro de 2019, www.imf.org/en/News/Articles/2018/04/19/tr041918-transcript-of-managing-directors-press-briefing?cid=em-COM-123-36937.

193 **A chamada para uma nova conferência monetária internacional:** Shelton, "The Case for a New International Monetary System," 379.

198 **"O FMI era um lugar mais formal":** Timothy F. Geithner, *Stress Test: Reflections on Financial Crises* (Nova York: Broadway Books, 2014), 73.

202 **"A diretora-geral do FMI":** Dong He, "Monetary Policy in the Digital Age," *Finance & Development*, junho de 2018, Fundo Monetário Internacional, Washington, D.C., acessado em 9 de janeiro de 2019, www.imf.org/external/pubs/ft/fandd/2018/ 06/central-bank-monetary-policy-and-cryptocurrencies/he.pdf.

211 **"Untermyer: Quero lhe fazer algumas perguntas":** "Testimony of J. P. Morgan Before the Bank and Currency Committee of the House of Representatives, at Washington, D.C.," 18 e 19 de dezembro de 1912, 48, acessado em 9 de janeiro de 2019, lcweb2.loc.gov/service/gdc/scd0001/2006/20060517001te/20060517001te.pdf.

## CAPÍTULO SETE: GODZILLA

217 **"Uma singularidade de tempo finita":** Geoffrey West, *Scale: The Universal Laws of Growth, Innovation, Sustainability, and the Pace of Life in Organisms, Cities, Economies, and Companies* (Nova York: Penguin Press, 2017), 413.

220 **"Considere aumentar a altura":** West, *Scale*, 42.

## NOTAS

227 **Um deles, desenvolvido por:** Leonard Beeghley, *The Structure of Social Stratification in the United States, Fifth Edition* (Nova York: Routledge, 2016).

227 **Outra reflexão é feita:** William E. Thompson, Joseph V. Hickey, Mica L. Thompson, *Society in Focus: An Introduction to Sociology, Eighth Edition* (Lanham, Maryland: Rowman and Littlefield, 2017).

228 **Por fim, Dennis Gilbert oferece:** Dennis Gilbert, *The American Class Structure in an Age of Growing Inequality, Ninth Edition* (Thousand Oaks, Califórnia: SAGE Publications, Inc., 2015).

236 **O livro de 2017:** Walter Scheidel, *The Great Leveler: Violence and the History of Inequality from the Stone Age to the Twenty-first Century* (Princeton, Nova Jersey: Princeton University Press, 2017).

238 **"Após chegar, fui levado":** Douglas Rushkoff, "Survival of the Richest—The Wealthy Are Plotting to Leave Us Behind," *Medium Magazine*, 5 de julho de 2018, acessado em 9 de janeiro de 2019, medium.com/s/futurehuman/survival-of-the-richest-9ef6cddd0cc1.

## CAPÍTULO OITO: CONTRACORRENTE

243 **"Reduzida ao essencial":** Walter Scheidel, *The Great Leveler: Violence and the History of Inequality from the Stone Age to the Twenty-first Century* (Princeton, Nova Jersey: Princeton University Press, 2017).

258 **"Além dos riscos estruturais e cíclicos":** Andrew Sheng e Xiao Geng, "Managing China's Global Risks," Project Syndicate, 29 de maio de 2018, acessado em 9 de janeiro de 2019, www.project-syndicate.org/commentary/china-global-risks-trump-trade-war-by-andrew-sheng-and-xiao-geng-2018-05.

259 **Em uma reunião a portas fechadas:** As ações e conversas de Lighthizer descritas nas páginas seguintes foram relatadas pelo autor em uma conversa em 20 de abril de 2018, com um dos associados mais próximos de Robert Lighthizer, que teve conhecimento em primeira mão.

272 **No entanto, aqui está um pouco de matemática interessante:** Este exemplo foi apresentado pela primeira vez de forma similar em B. J. Campbell, "The Surprisingly Solid Mathematical Case of the Tin Foil Hat Gun Prepper," *Medium Magazine*, 20 de abril de 2018, acessado em 9 de janeiro de 2019, medium.com/s/story/the-surprisingly-solid-mathematical-case-of-the-tin-foil-hat-gun-prepper-15fce7d10437.

## ENCERRAMENTO

273 **"A essência da tragédia dramática":** Alfred North Whitehead, *Science and the Modern World* (Nova York: Cambridge University Press, 2011), 13.

273 **"Em seu constrangimento":** Lionel Shriver, *The Mandibles: A Family, 2029-2047* (Nova York: Harper, 2016).

286 **A melhor representação da vida:** Shriver, *The Mandibles*.

290 **"Todos esses fundos de pensão":** Shriver, *The Mandibles*, 145.

# FONTES SELECIONADAS

## ARTIGOS

Burger, Albert E. "The Monetary Economics of Gold." Federal Reserve Bank of St. Louis, janeiro de 1974.

Case, Anne e Angus Deaton. "Mortality and Morbidity in the 21st Century." Brookings Papers on Economic Activity, primavera de 2017.

Henrikkson, Roy D. e Robert C. Merton. "On Market Timing and Investment Performance. II. Statistical Procedures for Evaluating Forecasting Skills." *The Journal of Business* 54, no. 4 (outubro de 1981).

Hewes, Henry. "Eliot on Eliot: 'I Feel Younger Than I Did at 60'." *Saturday Review*, 13 de setembro de 1958.

Lorenz, Edward N. "Deterministic Nonperiodic Flow." *Journal of the Atmospheric Sciences* 20 (7 de janeiro de 1963).

Merton, Robert C. "On Market Timing and Investment Performance. I. An Equilibrium Theory of Value for Market Forecasts." *The Journal of Business* 54, no. 3 (julho de 1981).

Mundell, R. A. "Capital Mobility and Stabilization Policy under Fixed and Flexible Exchange Rates." *The Canadian Journal of Economics and Political Science* 29, no. 4 (novembro de 1963).

Rickards, James. "Economic Security and National Security: Interaction and Synthesis." *Strategic Studies Quarterly* 3, no. 3 (outono de 2009).

Thaler, Richard, e Sherwin Rosen, "The Value of Saving a Life: Evidence from the Labor Market." In *Household Production and Consumption*, editado por Nestor E.

Terlecky (Cambridge, Mass.: National Bureau of Economic Research, 1976, 265–302).

Thaler, Richard H., Cass R. Sunstein, e John P. Balz. "Choice Architecture." Social Science Research Network, 2 de abril de 2010.

Wray, L. Randall, Stephanie A. Kelton, Pavlina R. Tcherneva, Scott Fullwiler, e Flavia Dantas. "Guaranteed Jobs Through a Public Service Employment Program." Levy Economics Institute of Bard College, Policy Note 2018/2.

## LIVROS

Ackerman, Kenneth D. *The Gold Ring: Jim Fisk, Jay Gould, and Black Friday, 1869.*
Falls Church, Virgínia: Viral History Press, 2011.

Akerlof, George A. e Rachel E. Kranton, *Identity Economics: How Our Identities Shape Our Work, Wages, and Well-Being.* Princeton, Nova Jersey: Princeton University Press, 2010.

Beeghley, Leonard. *The Structure of Social Stratification in the United States, Fifth Edition.* Nova York: Routledge, 2016.

Boethius, Anicius. *The Consolation of Philosophy.* New York: Penguin Books, 1999.

Boghossian, Paul. *Fear of Knowledge: Against Relativism and Constructivism.* Nova York: Oxford University Press, 2006.

Bostrom, Nick. *Superintelligence: Paths, Dangers, Strategies.* Oxford, Reino Unido: Oxford University Press, 2014.

Bowles, Samuel. *The Moral Economy: Why Good Incentives Are No Substitute for Good Citizens.* New Haven, Connecticut: Yale University Press, 2016.

Brill, Steven, *Tailspin: The People and Forces Behind America's Fifty-Year Fall— and Those Fighting to Reverse It.* Nova York: Alfred A. Knopf, 2018.

Clearfield, Chris, e András Tilcsik. *Meltdown: Why Our Systems Fail and What We Can Do About It.* Nova York: Penguin Press, 2018.

Cohen, Stephen F. *War with Russia? From Putin & Ukraine to Trump & Russiagate.* Nova York: Hot Books, 2019.

Cohen, Stephen S., e J. Bradford DeLong. *Concrete Economics: The Hamilton Approach to Economic Growth and Policy.* Boston, Mass.: Harvard Business Review Press, 2016.

Dam, Kenneth W. *The Rules of the Game: Reform and Evolution in the International Monetary System.* Chicago, Illinois: The University of Chicago Press, 1982.

Duke, Annie. *Thinking in Bets: Making Smarter Decisions When You Don't Have All the Facts.* Nova York: Portfolio, 2018.

Eberstadt, Nicholas. *Men Without Work: America's Invisible Crisis*. West Conshohocken, Pensilvânia: Templeton Press, 2016.

Edwards, Sebastian. *American Default: The Untold Story of FDR, the Supreme Court, and the Battle over Gold*. Princeton, Nova Jersey: Princeton University Press, 2018.

Eliot, T. S. *Collected Poems 1909–1962*. Nova York: Harcourt, 1991.

Erixon, Fredrik, e Björn Weigel. *The Innovation Illusion: How So Little Is Created by So Many Working So Hard*. New Haven, Connecticut: Yale University Press, 2016.

Fisher, Irving. *The Money Illusion*. Nova York: Adelphi Company, 1929.

Foer, Franklin. *World Without Mind: The Existential Threat of Big Tech*. Nova York: Penguin Press, 2017.

Friedman, Milton e Anna Jacobson Schwartz. *A Monetary History of the United States, 1867–1960*. Princeton, Nova Jersey: Princeton University Press, 1993.

Geithner, Timothy F. *Stress Test: Reflections on Financial Crises*. Nova York: Broadway Books, 2014.

Ghilarducci, Teresa, e Tony James. *Rescuing Retirement: A Plan to Guarantee Retirement for All Americans*. Nova York: Columbia University Press, 2018.

Gilbert, Dennis. *The American Class Structure in an Age of Growing Inequality, Ninth Edition*. Thousand Oaks, Califórnia: SAGE Publications, Inc., 2015.

Gordon, Robert J. *The Rise and Fall of American Growth: The U.S. Standard of Living Since the Civil War*. Princeton, Nova Jersey: Princeton University Press, 2017.

Grant, Michael, editor, *T. S. Eliot—The Critical Heritage*, vols. 1 e 2. Londres, Reino Unido: Routledge & Kegan Paul, 1982.

Hemingway, Ernest. *O Sol Também se Levanta*. São Paulo: Bertrand Brasil, 2014.

Hudson, Michael. *...And Forgive Them Their Debts: Lending, Foreclosure and Redemption From Bronze Age Finance to the Jubilee Year*. Dresden, Alemanha: ISLET-Verlag, 2018.

Hume, David. *Selected Essays*. New York: Oxford University Press, 2008. Kahneman, Daniel. *Thinking, Fast and Slow*. Nova York: Farrar, Straus and Giroux, 2011.

Kahneman, Daniel e Amos Tversky, eds., *Choices, Values and Frames*. Nova York: Cambridge University Press, 2000.

Kahneman, Daniel, Amos Tversky e Paul Slovic, eds. *Judgment Under Uncertainty: Heuristics and Biases*. Nova York: Cambridge University Press, 1982.

Kelly, Robert E. *The National Debt of the United States, 1941 to 2008, Second Edition*. Jefferson, Carolina do Norte: McFarland & Company, 2008.

Knapp, George Friedrich. *The State Theory of Money*. Eastford, Connecticut: Martino Fine Books, 2013.

Lavoie, Marc. *Post-Keynesian Economics: New Foundations*. Northhampton, Mass.: Edward Elgar Publishing, 2014.

Lind, Michael. *Land of Promise: An Economic History of the United States*. Nova York: Harper, 2012.

Mandelbrot, Benoit e Richard L. Hudson. *The (Mis)behavior of Markets: A Fractal View of Risk, Ruin, and Reward*. Nova York: Basic Books, 2004.

McCarthy, Cormac. *The Road*. Nova York: Alfred A. Knopf, 2006.

McMahon, Dinny. *China's Great Wall of Debt: Shadow Banks, Ghost Cities, Massive Loans, and the End of the Chinese Miracle*. Nova York: Houghton Mifflin Harcourt, 2018.

Mitchell, Rodger Malcolm. *Free Money Plan for Prosperity*. Wilmette. Ilinois: PGM Worldwide, 2005.

Murray, Charles. *In Our Hands: A Plan to Replace the Welfare State*. Washington, D.C.: AEI Press, 2016.

Mussa, Michael, James M. Boughton e Peter Isard, eds. *The Future of the SDR in Light of Changes in the International Monetary System*. Washington, D.C.: Fundo Monetário Internacional, 1996.

Navidi, Sandra. *Superhubs: How the Financial Elite & Their Networks Rule Our World*. Boston, Massachusetts: Nicholas Brealey Publishing, 2017.

Noah, Timothy. *The Great Divergence: America's Growing Inequality Crisis and What We Can Do About It*. Nova York: Bloomsbury Press, 2012.

Parijs, Philippe Van e Yannick Vanderborght. *Basic Income: A Radical Proposal for a Free Society and a Sane Economy*. Cambridge, Mass.: Harvard University Press, 2017.

Platt, Stephen R. *Imperial Twilight: The Opium War and the End of China's Last Golden Age*. Nova York: Alfred A. Knopf, 2018.

Polanyi, Karl. *The Great Transformation: The Political and Economic Origins of Our Time*. Boston, Massachusetts: Beacon Press, 2001.

Reinhart, Carmen e Kenneth S. Rogoff. *This Time Is Different: Eight Centuries of Financial Folly*. Princeton, Nova Jersey: Princeton University Press, 2009.

Ricardo, David. *The Principles of Political Economy and Taxation*. Mineola, Nova York: Dover Publications, 2004.

Rickards, James. *Currency Wars: The Making of the Next Global Crisis*. Nova York: Portfolio/Penguin, 2011.

———. *The Death of Money: The Coming Collapse of the International Monetary System*. Nova York: Portfolio/Penguin, 2014.

———. *The Road to Ruin: The Global Elites' Secret Plan for the Next Financial Crisis*. Nova York: Portfolio/Penguin, 2016.

Saint-Paul, Giles. *The Tyranny of Utility: Behavioral Social Science and the Rise of Paternalism*. Princeton, Nova Jersey: Princeton University Press, 2011.

Scheidel, Walter. *The Great Leveler: Violence and the History of Inequality from the Stone Age to the Twenty-First Century*. Princeton, Nova Jersey: Princeton University Press, 2017.

Schweizer, Peter. *Clinton Cash: The Untold Story of How and Why Foreign Governments and Businesses Helped Make Bill and Hillary Rich*. Nova York: Harper, 2016.

Shriver, Lionel. *The Mandibles: A Family, 2029–2047*. Nova York: Harper, 2016.

Smith, Adam. *The Wealth of Nations*. Nova York: Modern Library, 1994.

Steil, Benn. *The Battle of Bretton Woods: John Maynard Keynes, Harry Dexter White, and the Making of a New World Order*. Princeton, Nova Jersey: Princeton University Press, 2013.

Streeck, Wolfgang. *How Will Capitalism End?* Brooklyn, N.Y.: Verso, 2016.

Strogatz, Steven. *SYNC: The Emerging Science of Spontaneous Order*. Nova York: Hyperion, 2003.

Subacchi, Paola. *The People's Money: How China Is Building a Global Currency*. Nova York: Columbia University Press, 2017.

Sunstein, Cass R. *The Ethics of Influence: Government in the Age of Behavioral Science*. Nova York: Cambridge University Press, 2016.

Suskind, Ron. *Confidence Men: Wall Street, Washington, and the Education of a President*. Nova York: Harper, 2011.

Thaler, Richard H. *Misbehaving: The Making of Behavioral Economics*. Nova York: W. W. Norton & Company, 2015.

Thaler, Richard H. e Cass R. Sunstein. *Nudge: Improving Decisions About Health, Wealth and Happiness, Revised and Expanded Edition*. Nova York: Penguin Books, 2009.

Thompson, William E., Joseph V. Hickey, Mica L. Thompson. *Society in Focus: An Introduction to Sociology, Eighth Edition*. Lanham, Md: Rowman and Littlefield, 2017.

Tooze, Adam. *Crashed: How a Decade of Financial Crises Changed the World*. Nova York: Viking, 2018.

———. *The Deluge: The Great War, America and the Remaking of the Global Order, 1916–1931*. Nova York: Penguin Books, 2014.

———. *The Wages of Destruction: The Making and Breaking of the Nazi Economy*. Nova York: Penguin Books, 2006.

Turner, Adair. *Between Debt and the Devil: Money, Credit, and Fixing Global Finance*. Princeton, Nova Jersey: Princeton University Press, 2016.

Vogl, Joseph. *The Ascendancy of Finance*. Malden, Mass.: Polity Press, 2017.

Volcker, Paul A. com Christine Harper. *Keeping At It: The Quest for Sound Money and Good Government*. Nova York: Public Affairs, 2018.

West, Geoffrey. *Scale: The Universal Laws of Growth, Innovation, Sustainability, and the Pace of Life in Organisms, Cities, Economies, and Companies*. Nova York: Penguin Press, 2017.

Whitehead, Alfred North. *Science and the Modern World*. Nova York: Cambridge University Press, 2011.

Wray, L. Randall. *Modern Money Theory: A Primer on Macroeconomics and Sovereign Monetary Systems*. Nova York: Palgrave Macmillan, 2012.

Zatarian, Lee Allen. *Tanker War: America's First Conflict with Iran, 1987–1988*. Filadélfia, Pensilvânia: Casemate, 2008.

Zelizer, Viviana A. *The Social Meaning of Money: Pin Money, Paychecks, Poor Relief, & Other Currencies*. Princeton, Nova Jersey: Princeton University Press, 2017.

# ÍNDICE

**A**
Acordo, 253
Acordo de mitigação, 34
Acordos de Helsinque, 16, 65
Afrouxo monetário quantitativo, 4
quantitative easing (QE) produção de dinheiro novo, 4
Agência, 25
de Inteligência de Defesa (DIA), 32
de Segurança Nacional (NSA), 25
Agentes duplos, 25
Análise premonitória composta, 93
Aperto monetário quantitativo
quantitative tightening (QT), 7
Armadilha de renda média, 257–266
Arquitetura da escolha, 93
Austeridade fiscal, 158

**B**
Baby boomers, 60, 76
Balanços financeiros, 2
Banco central, 166, 188, 232
norte-americano, 169
Bancos centrais, 1, 140
Banco Central norte-americano, 12
Bens públicos, 155
Bitcoin, 122, 145
Bolha
de ativos, 6, 13, 48
em ações, 12
de tudo, 135–144
hipotecária, 12
imobiliária, 3
pontocom, 2, 12, 48, 70, 122
Bolsa de valores, 231–240
Bond vigilantes, 68, 70
vigilantes de títulos, 69

**C**
Central Intelligence Agency
Centro de Inteligência George Bush, 21
CIA, 21
Chartalismo
conceito pré-keynesiano, 162, 165
Ciência
econômica, 117
falsa, 104
pura, 116
social, 88
sólida, 94
Código tributário, 233–242
impostos, 234–242
Colapso
do mercado, 223–232
do sistema, 8, 222
monetário global, 10
Comitê de Investimentos Estrangeiros nos Estados Unidos (CFIUS), 31, 49
Comitê Federal de Mercado Aberto (FOMC)
Federal Open Market Committee, 12
Comportamento
adaptativo, 100
de manada, 103
irracional, 108
racional, 91
Conselho Nacional de Inteligência, 35
Consultoria geopolítica, 27
Correlação serial, 254
Cortina de Ferro
divisão da Europa em Ocidental e Oriental, 15

Crédito
  privado, 198
  público, 198
Crescimento
  econômico, 3
  real, 61
Criptomoedas, 204–213
Crise
  da bolsa de valores de
    1929, 12
  da dívida, 56
  de confiança, 17, 19, 77
  de liquidez global, 13
  financeira, 1
    Grande Depressão, 1
  hipotecária, 3
Curva
  de Laffer, 9, 73
  de Phillips, 8, 103
  de poder, 251–260
  de potência, 140
  de sino, 140

**D**
Deficit, 54
  comerciais perpétuos, 19
  comercial, 47
  crônicos, 13
  fiscais, 65
  Plano de Redução do, 68
Deflação, 3, 68, 84
Depressão, 14
Desaceleração por contágio, 145–152
Desequilíbrios financeiros, 256
Design, 93–120
Desigualdade de renda, 162
Desinflação, 13
Diferença de riqueza, 238–242
Dinheiro grátis, 163
Direitos humanos, 16
Distância social, 25
Dívida, 3, 55
  nacional, 55
  pública, 56, 159, 168
Dividendo da paz, 68, 72
Doze Indomáveis, 37

**E**
Economia
  comportamental, 17, 103
  convencional, 162
  de escala, 222–225
  de livre mercado, 91
  global, 2
  liberal, 20
Educação moderna, 20
Efeito
  de soma zero, 123
  do canal de portfólio, 134
Empréstimos estudantis, 79, 235–242
Energia renovável, 51
Engenharia social, 24
Escolhas dos consumidores, 94–111
Escravidão industrial, 21
Estímulos fiscais, 158
Estratégia
  de indexação, 137–146
  de investimento, 127–136
Excedentes de capital, 19
Excesso de confiança, 95–120
Executivo Nacional de Contrainteligência (NCIX), 25

**F**
FAANG, 134–143, 280–289
Facilidade monetária, 14
Falácia da composição, 144–152, 250
Fed, 5, 146, 168
Federal Reserve (Fed), 57, 262–271
Fluxos de capital livres, 46
Formuladores de políticas, 81, 154
Fraude financeira, 255
Funções de densidade, 251
Fundos
  de hedge, 36, 48
  de índices, 121, 125
  de reserva, 191
  derivativos negociados (ETN), 137–146
  especulativos, 128, 237–242
  negociados em bolsa (ETF), 137–146

**G**
Gastos
  amplos, 67
  domésticos, 78
  gastos deficitários, 5
  gastos excessivos, 5
  programas de, 67
  sociais, 71
Gerenciamento
  de risco de portfólio, 126
  de risco primário, 104–120
  valor em risco, 104
Gestão de riscos financeiros, 223–232
Globalismo, 20, 46
  globalistas, 20, 44
Globalização, 20, 187
Grande Depressão, 5, 70, 143, 176, 207, 231
Grande Sociedade
  série de programas domésticos (1965), 71
Greenbacks
  títulos que não rendiam juros, 59
Greenspan, 6
Grupo das Dez Nações (G10), 191
Guerra
  ao Terror, 5, 69
  cambial, 5, 193–202
  comercial, 49, 258–267
  financeira, 5, 22
  Fria, 10, 44, 50
  Segunda Guerra Mundial, 16, 50

**H**
Heurísticas, 115
Hierarquia do dinheiro, 167
Hiperinflação, 70, 169, 241
Hipersincronicidade, 4, 82, 133, 251
Hipotecas, 79, 184, 230–239
  subprime, 79
hipótese
  do mercado eficiente, 122
HNA, 49
Homo economicus, 108–120

**I**
Inadimplência, 63, 77, 135
Índices
  beta inteligentes, 141–150

de endividamento, 5, 65
de Preços ao Consumidor
    (IPC), 3
de referência, 5, 125
Inflação, 4, 62, 68, 184
    choque de, 17
Informações privilegiadas,
    123
Inteligência, 24
    agências de, 25–29
    artificial, 143–147
    comitê de, 38
    comunidade de, 26
    contrainteligência, 24
    compartimentalização,
        24
    informações de, 38
Investidores, 5, 121
Investimentos
    bancários, 36
    em fábricas, 20
    estrangeiros, 22
    passivos, 133–142

J
Juros nominais, 62

K
Keynes, 50, 144, 161, 191, 250
    Bancor, 191
    keynesianismo
        multiplicador
            keynesiano, 154
    Keynesianismo, 55
Kremlin, 65

L
Lacuna de riqueza, 159
Legalização do ouro, 15
    Lei Pública 93-373, 16
Lehman Brothers, 4
Lei
    Americana para
        Recuperação e
        Reinvestimento, 71
    da Reserva de Ouro, 31
    de imigração, 45
    de Modernização da
        Avaliação de Risco
        de Investimento
        Estrangeiro
        Firrma, 50
    tributária de Trump, 75,
        118

Liberalismo, 187–196
Liberty Bonds
    títulos do governo, 59
Licença de exportação, 42
Limites
    de crescimento, 222–231
    de escala, 223–232
Liquidez global, 253–262
Livre comércio, 20–52

M
Manipulação
    comportamental, 96
    efeito de
        enquadramento, 96
    de preços, 42
Mão de obra barata, 3
Medicaid, 76, 180
Medicare, 71, 180
Mercado
    aberto, 212–216
    baixa volatilidade do, 12
    capitalização de, 141
    de ações, 13, 70, 144
    de câmbio, 163
    de capitais, 1, 219–228,
        248–257
    de títulos, 17, 144
    emergente, 13
    financeiro, 12
    manipulação de, 192
Mercantilismo, 19, 50
    acumulação de reservas
        físicas, 51
    neomercantilismo, 51
Método Thaler-Sunstein,
    99–120
Moeda
    de referência, 65
    King Dollar, 65
    de reserva global, 63
    moeda de alta potência
        (HPM), 164
    moeda fiduciária, 17

N
Nacionalismo
    Novo Nacionalismo, 45
Nasdaq
    bolsa de valores
        eletrônica, 32
Necessidade de saber, 24
Neokeynesianos, 73, 157

consenso neokeynesiano
    nova síntese neoclássica,
        162
    dogma, 159
    multiplicador
        neokeynesiano, 73
    (NKs), 71
Nifty Fifty, 133–136

O
Oferta de moeda, 5
Oficial Nacional de
    Inteligência
    (NIO), 35
Ontologia, 167
Opções de venda, 138–147
Organização
    das Nações Unidas
        (ONU), 44
    dos Países Exportadores
        de Petróleo
        (Opep), 144
    do Tratado do Atlântico
        Norte
        (OTAN), 13
    Mundial do Comércio
        (OMC), 3
    para a Cooperação e
        Desenvolvimento
        Econômico
        (OCDE), 46

P
Padrão
    de vida, 3
    padrão-ouro, 20, 47, 169,
        189, 241
Paridade de risco, 139–148
Paternalismo libertário,
    94–111
Patrimônio líquido, 198
Perspectiva de crescimento,
    133
Política
    de austeridade, 157
    de limpeza, 12
    de repressão financeira,
        62
    de taxas, 12
    econômicas, 10
    ferramentas, 3
    fiscal, 55
    formuladores de, 2
    intervenção, 14

monetária, 12
Ponto
 de explosão, 154, 161, 294
 de gemido, 161
Portfolio balance channel
 forma de equilíbrio de carteira, 5
Pós-Keynesianos (PKs), 161
Preconceitos
 comportamentais, 108
 grupo de, 116
Previdência social, 17
Produto Interno Bruto (PIB), 6
Projeto Profecia, 36
Prudência fiscal, 68
Psicologia, 82
 comportamental, 5, 88, 112–120
 econômica, 5

Q
QE, 4, 149
 quantitative easing, 4
QT, 7
 quantitative tightening, 7
Quebra-relâmpago, 145–152

R
Recessão, 77
 cíclica, 2
 global, 7
Redefinição monetária global, 188
Regimes multilaterais, 50
Regra de Bayes, 151
Regulamentação governamental, 115
Relação dívida/PIB, 54, 56, 72, 154, 239–242
Renda
 familiar, 228–237
 média, 211–216
Renda básica garantida (GBI), 176–180
 teste de meios, 177
Reserva
 de ouro, 168
Reserva de dinheiro, 84
Reserva Federal Americana (Fed), 2
Resgate do FMI, 63

Rigidez salarial, 162
Rivalidades geopolíticas, 17

S
Sanções, 28
Segredo de investimento, 50
Segurança nacional, 21, 55
Sindicato Solidariedade, 16
Sistema
 financeiro, 12
 monetário internacional, 18
Sistema monetário internacional, 157, 173, 188, 196, 209
Social Security, 60, 71, 180
Spread, 145, 223
Stop-loss, 129–152
Subprime, 3
Superavit, 47, 55, 262–271

T
Tarifas zero, 20
Taxas
 de câmbio flutuantes, 47, 192–201
 de juros, 3–18, 88
 de poupança, 9
Técnicas
 de modificação comportamental, 115
Tendência
 cognitiva, 92
 de ancoragem, 95
 de confirmação, 108
 recente, 92
Teoria
 da complexidade, 251–260
 da perspectiva, 90
 da utilidade, 90
 da vantagem comparativa, 46
 financeira, 121
 macroeconômica, 158
 monetária moderna, 263
 quantitativa da moeda, 82
Teóricos monetários modernos (MMTs), 161
Terceirizar a produção, 20
Tesouro, 4, 80, 126, 168, 263–272

Departamento do Tesouro, 33
 dos Estados Unidos, 20
Testes de estresse, 225–234
Timing de mercado, 122
Tomada de decisões, 108
Tratado de Maastricht, 67

U
União Europeia (UE), 46, 67
Unidade
 terminal, 220–229
Unidades âncoras, 201–210
Unilateralismo, 44

V
Valor
 nocional bruto, 223–232
Valor em risco (VaR), 141–150
Vazamentos de informação, 25
Venda de ativos, 63
Viés
 cognitivo, 130–134
  percepção seletiva, 128
 comportamental, 127
  aprendizado, 99
 contemporâneo, 108
 de atenção, 130
 de confirmação, 127, 130
 relativo
  ancoragem, 127
Vigilância digital, 17
Visões divergentes, 114

W
Wall Street, 20, 82, 141, 267–272
WikiLeaks, 25

Z
Zona do euro, 51